校企合作经济管理精品教材
互联网+教育改革新理念教材

营销渠道管理

主　编　颜　威　陈　辉　王美丽
副主编　胡保才　何发坤　修嫄嫄
　　　　刘永清

中国商业出版社

图书在版编目（CIP）数据

营销渠道管理 / 颜威，陈辉，王美丽主编 . -- 北京：中国商业出版社, 2024.6
ISBN 978-7-5208-2924-3

Ⅰ . ①营… Ⅱ . ①颜… ②陈… ③王… Ⅲ . ①购销渠道 - 营销管理 Ⅳ. ①F713.1

中国国家版本馆 CIP 数据核字（2024）第 101830 号

责任编辑：黄世嘉

中国商业出版社出版发行
（www.zgsycb.com 100053 北京广安门内报国寺1号）
总编室：010-63180647 编辑室：010-63033100
发行部：010-83120835/8286
新华书店经销
北京宝莲鸿图科技有限公司印刷
*
787毫米×1092毫米 16开 16.25印张 350千字
2024年6月第1版 2024年6月第1次印刷
定价：49.80元
* * * *
（如有印装质量问题可更换）

前言

PREFACE

当前，激烈的市场竞争给企业带来了巨大压力，互联网的高速发展和现代信息技术的进步正在不断改变消费者的消费习惯，也不断冲击着企业的分销渠道模式。线上产品越来越丰富，为消费者线上购物带来了极大的便利，也丰富了消费者的生活。线上渠道形式越来越多，线下渠道也需要不断探索和研究。在当前背景下，企业的营销渠道管理也要不断探索符合产品、符合时代的创新路径与方向。

本书侧重实践教学，认真研究并吸收国内、国际上较为成熟的理论和方法，对部分理论提出深刻见解，结合当前国内外的经济发展形势，对营销渠道结构、渠道设计及渠道管理都做了很好的阐述。

本书注重通过案例启发，引导学生代入角色进行教育，采取“案例先导、任务驱动”的编写方式，按照营销渠道运用的先后顺序设计项目。本书共分为九个项目，每一个项目都对前后项目有承前启后的作用。具体包括营销渠道认知、营销渠道结构设计、渠道成员、渠道成员选择、渠道激励、营销渠道权力与控制、渠道的冲突和管理、渠道物流与信息流管理、渠道评估与调整。本书设计的出发点是让对市场渠道操作方面不太了解的学生，能够通过本书的学习认识，了解营销渠道，能独立设计渠道，会开发、管理渠道。

本书具有以下几个特点：

（1）以实践逻辑顺序为编写规律。本书强调实践操作的逻辑顺序，以此为各项目章节先后的安排依据，各项目中的任务也是以此为排序依据。学生在学习中会产生清晰的操作思路，为今后的工作打下基础。

（2）强化基础理论知识，突出实践应用技能。本书以高职高专教育培养人才的新特征、新要求、新趋势为指南，吸收国内外较为成熟的分销理论和方法，同时将理论知识与培养各职业岗位应用型人才相结合。本书在理论知识的阐述中以“必需、够用”为原则，力求简明易懂。

（3）突出案例教学在教材中的作用。为了加深学生对理论知识的理解，设计了“导入案例”“课堂互动案例”板块，通过大量的案例提升学生理论联系实际的能力、独立思考的能力、发现问题并解决问题的能力。

（4）引入思政目标。本书除了有知识目标和能力目标之外，还增加了素质目标，教师在教学时可以参考思政目标的要求，将正确的世界观、人生观和价值观传达给学生，强化学生爱国、守法、明礼等方面的品质。

本书由颜威、陈辉、王美丽担任主编；胡保才、何发坤、修嫄嫄、刘永清担任副主编；具体编写分工如下：颜威负责编写项目三、项目四；陈辉负责编写项目一、项目二；王美丽负责编写项目五、项目六；项目七、项目八、项目九由胡保才、何发坤、修嫄嫄、刘永清共同编写。全书由颜威总纂并统稿。

本书理论难度适中，深入浅出，案例丰富，易教易学，既可作为高职高专财经管理类专业的教材，又可作为企业培训教材。在编写本书的过程中，编者参考和借鉴了众多学者的研究成果，在此表示诚挚的谢意。另外，鉴于书中所引用的部分案例和阅读资料流传较广，引用较为频繁，编者无法确定最初出处，因而未能一一作出标注，在此谨向这些材料的原创者致以真诚的感谢。由于编者水平有限，书中难免存在不足之处，敬请广大读者批评指正。

编　者

2024 年 3 月

目录 CONTENTS

项目一 营销渠道认知

学习目标

➢ 知识目标：了解营销渠道的概念；了解营销渠道的特征，理解其功能；了解营销渠道的作用；了解营销渠道的新变化，理解深度分销与渠道扁平化的含义。

➢ 能力目标：通过学习，能提升学生对于抽象渠道概念的理解和判断；能识别渠道的结构；能准确区别各类型结构的渠道；能对渠道的发展有清晰的认识。

➢ 素质目标：让学生认识到渠道对于企业的重要性，民族企业掌握住渠道的不易。培养学生良好的职业道德精神和行为规范，诚信为本，操守为重；勇于奋斗、乐观向上，具有自我管理能力、职业生涯规划的意识，有较强的集体意识和团队合作精神；崇尚宪法、遵法守纪、崇德向善，具有社会责任感和社会参与意识。

任务一 营销渠道的概念与内涵

导入案例

天府可乐的渠道悲歌

天府可乐是早年著名的国产碳酸饮料，盛行于20世纪八九十年代。之所以说其具有“川味”，一是其名含有“天府之国”的意思；二是其研产单位是四川省中药研究所和重庆饮料厂；三是其主要原料用到了川产白芍。

天府可乐既有国际口感，又有中药保健功能，1982 年 4 月美国《华侨日报》的话足以说明这种差异化优势："这种饮料经过 1.8 万名外国游客品尝鉴定，被认定既像可口可乐，又具有中国特色，它在中国会供不应求。"后来的发展也印证了这条信息。

早在 1982 年，天府可乐就在省内试点分厂成效显著，次年又在涪陵、自贡、绵阳、泸县、广汉等地新建了 13 家省内分厂。1984 年面向全国布局，并将触角延伸至海外。这样天府可乐迅速地将产品铺往全国市场，并且在各地都发展了深厚的关系网络和销售渠道。依靠强大的渠道，天府可乐在四川市场的份额一度高达 70% 以上。

但是在 1994 年，天府可乐"嫁给"百事，成立重庆百事天府饮料有限公司。一切都变了。根据天府可乐原总经理李培全的介绍，在 1994 年天府可乐与百事的合资过程中，百事以现金投资 1070 万美元，天府可乐以土地、厂房和生产设备（折合 730 万美元）进行投资。双方控股比例为 60 ∶ 40。其中百事占 60% 股份，天府可乐占 40% 股份。在双方签订的有关合同中，百事答应合资双方共同生产天府品牌的饮料。但是数据显示，合资后的天府可乐产量逐年猛减，市场份额逐年下滑。"合资第一年，天府可乐销量占 74%，第二年占 51%，第三年占 20% 多，到第 10 年只占 2%，2007 年仅占 0.5%。"

与此同时，百事可乐在重庆的市场份额却逐年增加。"在 1994 年百事与天府的合资签字仪式上，居然在重庆市场买不到一瓶百事可乐，不得已派车赶赴成都买百事产品作为样品摆放和品尝。"但是在合资后的几年里，百事可乐的成长速度却非常快。

百事可乐看中的是什么？是天府可乐的土地、厂房和生产设备吗？不，是渠道，是能够快速渗透进各个大小超市、便利店的渠道。当天府可乐反应过来时，已经为时已晚。

资料来源：

http://www.p5w.net/news/cjxw/200810/t1939489；编者整理。

思考：

渠道的重要性，民族企业更应重视渠道价值。

一、营销渠道的概念

营销渠道（Marketing Channel）是营销组合中十分重要的一个部分，是实现商品从商家交换至消费者的通道。目前，对营销渠道的定义学术界尚未达成一致意见。

美国市场营销协会（American Marketing Association，AMA）认为，营销渠道是指"企业内部和外部的代理商和经销商的组织机构，通过它们的运作，商品才能得以上市销售"。

营销专家斯特恩和艾尔·安塞里认为，营销渠道是促使产品或服务顺利流通到消费者手中被消费使用的一整套相互依存的组织。

美国学者伯特·罗森布洛姆认为，营销渠道是为实现分销目标而受管理控制的外部关联组织。营销渠道的本质在于使消费者能够在任何时间、任何地点以任何方式购买到他们想要的产品与服务。

营销学者肯迪夫和斯蒂尔认为，营销渠道是指“当产品从生产者向最后消费者或产业用户移动时，直接或间接转移所有权所经过的途径”。

营销科学之父菲利普·科特勒对营销渠道所下的定义为：营销渠道就是指某种货物或劳务从生产者（制造商）向消费者（用户）转移时取得这种货物或劳务的所有权的所有组织或个人。

我国学者李飞在《分销渠道设计与管理》一书中，对营销渠道范畴进行了界定：营销渠道是指采购原材料和销售成品引起所有权转移所经过的路径。学者常永胜在《营销渠道：理论与实务》一书中，从生产企业的视角出发，将营销渠道定义为存在于企业外部的、促使产品或服务顺利地经由市场交换过程转移给消费者使用或消费的一整套相互依存的组织。

各种定义表述上的差异源于研究视角的不同。出于自身的利益，制造商更可能把渠道定义为将产品传递到最终消费者手中的各类中间商以及产品在这些中间商间的流通过程。各类中间商关心的是自己的利润和风险，更可能把营销渠道定义为商品的交换过程。消费者更可能把营销渠道看作介于自身和制造商之间的众多中间商。而理论研究者更可能把营销渠道看作经济系统的一部分。

笔者认为，营销渠道是指配合生产、分销和消费某些生产者的商品和服务的所有企业和个人，包括产品供产销过程中所有的有关企业和个人，如供应商、生产商、中间商、代理商、辅助商及最终消费者或者用户等；而分销渠道是指某种商品和服务从生产者向消费者转移过程中，取得这些商品和服务的所有权，或者帮助所有权转移的所有企业和个人，包括生产者、中间商、代理商、最终消费者或者用户。

值得注意的是，几个与渠道相关的概念，如分销渠道（Distribution Channel）、营销渠道、贸易渠道、销售渠道（Sales Channel）、销售通路等，经常被混淆使用，特别是分销渠道和营销渠道这两个概念。但事实上这些概念是有所不同的，我们在学习过程中应该注意区分。与营销渠道的概念不同的是，分销渠道不包括供应商和辅助商。

二、营销渠道的内涵

（一）营销渠道的端点

营销渠道是反映某一特定产品或服务价值实现的全过程，起点是制造商，这里的制造商是指产品或服务的最初所有者，终点是最终消费或使用者。三星手机渠道的起点是三星公司而不是生产企业、代工厂。三星手机渠道的终点是手机最终的使用者，包括消费者及运用手机进行生产获利的企业，如利用手机运营短视频、电商以获取收益的企业也属于手机渠道的终点。

（二）营销渠道的参与者

营销渠道是一个系统性的运作机制，是由具有一定目标的各种类型的机构结合起来的网络体系。为完成产品或服务向消费者转移的过程，需要生产商、批发商、零售商和消费者等不同类型的参与者以及一些支持营销的组织，如运输公司、独立仓库、银行和市场研究公司、广告公司等。这些组织为了实现共同的目标，发挥各自的营销职能，为了共同的利益而合作，也因为利益不同等原因产生矛盾和冲突，需要协调和管理。

（三）营销渠道核心的业务是购销

营销渠道的运转主要靠购销行为来推动，渠道下游产生需求向上游企业购买，上游企业向下游企业销售推动着渠道的运转。在渠道中，产品会通过一次或多次买卖，转移所有权或使用权，流向用户。购销次数也决定了渠道层级和参与渠道的机构数量，形成一个或长或短的渠道。

三、营销渠道的作用

在如今的营销界中，学者之间互有争论。有人认为企业的品牌最重要，它能够为品牌使用者带来效益和影响，深入消费者内心；而有人认为渠道更重要，企业要通过渠道实现自己的销售目标。对于究竟哪个更重要，迄今没有统一的结论。其实，企业在最初成立时，需要建立可靠的渠道去推广自己的产品，随着销售量的增加，产品逐渐被消费者接受，才会形成品牌效应；而反过来，形成的品牌效应又会拉动渠道的发展，因此二者是相辅相成、相互成就的。从营销的整个运行过程来看，渠道是一条主线，它将产品、价格、服务、促销、人力、信息管理等活动结合在一起，让它们各自发挥最大作用。没有渠道，企业的流程之间会脱节，因此，渠道在整个营销过程中有着举足轻重的作用。

（一）营销渠道是生产走向消费的桥梁和纽带

企业生产产品的目的是消费，而产品必须通过营销渠道才能走向消费者。因此，营销渠道是由生产走向消费的桥梁和纽带。同时，优良的产品必须有良好的营销渠道和营销窗口与之匹配。拥有良好的营销渠道和营销窗口，长期销售优质的产品与服务，才能赢得消费者的好感与信任，逐渐提高美誉度，让越来越多的客户慕名前来，最终取得商品畅销、效益显著的经营效果。

（二）营销渠道是企业的无形资产

昨天，几乎所有人都知道技术、人才对企业的作用；今天，大家已明白品牌、形象和专利是企业的财富；明天，你将会发现营销渠道是企业重要的无形资产。一些有远大目光的领导者早已看透这一切——小天鹅洗衣机公司在合资中以高达1.6亿元的价格将其营销渠道折价入股，占总股份的20%，这着实震惊了众人，同时使人们认识到了营销渠道的地位。营销渠道本身是有成本的，企业只有充分考虑所有影响因素，才能建立起最适合自己的营销渠道，减少不必要的支出，提高销售效率。

优秀的企业把营销渠道看作自己开发市场、占领市场的关键。例如，我国的格力电器之所以取得成功，不仅是因为其生产出了优质的产品，采用了特别的销售手段，更重要的是它构造了无处不在、密密麻麻的蛛网渠道。许多公司在开拓国际市场时，也是以建立自己的营销渠道作为开始。这些都说明了营销渠道是企业的无形资产，是企业需要作出的最重要的决策之一。今后，企业将会越来越重视渠道的建立，增加对于市场的控制权。

【案例 1-1】

手机市场渠道建设让三星手机反思

在全球智能手机市场，三星是当之无愧的行业霸主以及佼佼者。市场权威调研机构 DIGITIMES Research 发布了“2021 年全球智能手机出货报告”。报告显示，2021 年全球智能手机出货量排名前五的智能手机厂商分别为三星、小米、苹果、oppo 以及 vivo。三星依旧凭借高达 19% 的市场占有率稳居榜单第一，这是三星智能手机蝉联 9 年世界第一。但是三星手机在中国市场一败涂地，市场份额还不足 1%，俨然已经沦落为 Others 的行列。

当年，三星新机 Note 7 发生爆炸，为了将损失降到更低，挽救消费者口碑，三星选择在全球范围内召回 250 万部三星 Note 7，但是却不包括中国市场。正是因为三星对于中国消费者的区别对待，导致越来越多的中国消费者弃用三星。三星在中国市场的没落表面上是从三星 Note 7 爆炸事件后开始，实际上三星手机在中国的溃败是从渠道失控开始。

三星在 2012 年凭借近 30% 的市场份额，稳居中国智能手机市场第一的宝座；直到 2013 年，三星仍旧以近 20% 的市场份额位居中国市场第一。2014 年 10 月已下降至 13.7%，市场占有率下降近 1/3，三星在中国市场遭遇了从运营商市场渠道向开放渠道转型的问题，当时三星正处于一个非常尴尬的时期。在低端市场，国产手机依靠性价比抢占了三星不少的市场份额，其品牌优势在低端市场无法全面发挥，高端市场又遭遇苹果 iPhone 系列的挑战，毕竟当时苹果在中国市场的品牌号召力要比三星略强一些。面对如此困境，三星选择了昔日“霸主”诺基亚的渠道老路，引入 FD 模式（在某种程度上削减或者干脆取消了一部分大区域（省级以上）代理商，采取下派、组建分公司等方式，实现省级直供销售的模式），开始加强渠道下沉工作，销售渠道中的工作由以前的代理商完成转为主要交由厂商来完成，为此在当时还招聘了不少渠道业务经理以及主管。FD 模式的优势是加强了制造企业对渠道以及终端市场的掌控力度，缺陷是人力成本大幅增加。这次渠道战略调整在市场占有率方面是成功的，到 2015 年第一季度，三星以

27.8%的市场占有率位居中国智能手机市场榜首。但是转折出现，模式渠道的缺陷暴露并放大，高额的渠道费用没有销量及利润进行支撑，三星再次调整渠道策略也是在情理之中。

2016年10月，三星又开始启动渠道调整，砍掉大量渠道人员，重新依靠承包商来完成渠道的工作，交出了渠道的主导权。国有手机品牌迅速接手三星让出的渠道，也接手第三星让出的市场，2016年第三季度，中国智能手机出货量同比增长15%；2016年第四季度，华为、oppo及vivo占全球所售出智能手机总量的21.3%，同比增长7.3%。2017年三星手机在中国的市场地位从第一跌到第八，从此一蹶不振。

虽然三星的技术硬、实力足够强，在全球智能手机市场中是当之无愧的行业佼佼者，但是想要重新在中国手机市场立足，依旧不太容易。在三星消失的6年时间里，中国智能手机市场的格局已经基本趋于稳定，更关键的是不管是线上还是线下，中国国产手机都牢牢把控住了渠道，其他品牌要想进入需付出高额的代价。

为此，三星公司选择线上渠道来重争中国市场。2022年1月2日，三星与京东签署了《2022年战略合作协议》，此后双方将在产品、营销以及用户运营等多个方面通过“优势互补”达成合作，进而提升三星在中国智能手机市场的销量成绩以及市场影响力。但是，手机线上渠道虽呈上升趋势，但线上线下的销售比例基本为3∶7，主战场仍为线下渠道。三星想要重新在中国市场取得昔日的荣耀，难度很大。

资料来源：

https://www.sohu.com/a/127100439_545674；编者整理。

思考：

1. 三星要想在中国市场重拾荣耀，你认为三星手机在营销渠道方面应做出哪些改变？

2. 如何看待营销渠道在企业经营管理中的重要性？

四、营销渠道的功能

营销渠道的基本功能是使产品在从生产者转移到消费者的整个过程中保持通畅，消除或缩小产品生产供应和消费需求之间在时间、地点、品种和数量等方面存在的差异，创造产品的形式效用、所有权效用、时间效用和地点效用。具体而言，营销渠道具有以下主要功能。

（一）市场调研和信息传递

渠道成员中的许多中间商直接接触客户和最终消费者，能够了解和掌握市场需求的第一手信息。制造商也可能掌握其他渠道成员所不了解的信息资料。各种渠道成员通过市场调研收集到有关消费者、竞争者和市场环境的信息，并经过整理后传递给其他渠道成员，提高整个渠道的竞争能力和应变能力。

（二）促销

渠道中的中间商通常会比制造商更专注于产品销售中的技巧和方法。制造商借助于中间商富有创意的办法把产品与企业的信息传递给消费者，可以增加产品或企业对消费者的吸引力，促使消费者乐于接受产品。这种促销效果往往是制造商单打独斗很难达到的。

（三）接洽

中间商借助于其所拥有的独特人际关系、地理位置优势和专业技术知识，既能帮助制造商寻找潜在顾客，也能帮助需要产品的用户寻找供应商，接收和争取订单。

（四）谈判

渠道成员代表买卖双方中的某一方就产品价格和其他交易条件与另一方进行协商，达成协议，实现商品所有权的转移。

（五）产品配组

各类中间商会根据其在渠道中的不同分工，按照商品流通和消费者需求对制造商的产品在分类、分等、装配和包装上进行搭配和组合，既符合市场的需求，又提高产品的附加价值和竞争能力。

（六）物流

渠道物流主要是针对商品的运输和储存活动。商品从制造商流通到最终消费者手中，中间需要完成实体商品的分销过程。中间商参与分销渠道，组织实体商品的运输和储存，可以充分利用其专业化的优势提高物流的效率，保证市场上正常供货。

（七）风险分担

在商品流通过程中，渠道成员共同承担着市场需求波动、社会政治变革和自然灾害等因素可能造成的损失。中间商一旦介入某个商品的分销渠道，随着商品所有权的转移，也就自动地承担起分担销售风险的职责。

（八）融资

无论是制造商品还是销售商品，都需要投入大量的资金，以完成商品所有权转移和实体商品的流转。因此，制造商和中间商为了完成产品销售都可能需要资金的融通。商品购销过程中渠道成员既可以通过预付定金、支付货款等方式投入资金，向自己的供应商提供融资功能，也可以通过赊销的形式向自己的经销商提供融资功能。实际上，在渠道运作过程中，如果没有渠道成员提供足够的资金，整个渠道就无法有效地运转。

【案例 1-2】

如今好酒怕什么

“好酒不怕巷子深”是指好产品不需要建立任何分销渠道就能卖出去。在我国市场经济发展的初期，产品供不应求，对于各类名优产品而言，制造商并不需要开发和建设分销渠道，需要某种产品的消费者和中间商会主动找到制造商购买商品。企业根本不需要关心分销渠道的开发和建设，还会把有关渠道管理方面的事看作多余的负担。

我国改革开放一段时间以后，产品逐渐供求平衡，即使对于名优产品来说，也面临着激烈的竞争。消费者购买商品和中间商采购商品时会发现市场上有多种同样可以满足自己需要的商品可供选择。因此，好产品如果没有高效通畅的渠道配合，同样也会遇到销售的难题。制造商不得不开始重视如何为自己的产品开发和建设好分销渠道。这就意味着“好酒也怕巷子深”。

到了近年，随着竞争的进一步激化，市场上又出现了新的情况。生产领域中个别不法企业生产和销售假冒伪劣产品，流通领域也有不少企业有意无意地采购和销售假冒伪劣商品。最典型的例子就是，有人从某家著名的国际连锁超市中购买了20箱茅台酒，事后发现居然全是假货，造成了很坏的社会影响。因此，无论是制造商还是中间商都越来越多地发现，好的产品如果不重视渠道建设，不通过正当渠道占领市场，各种不法分子就可能钻渠道的空子，使假冒伪劣商品侵占各种流通渠道，结果是扰乱市场，坑害消费者。这种现象的出现提醒优质产品的制造商要特别重视自己的渠道开发和建设，如果自己的渠道不畅或者管理不当，就会给假冒伪劣商品以可乘之机，这不仅损害本企业产品用户的利益，也会危及企业形象和声誉。这就是“好酒最怕巷子深”。

资料来源：

李先国，杨晶，张茜，等．分销渠道管理 [M].2 版．北京：清华大学出版社，2014.

思考：

1. 你如何看待“好酒不怕巷子深”“好酒也怕巷子深”“好酒最怕巷子深”三个阶段的演化？

2. 请列出除白酒以外的其他行业，并通过行业的演化过程，分析营销渠道的重要性。

任务二 营销渠道的特征、结构

导入案例

白酒收购为哪般

继帝亚吉欧成功收购水井坊17%的股份之后，剑南春旗下的文君酒被法国轩尼诗控股收至麾下。这是为什么呢？轩尼诗收购文君酒意在渠道，而谁拥有渠道，谁将拥有未来。

文君酒本身品牌价值巨大，它发轫于明朝万历年间的临邛寇氏烧房，有“一曲凤求凰，千古文君酒”的美誉。20世纪80年代末，文君酒曾一度跃居川酒前列，年销售额近3亿元。而之后该品牌光芒渐去。目前文君酒厂年产各类饮料酒3万多吨，拥有文君系列品牌100多个，年产原酒能力2800吨，极具收购价值。

而轩尼诗一直在高端酒产品中位于三甲行列，其背后庞大的LVMH集团已经成为全球最大的奢侈品集团，旗下品牌涵盖了奢侈品的所有行业，其中包括路易·威登（Louis Vuitton）。

白酒业内人士认为，轩尼诗此次收购的真实意图是以文君酒为跳板收购文君酒背后的剑南春，以全面铺开其产品在国内市场的销售渠道。轩尼诗作为干邑的领导品牌之一，与大多数洋酒一样，目前的销售渠道大多是娱乐场所等即饮市场。在消费量更广阔的中餐即饮市场上，远不是中国本土白酒的对手。因此，借助控股中国传统白酒，使洋酒进一步掌握白酒销售渠道，进一步延伸自己的分销渠道。

目前在我国整个白酒行业，分销渠道成为中外酒业集团市场争夺中的稀缺资源。国内酒业企业近来已明显加快了渠道扩张的步伐，并加强了渠道网络建设的力度。而洋酒巨头要想快速建立渠道优势，并购合作是最有效的选择。目前剑南春已完成改制，销售网络遍布全国，且利用旗下金剑南、银剑南等子品牌进行了有效的渠道扩张，在生产规模和品牌方面也有不少斩获，而其旗下的文君子品牌不仅有品牌历史积淀，而且规模适中，销售网络成熟，可以给轩尼诗增加不少渠道和品牌的筹码。

资料来源：

https://www.wjx.cn/xz/27777938.aspx.

思考：

1. 营销渠道为何成为中外酒业集团市场争夺中的稀缺资源？

2. 你认为轩尼诗此次收购文君酒，有哪些成功经验值得借鉴？

一、营销渠道的特征

本质上，所有产品从制造商向消费者转移的通路都可称为营销渠道，但营销渠道由于是一个组织系统，由参与商品交易过程的各类机构和人员共同组成。渠道要素的不同、渠道环境的不同也形成了各种不同的渠道表现，分析起来，渠道具有以下几个特征。

（一）排他性

渠道的排他性是指在某些渠道中，如果某类产品被某一企业或品牌抢先占领，那么其他企业或品牌就很难进入，就可能被排斥在该渠道之外。例如，某学校的食堂（这是一个特殊渠道，又称为“特殊通道”）每个月会消耗大量的大米、食用油、味精等，这是一个优质的大客户。如果食堂大米用了“中粮”牌的，食用油用了“福临门”牌的，味精用了“莲花”牌的，其他品牌就很难进入，即使要进入也需花大力气。因此，渠道的排他性决定了企业应该抢先占领一些优质渠道、特殊通道，以获取渠道竞争优势。

（二）独特性

一个企业在一个地区或一类市场上有自己完善的渠道体系，这是不能被撼动的。营销渠道战略是长期的，并且需要一个组织结构去支撑实现，这是基于关系和人的战略，由此营销渠道难以被竞争对手模仿和复制。渠道的独特性在于每个企业的渠道网络和其他企业的渠道网络不同，每个地区的渠道结构与其他地区的渠道结构不同，每种渠道模式都有其不同的特征。换句话说，每个企业都可以在其目标市场建立自己独特的渠道结构和模式，开展差异化分销，形成企业独特的渠道竞争优势。企业通过独特性的渠道结构和渠道模式，形成了竞争力。

（三）不可复制性

渠道的不可复制性又称为不可替代性，一个企业在某一个国家或某一个地区具有完善的渠道网络，但它不能将其直接照搬到另一个国家或另一个地区。目标市场渠道网络的建设必须从头开始，一步一步地构建，没有捷径可走。例如，欧莱雅公司在欧洲可谓网络密布、销售顺畅，但在中国市场上除请明星代言外，还重点建设其系列产品的销售渠道，包括经销商、直营和专柜、专卖店等，同时花高价收购了“小护士”品牌。渠道不像产品可以大规模生产和复制，这就决定了渠道建设和渠道管理的复杂性与艰巨性。

（四）系统性

美国学者伯特·罗森布洛姆认为，“这些营销渠道和参与其中的人员构成了一个复杂、动态的系统”。根据系统论的思想，系统是由多个相互联系的个体要素所组成的统一体。系统各要素之间相互影响、相互作用、相互制约，并且和外部进行着物质和能量的交换，由此形成系统的运行动力。系统存在于一定的环境当中，在与环境进行物质、能量和信息交换的同时，在投入、转换、产出的过程中不断进行着自我调节，以获得自身的发展。

营销渠道是一个自循环的系统。系统本身具有其内在的动力源泉，那就是渠道利益的分配，其控制机制在于渠道利益的平衡。换句话说，渠道各要素、各成员之间由于利益关系成为一个上下游相互紧密衔接、互动的交易整体和系统，成为一条渠道“价值链”，体现出营销渠道作为一个系统的特征。企业的产品、服务和品牌通过在这条渠道“价值链”中的流动实现其价值增值，顾客也在其中满足自己的需求和获得使用价值，并由此达到企业的经营目标。

【案例 1-3】

天府可乐的辉煌与抗争

从 1936 年重庆美华汽水厂诞生，到 1988 年天府可乐占据中国市场 75% 的份额，再到 1994 年与百事进行的合资，逐渐退出中国市场，天府可乐在几十年间经历了从兴起风靡再到销声匿迹的过程。

1978 年 8 月 31 日，从部队转业的李培全被任为天府可乐厂厂长，面对这个只有 200 多人、又破又旧的厂，李培全惊讶地发现职工们个个精神饱满，腰身挺拔，眼神里充满期待和热忱。这种劲头彻底感染了李培全。当时厂里设备落后，品种单一，产品只有两种：一种是青鸟汽水，另一种是玉米加工的饴糖。

李培全立即跑去位于黄桷垭的四川省中药研究所，这是全国 8 个接手白芍研究任务的研究所之一。经过几轮谈判，双方达成合作协议，研究所负责药理研究，重庆饮料厂负责生产饮料。那时候，大家都想着怎样把事情做好，也不计较报酬。李培全记得，只花了 2500 元科研经费。

李培全明白，可乐型饮料在全球有两大超级巨头，中国自己的可乐要想在市场上占据一席之地，必须具备特色和技高一筹的定位。于是他向科研组提出三个目标：一是利用国产中药，真正具有经得起检验的保健作用；二是口感和风味上，必须达到国际可乐型饮料的标准；三是全部选用国产原料，才不会受制于人。

经过数百次反复实验，1981 年 12 月，含有中草药植物草本成分的天府可乐配方终于研制出来了！配方以白芍为主，含有地黄、当归等 11 味中草药成分。科研人员全身心地投入研究，对中药的利用很讲究，既要保健，又要安全无毒。

国务院机关事务管理局对天府可乐严格审验后，将其定为国宴饮料，自此天府可乐进入人民大会堂，被誉为“一代名饮”。1985 年到 1988 年，天府可乐在全国供不应求，来拉可乐的货车从厂区门口排到一千米外的袁家岗。易拉罐投产后，各地经销商追着找李培全批条要可乐。每年还有120个车皮专门送到北京，各个车间24小时三班倒地生产。

1990年天府可乐在莫斯科建灌装厂，日本风间株式会社主动代理，在美国世贸大厦设立公司，专销天府可乐。

当时的天府可乐，占据国内可乐市场75%的份额。最辉煌那几年，每年生产6万多吨，相当于1亿多瓶。

1991年，在由国家原轻工业部组织开展的活动中，来自全国的饮料厂家都推出自家最“牛气”的产品。全程均由权威专家以“盲评”方式进行评议，天府可乐以最高分名列榜首，比可口可乐还高出0.52分。

正是天府可乐巨大的品牌影响力和市场覆盖率，被“百事”“可口”两大饮料巨头“追着”想进行合作。遗憾的是，后来与百事可乐合资后，天府可乐就逐渐淡出了市场。

资料来源：

https://www.cqcb.com/hot/2018-06-04/876507_pc.html；编者整理。

二、营销渠道功能流

营销渠道的功能是通过渠道成员间的各种功能流来实现的，正是这些功能流将所有的营销成员连接在一起。功能流与功能之间存在一定的对应关系。这些功能流包括以下几种。

（一）实物流

实物流是指实体产品或服务从制造商转移到最终消费者的活动与过程。制造商按计划或订单将产品生产出来后，把产品交给代理商或经销商，再由它们运交给零售商，然后由零售商卖给顾客。对于大笔的订单，也可以由制造商直接向顾客供货。

（二）所有权流

所有权流是指商品的所有权从一个渠道成员手中转移到另一个渠道成员手中的活动与过程。在经销的情形下，商品所有权直接由制造商转移到经销商。而在代理的情形下，商品所有权经由代理商的协助由制造商转移到零售商。

（三）促销流

促销流是指一个渠道成员通过广告、人员推销、宣传报道和营业推广等活动对另一个渠道成员或消费者施加影响的过程。制造商会向代理商、经销商、零售商和消费者促销，代理商、经销商和零售商会向消费者促销。

（四）谈判流

谈判流是指在分销渠道中，当产品实体或所有权在渠道成员之间转移时需要对价格和交易条件进行谈判的活动和过程。谈判流贯穿于整个渠道。产品实体和所有权在渠道成员之间每转移一次，通常就需要进行一次谈判，就会产生相应的谈判流。

（五）资金流

资金流是指伴随着产品所有权的转移所形成的各渠道成员之间的资金融通活动与过程。如制造商可能同意零售商在商品售出之后结款，这就等于制造商为零售商提供了流动资金。相反，如果零售商向制造商预付一定的货款，这就等于零售商为制造商提供了融资机会。

（六）风险流

风险流是指伴随着产品所有权转移的各种风险在各渠道成员之间的转移过程。这种风险包括商品在渠道的流通过程中可能发生的各种有形或无形的损失，尤其是产品过时、报废、灾害、竞争和返修率过高等因素所造成的风险。

（七）订货流

订货流是指渠道成员定期或不定期地向供货商发出订单的活动和过程。

（八）支付流

支付流是指商品货款在渠道成员之间的流动过程。

（九）信息流

信息流是指渠道成员之间相互传递市场信息的过程。在分销渠道中，相邻的渠道成员之间会进行双向的信息交流，即使互不相邻的渠道成员之间也会有各种信息的交流。例如，从制造商到消费者的流动，具体见图 1-1。

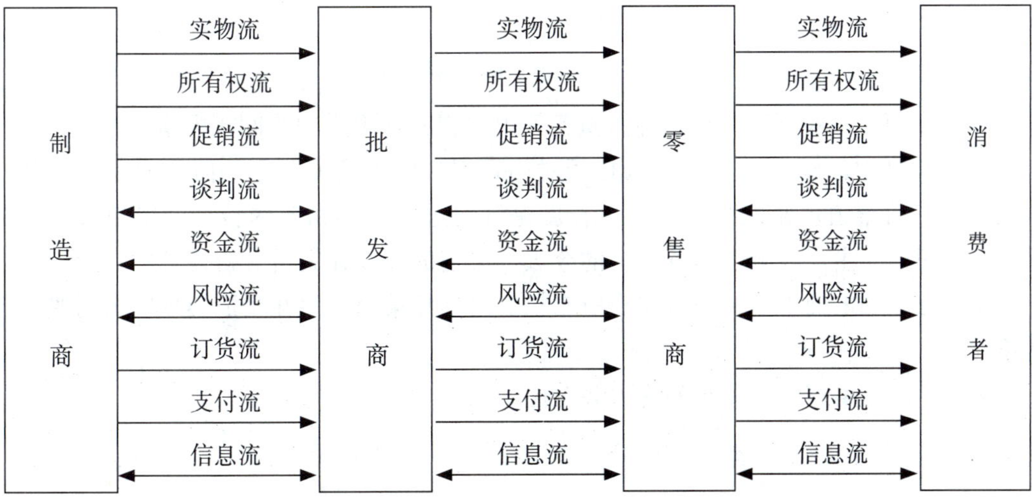

图 1-1 从制造商到消费者的流动

三、营销渠道的结构

进行渠道设计，首先要在了解渠道的基本结构，一般有三种结构分类方法：（1）按渠道不同类中间商的层级数量分类，称为渠道长度；（2）按同一层中间商的多少分类，称为渠道宽度；（3）按不同的渠道数量分类，称为通路数量。

（一）渠道长度

按产品从生产者转移到用户的过程中所包含的中间商购销环节的多少，即中间商的层级数进行划分，渠道长度可分为零阶渠道、一阶渠道、二阶渠道和三阶渠道（也称为多阶渠道），如图 1-2 所示。

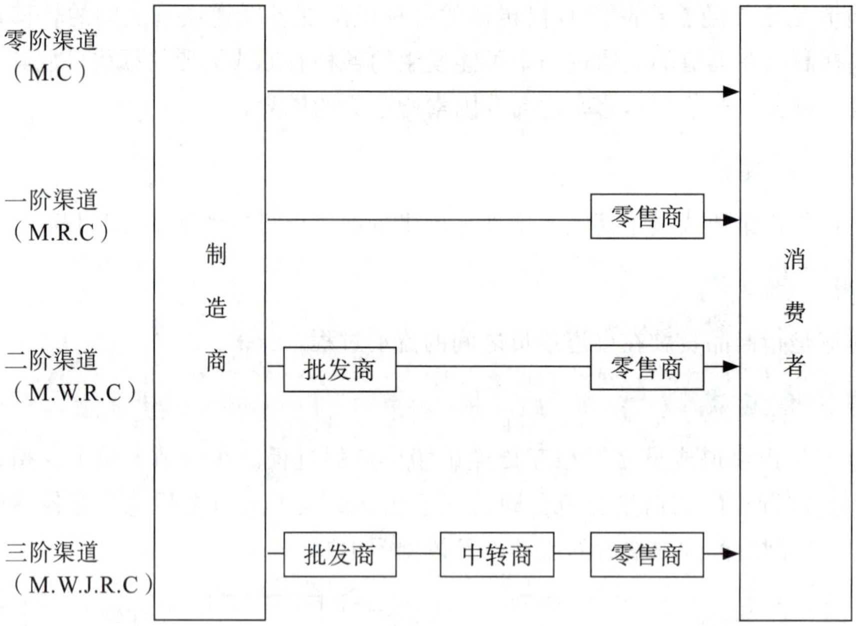

图 1-2　直接渠道和间接渠道

在工作中，一般把零阶渠道称为直接渠道，把其他渠道归为间接渠道。

渠道长度中的长渠道与短渠道是相对而言。二阶渠道相对于一阶渠道是长渠道，但相对于三阶渠道就是短渠道。渠道长度是针对进行了实物流的转移的渠道参与者分析，以中间商为主，在电子商务流行的今天，渠道的长度在渠道分析设计中也会引入物流参与节点。如电商平台在渠道实现所有权流时是短渠道，但在渠道实现物流时则可能是长渠道。

表 1-1 为长渠道与短渠道的优劣势对比。

表 1-1 长渠道与短渠道的优劣势对比

类型	优点及适用范围	缺点及基本要求
长渠道	市场覆盖面广；企业可以将渠道优势转化为自身优势；可以减轻企业的费用压力；一般消费品较为适用	厂家对渠道的控制程度较低；增加了渠道服务水平的差异性和不确定性；加大了厂家对经销商进行协调的工作量
短渠道	厂家对渠道的控制程度较高；专利品、贵重商品较为适用	厂家要承担大部分或部分渠道功能，必须具备足够的资源；市场覆盖面较窄

（二）渠道宽度

按同一层级中间商数量划分，根据在渠道各环节中使用同类型中间商数目的多少，渠道宽度可分为独家分销（窄渠道）、密集分销（宽渠道）和选择分销三种渠道，见表 1-2。

表 1-2 宽窄渠道比较

类型	含义	优点	缺点
独家分销渠道	在既定市场区域内，每个渠道层面只有一家经销商运作	竞争程度低；厂家与经销商的关系较为紧密；适用于专用产品的分销	缺乏竞争，顾客的满意度可能会受到影响；经销商对厂家的反控制能力较强
密集分销渠道	凡是符合厂家要求的经销商均可参与分销	市场覆盖率高；比较适用于快速消费品的分销	经销商之间的竞争容易使市场混乱，甚至破坏企业的营销意图，渠道的管理成本和费用比较高
选择分销渠道	从申请者中选择一部分人作为经销商	优缺点介于独家分销渠道和密集分销渠道之间	—

渠道的宽窄同样是相对而言，进行的是横向对比，如两个厂家，批发商多的在批发商环节为宽渠道；如果零售商少，则零售商环节属窄渠道。

（三）通路数量

按企业选择渠道模式数量划分，通路数量可分为单渠道与多渠道。单渠道是指生产者在一定的目标市场中，只选择一种分销渠道的模式。多渠道是指生产者在一定的目标市场中，选择多种分销渠道的模式。生产者在建立分销渠道时多采用多渠道模式。多渠道模式的优点是能降低销售成本，增加市场覆盖面；缺点是渠道合作困难，且较难控制，易产生渠道冲突。上述分销渠道类型的变化，主要体现渠道层级、宽度、广度的变化。

通路数量的多少同样是相对而言。

【案例 1-4】

制造商开店的误区

目前不仅是乳品，手机、家电、厨具等各类制造商都在陆续不断地投身零售业。但研究表明，零售有零售的规律，如果不深入零售的运营中，从细节上一步步改进，则很可能会步“先烈”的后尘。

一般来说，制造商投身连锁店经常会犯的最大失误是仅仅将旗下连锁店作为一个自家产品分销的渠道，而没有真正贴近零售生意，去摸清其中的规律。

如果制造商连锁店的管理者意识中存有上述观念，那么细节问题就会层出不穷。这个战略方向的失误，将导致连锁零售业务产生很多连锁反应。

1. 只看重商品盈利模式，而忽视作为零售商的盈利模式

如果制造商太过看重自己的商品，太自信于自己商品的盈利能力，常常忽视用商品结构来盈利的零售原则，就可能会出现以下问题：即使自家商品销售周期长，周转率慢，也固守着不肯改变。这严重违反了零售商“勤进快销”的原则。例如，某食品厂家的连锁店将自己集团生产的咖啡饮料摆在黄金位置，但该咖啡因为价格和品质问题销售量非常低，但由于该咖啡是“近亲”，主管不肯撤下，还坚持说卖其他知名咖啡饮料是为他人作嫁衣裳。

如果忽视零售商的盈利模式，很可能会导致门店连锁的失败。如果失败了，整个渠道就没有了，还谈什么品牌建设？换个角度讲，如果你拿着一个连锁项目去找第三方投资人，他会允许你坚持以你的产品为核心的盈利模式吗？

2. 整个连锁业务缺少一些必要的投入

这些投入包括人力 / 组织投入、财力投入、物力投入和智力投入。例如，在一些制造商品牌连锁店中，重点是为了分销自己的商品，因此只是象征性地采购了其他品牌的搭配商品，连像样的采购部门都没有，没有人接受专业的采购培训，也没有人对采购的商品结构和最终销售表现负责，因此导致很多关联销售的流失。如果采购不当，还会损害店铺的品质形象。上述考察对象的咖啡很可能就属于这种情况。对于符合零售要求的货架和陈列用具的采购也是如此。

3. 把握不准顾客的需求

制造商的连锁店最容易将大卖场或其他综合商品店的销售经验移植过来，如将那里热销的商品当作自己店的热销商品，把大店的生动化陈列法则生搬硬套过来。如果一位母亲认为每天都可以到乳品店买到“可能更新鲜”的乳品，她将不会采购量大的包装。

相信自己商品力和品牌力的制造商门店更容易犯这个错误。实际上，由于小乳品社区店有便利性特点，其顾客购买行为可能完全不同。

4. 连锁业务忽视竞争对手的类型和变化

如A乳品店开业，最容易将附近开业的B乳品店作为直接竞争对手，因为后者是另一个乳品制造商开的连锁店。从B乳品看，或许它的氛围和灯光不够到位，因此A乳品店就心平气和地安于现状。但问题是，从顾客购买的角度看，A乳品店的竞争对手是多种多样的。对最主要的几种乳品单品，顾客更愿意来这里购买，还是去沃尔玛明亮的卖场里，结合其他生活用品需求做一次性购买？这是一个问题。

尽管很多制造商的连锁店承担了品牌推广的功能，但如果采取特许加盟的形式，有多少加盟商能承受低盈利？它们又能承受多久？

因此，制造商发起的连锁店业务只有抛弃“以制造商为中心”的思维，平心静气地做好零售业务的每一个细节，才能取得更大的发展。

资料来源：

萧黎成．制造商开店的误区[J]. 销售与市场，2005（36）：64-65.

思考：

1. 制造商开店存在哪些误区？
2. 该案例体现了营销渠道哪些功能的重要性？
3. 换位思考，如果你是制造商，你将会如何开店？试列举你的想法。

任务三　营销渠道发展现状和问题

导入案例

海尔渠道建设与发展

海尔的营销渠道网络建设，经历了一个由区域性网络到全国性网络，由全国性网络再到全球性网络的发展过程。发展初期，海尔集团从依靠商场销售到店中店，再到建设自己的品牌专卖店，树立起海尔品牌的知名度和信誉度。海尔集团的多元化产品策略以及在营销上投入的雄厚资金，使它在全国范围内的家电专卖店得以高效运营。目前，海尔已在全国主要县城建立了自己的品牌专卖店。在城市家电市场，海尔也建立了完善的自控销售网络。海尔根据自身的产品类别多、年销售量大、品牌知名度高等特点，适时进行了通路整合：在全国每一个一级城市设有海尔工贸公司；在一级城市设有海尔营销中心，负责当地所有海尔产品的销售工作，包括对一级市场零售商和二级市场零售商的管理；在三、四级市场按“一县一点”设专卖店。这样，取消了中间环节，降低了销售通路的成本，有利于对零售终端销售的控制和管理。

海尔集团通过自己的销售分公司——海尔工贸公司直接向零售商供货并提供相应支持，还将很多零售商改造成了海尔专卖店。海尔也有一些批发商，但其分销网络的重点并不是批发商，而是更希望和零售商直接做生意，构建一个属于自己的零售分销体系。在海尔的营销渠道中，百货店和零售店是主要的分销力量，海尔工贸公司就相当于总代理商，因此批发商的作用很小。海尔的销售政策也倾向于零售商，不但向它们提供更多的服务和支持，还保证零售商可以获得更高的毛利率。海尔的批发商不具有分销权，留给它们的利润空间十分有限，批发毛利率一般仅 3% ~ 4%，在海尔公司设有分支机构的地方批发商的活动余地更小。不过海尔的产品销量大、价格稳定，批发商最终利润也能得到保证。在海尔的渠道模式中，制造商承担了大部分工作，而零售商基本依从于制造商。

资料来源：

https://ishare.iask.sina.com.cn/f/iR9RT0FT3.html.

思考：

海尔专卖店以及海尔工贸公司的设立都体现了海尔对渠道的控制，请问这种控制的重要性有哪些？

一、营销渠道发展过程

自改革开放以来，中国市场环境在不断发生改变，伴随着的是渠道由国营配销体系到批发市场、到代理商、到零售商，再到当今越来越流行的电子营销，追根究底，这是整体社会和科技发展要求的必然结果。

对于现如今的市场，厂商在渠道管理上普遍存在问题。原有的销售渠道在很大程度上已不适合今天市场多元化的竞争结构，渠道的成本、控制、效率和效益之间的矛盾越来越不易协调，互联网、新兴商业资本等新的力量又增加了其间的变数，如果不在传统销售渠道基础上根据企业的自身情况进行创新与改革，那它将变成一个非常不稳定的因素。

（一）国营配销体系

20 世纪 80 年代，中国处于计划经济的浪潮之中，当时流行的商业体系是国营配销体系，常见的有供销社、百货公司等。这时的“经销商”并不是我们现在所说的经销商，它们是官商。当时市场上的产品供不应求，不愁卖不出去，使得当时的商家不需要去考虑如何推销自己的产品，如何去吸引消费者。因此，那个年代是产品的时代，产品制胜，有产品就有足够的话语权。

（二）批发市场的兴起

20 世纪 90 年代初是我国交易市场快速发展的一个重要时期，个体经济进入人们的视野。一些有胆量、有眼光的人不甘于当前的生活，纷纷下海经商，寻找机会开发自己的小市场，独立门户，从事个体经营。如今提起浙江义乌、温州等地区，大家会一致认为那里的人具有极其精明的经商头脑，这在当时便已显现出来。一批又一批有活力的市场在那里崛起，并快速向周边地区扩散。批发市场显示出强大的生命力，成为 20 世纪 90 年代的市场主角。

（三）大型零售商

20 世纪 90 年代，家乐福、沃尔玛、麦德龙等国际零售巨头开始在中国布局，逐渐渗透中国市场。与此同时，本土的企业不甘示弱，农工商、华润、苏果等企业加速扩张，占领市场，中国逐渐步入连锁经营的时代。

这些大型零售商和连锁企业的不断扩张，使得经销商的生存空间越来越小，因为它们不断要求和生产商直接合作，抛开中间经销商；而经销商也因为承受不了这些大型零售商的高额通路费，不得不放弃一些零售业务。对于中间经销商而言，它们的当务之急是寻求新的机会转型，越来越多的经销商积极走出去，成为服务商，为大型零售企业和消费者服务，为生产厂家和大型零售企业提供销售和配送的服务。这些经销商顺应了经济形势，在变化的市场中找到了自己的位置，得以生存。

（四）电子营销

新的时代，科技快速发展，互联网的龙卷风从大洋彼岸的美国席卷而来，网络的兴起为营销注入了新的活力，同时带来了巨大的挑战。网络的流行大大改变了人们的生活方式以及交流方式，为大家的生活提供了便利，同时改变了企业的管理模式。以互联网数据交换、收集信息等系统工具为基础，网络营销的使用频率直线上升。

电子营销渠道的兴起，抢夺了传统渠道的业务，成为市场的主流。在互联网提供的技术条件下，企业的信息处理能力大大提高，渠道成员的分配情况也随之发生了改变，营销渠道中信息的流向更加明确，同时信息传递的速度加快。在这样的技术背景之下，企业可以将自身的渠道结构进行重组。

企业可以根据自身的实际情况进行渠道改革，取消或者替代一部分渠道成员，保留渠道的基本功能。在互联网的条件下，需要充分考虑该技术可能会引发的渠道情况以及功能的变化，根据自身的产品以及营销的整体计划重新分配、安排渠道的功能，促进企业的经营效率和竞争的优势。互联网其实是一种传递信息的方式，这种方式能够强化企业处理信息能力，会使营销渠道发生变化，也会降低企业对调查公司、经销商等机构的依赖。同时，互联网技术提高了产品传递的效率，各种线上支付方式也方便了企业和经销商的交易，减少了时间成本，促进了营销渠道的改革。

表 1-3 为营销渠道的发展过程。

表 1-3 营销渠道的发展过程

渠道主体	时间	特点
国营配销体系	20 世纪 80 年代	产品制胜，有产品不担心卖不出去
批发市场	20 世纪 90 年代初	重视品牌，容易跟风购买
大型零售商	20 世纪 90 年代末	利用价格吸引消费者，小经销商转向提供服务
电子营销	21 世纪	信息即时反馈

【案例 1-5】

国产可乐能卷土重来吗

以天府可乐于2010年和2013年先后向百事（中国）投资有限公司讨回了天府可乐及其系列饮料的配方、生产工艺和品牌为号角，国产可乐开始努力争回市场之路，但此路之艰难超出想象。国产可乐发起了回归挑战，长期占据碳酸饮料市场的两大外国品牌不可能坐视不理，两大可乐品牌通过规模化效应将零售价牢牢固定在低价位，以480毫升至550毫升规格的塑料瓶装产品为例，百事、可口的线下渠道单价基本可以控制在3元以内，而天府可乐、北冰洋等国产品牌却需要达到4.5元至6元。通过价格壁垒，两大外国品牌牢牢把控住市场。《2022年中国碳酸饮料行业现状分析》显示，2021年可口可乐、百事可乐占据国内碳酸饮料近九成市场，其中可口可乐一家市场份额就达到53.4%。

国产可乐属于区域性品牌，生产规模上不去，成本很难下降。面对价格围剿，国产可乐品牌抓住市场消费偏好变化，近年来，消费者的购买渠道也由原来的线下变为了线下、线上、即时零售等多种方式相结合。国产可乐积极开拓新渠道，发展情怀营销等，终于迎来了一波繁荣。2019年终于结束了多年徘徊不前的局面，当年产量超过1800万吨，同比增长5.8%；2022年产量接近2000万吨，同比增长6.8%。老汽水销量呈现出逐步攀升之势。国产汽水品牌集体回归，改变了曾经的经营策略，在扎根生产地市场的同时，也在拓展全国市场。2021年以来，随着全国化布局提速，国产汽水的省外销量占比也在提高。广州的亚洲汽水省外销量同比增长34%，青岛崂山汽水的省外销量同比增长38%，北冰洋的京外即时零售订单占比已高达六成。武汉二厂汽水在上线不到两个月时间内以“9.9元三瓶全国包邮”的策略，同时开启全国各个区域的市场代理，开展全渠道布局。在稳步推进线下布局之外，国产品牌更重要的是通过线上渠道销售汽水，通过缩短渠道长度来降低渠道费用，从而达到与两大外资可乐相近的零售价，不但要靠情怀还要靠价格来争夺市场。

资料来源：

http://fashion.ce.cn/focus/index_17.shtml；编者整理。

思考：

1. 国产可乐还有重回顶峰的机会吗？
2. 从国产可乐渠道策略应用案例，分析其分销渠道的模式结构的特点。

二、渠道管理存在的问题

与国外营销近百年的路程相比，我国从改革开放以来才引进了市场经济，虽仅有40多年，但我国的营销市场同样经历了翻天覆地的变化，从当时的单一模式，发展到现在各行各业激烈竞争，实现了期望中的“百花齐放”的场景。然而细究起来，我国在营销渠道管理方面仍然存在很多问题，需要我们去重视并加以解决。

（一）成本过高

在进行渠道的建立以及维护时，企业需要投入大量的人力、物力和财力，包括最初的渠道网络的建立、产品及信息的传递、对经销商的约束、终端的产品铺货等方面，企业在整体过程中需要打通并维护各个方面的关系。这种交易成本十分庞大，因为大多数的经销商没有整体意识，不考虑这个品牌怎样进行营销更好，只关注自身的短期利益，这大大加重了渠道管理的负担。

（二）经销商道德缺失

有部分经销商成为渠道中最大的隐患，它们欲望太强，不断地要求提高自身的利益，缺乏对品牌、生产制造商的忠诚，很容易被其他企业“挖墙脚”，甚至仗着自身拥有渠道的优势向制造商漫天要价，以此来寻求更多的利益。

同时，在道德缺失的情况下，还容易造成渠道商流失，竞争对手会针对这些经销商采取加大补贴力度的方法来吸引他们，抢夺渠道。

（三）信息传递效率低

对于很多企业来说，不管活动在哪个环节，信息沟通传递方面都十分不理想。在渠道管理中，中间环节太多，各个环节间信息传递不完全、理解不正确、传递延时太长、沟通手段落后等情况随处可见，导致产品在终端呈现不出应有的效果，渠道成员之间特别容易发生冲突。

（四）缺乏渠道控制能力

渠道管理的成本高，渠道成员的素质参差不齐，因此企业往往没有办法进行统一的管理。很多经销商需要生产制造商重点关注，对他们进行培训，提高其品牌意识以及经营能力。现在，一方面，对于渠道管理方面有严格统一规定的企业比较少；另一方面，经销商不严格执行管理规范，这些都会导致渠道控制能力的欠缺。

就拿中小型企业来说，企业在制定销售策略时，要考虑营销的成本等因素。由于直销需要投入过多的销售费用，因此，中小型企业多选择经销商来销售自己的产品，以降低相应的销售成本。在这种情况下，这些企业的经销途径就会被牢牢地掌握在经销商的手中，受到经销商的严重限制。在具体的营销中，经销商掌握着终端渠道，也掌握着中小型企业的命脉。经销商在进货时，为了追逐较高的利润，会对供货商提出较高的要求，如铺货费用、促销费用、赊购等，供货商会受到严格的限制。同时，经销商为了维护自身利益，往往在具体的销售活动中有自己的营销策略，给中小型企业造成一定的损害。目前在我国，不付款货物上架成为一种趋势，这种趋势促进了经销商和零售商的快速发展。但对于企业来说，回款不及时，现金链频繁出现问题，最终造成的都是企业的损失。

（五）成员之间冲突严重

企业对渠道掌控力不够，经销商就容易扰乱市场规则。渠道成员之间的冲突十分普遍，比如经销商乱改价格提高利润、跨地区窜货并低价销售以削减其他经销商的利润、拖欠制造商货款等情况，都会造成渠道成员间的冲突，影响渠道的健康发展，对渠道造成破坏，这些都需要制造商采取一定措施来减少或避免此类冲突。

此外，渠道冲突和别的一般竞争不同。竞争是一种非直接、不掺杂个人感情因素的活动，但是冲突就不一样了，冲突一般都是比较直接、受自己主观情感因素的影响，故意对他人的利益进行损害的行为。它们的区别可以由一个例子来看出。比如，有两个应聘者同时去应聘同一个职位，二选一，两人都会尽自己最大的努力将自己的实力展现出来，力争得到该职位，那么很显然他们是在进行竞争，能者胜出。但如果其中至少有一个人通过其他不正当的方法，故意给另一个应聘者设置障碍，设法阻止他去应聘，或在另一人应聘时捣乱，那么他们之间就发生了冲突。对应到渠道关系中，当一个渠道成员需要跨越的障碍不是市场本身所带来的，而是来源于另一个渠道成员时，该成员就面临着渠道冲突。在分销渠道中，成员之间的适度竞争不仅不会产生消极影响，反而有可能使顾客获得更好的产品和服务，有利于整个渠道组织绩效的提高。但如果竞争发展到竞争双方相互诋毁、不择手段时，竞争就会演变成为冲突。

（六）“大户问题”

所谓“大户问题”，是指生产制造商在选择自己的经销商时，都倾向于大型的、实力强劲的经销商，但这些经销商往往因为自身优势大，在渠道管理中，对制造商“指手画脚”，反客为主，改变甚至控制制造商的销售计划，不重视合作关系，而制造商没有办法完全掌控他们，对于他们提出的要求既感到为难，又不得不接受，验证了“店大欺客，客大欺店”的道理。这些大型的经销商掌握着渠道的主动权，所带来的“大户问题”在我国渠道发展中越来越严重，“家乐福炒货事件”就说明了这一点。

【课堂互动案例 1-1】

互动内容：

如何理解渠道中出现的问题？举个你所知道的例子并对其中一种问题进行说明。

互动要求：

1. 结合有关渠道问题的知识，对如何解决这些问题发表个人见解，也可以和你的同伴简单沟通后回答。

2. 教师对学生的回答进行点评。

【案例 1-6】

格力、电商联手应对空调“大战”

尽管格力仍旧高居空调业龙头老大的位置，但面对小米、奥克斯等新老对手的夹击，长期倚仗线下销售渠道的格力也不得不进一步考虑线上渠道的问题了。近日，更有人抛出了“董明珠敢在互联网上直接卖格力空调吗”的疑问。面对质疑，格力电器股份有限公司董事长董明珠似乎有着自己的考量。2019 年 3 月 10 日，格力电器官微宣布，2019 年 3 月格力与天猫在杭州签署 IoT（物联网）合作协议，双方将从技术、渠道、生态层面展开合作。

2018 年下半年以来，受房地产市场低迷影响，国内空调销售额明显下滑。作为行业龙头，格力电器 2018 年跑高大盘，营收首破 2000 亿元，但其线上空调销售额增速慢于行业平均水平。据奥维云网（AVC）监测的数据，2018 年国内家用空调线下零售额同比下降 3.74%，格力空调线下零售额同比微降 1.2%，其市场份额增加 1.13 个百分点，达到 38.14%；而格力空调线上零售额同比增长 12.4%，增幅逊于行业线上增幅 23%。但因线上渠道只占国内家用空调市场约三成，加上格力庞大的专卖店销量还没算入监测范围，所以，目前来看，格力空调龙头地位稳中有升。与此同时，小米、奥克斯等正在从线上渠道发力。奥克斯空调 2018 年线上增速飙升，小米空调则以 1799 元的低价高调入市。董明珠在 2019 年 1 月的格力电器临时股东大会上，甚至被投资者问到如何看待小米、奥克斯的挑战。“未来 10 年，相信格力空调行业老大的地位不会变。”倔强的董明珠当时马上予以回应。她还说“小米（空调）先跟美的，再跟长虹，现在跟 TCL（合作），怕什么”，并批评奥克斯“天天挖人、挖专利”。尽管董明珠口齿伶俐，但她也清醒地认识到，2019年国内空调市场仍然承压，线上渠道增长又快于线下，要实现格力电器2019年冲击2500亿元的新目标，专卖店、大卖场、线上渠道的推动“一个都不能少”。

奥维云网预计，2019年国内空调市场的销量将同比减少2%至5590万台，销售额则同比微升0.2%至2014亿元；其中，电商渠道销量同比增长8.7%至2239万台，销售额同比增长12.6%至689亿元，线上渠道增长仍快于线下渠道，但是线上增速也将放缓。

那么，在线上渠道快速发展的今天，格力“层层分销、政策套牢”的线下渠道模式是否会改变？所谓“生产方式转变”是否意味着变革大规模压货模式？一位华南地区的格力空调经销商对此并不这样认为。他表示，其实格力最大的竞争对手还是美的。“格力的专卖店政策暂时没有改变，各地销售公司的重点也放在专卖店。”“从2018年七八月开始，市场环境不好，影响了格力、美的、海尔这些空调龙头的线下实际销量。”这位经销商说，美的、海尔等也与天猫合作，格力不能只守专卖店渠道。

为什么奥克斯走线上？这位经销商认为，线上直销走低价路线相对容易。而线上直销做成功的是小米，不过最终产品口碑还需时间检验。“格力一直努力维持价格体系、保证经销商利润，这样经销商才愿意提前打款。如果利润不保，下次就很难筹款了。”“受到的挑战越来越大。”这位经销商坦言，国家对楼市调控、宏观经济增速放缓、2019年3月下雨天多、空调业价格竞争激烈，种种因素都让他感受到压力。据他透露，2019年3月，格力一匹单冷机特价2099元，美的一匹冷暖机特价1899元，如果同是单冷机则相差400元；在向集团单位销售的空调工程机渠道中，美的向来价格更低，但2019年格力以子品牌“小天鹅”切入工程机领域，价格比美的品牌还便宜200元。“方洪波（美的集团董事长兼总裁）希望，美的空调销量一定不能与格力的差距拉得太大。”在这位格力经销商看来，美的2019年要“抢量”，并已抢走了一些价格敏感型的客户。

面对挑战，格力在发力线上渠道的同时，也在布局智能空调。根据格力与天猫的协议，格力将与阿里人工智能实验室旗下的天猫精灵合作，格力家电产品接入IoT，可实现语音控制。这两家企业将在物联网和智能家居领域，从技术、渠道、生态层面进行战略合作。格力将以天猫精灵IoT物联网平台为基础，在壮大发展物联网新兴战略格局的同时，加快生产方式转变。格力电商管理部部长李鹏表示，此次格力与天猫联手发布的空调新品，革新了健康、智能、舒适等功能。天猫精灵IoT负责人则表示，智能化已逐渐渗透到用户生活的方方面面。2018年格力与天猫已实现了百亿合作，预计明年双方的合作规模会再上一个台阶。但是问题来了，董明珠经常为格力手机代言，还曾放言希望一年销售的6000万台的格力空调未来都可用格力手机遥控。如今，天猫精灵智能语音助手就可以实现对格力空调的语音控制，那么格力手机的未来又在哪里？董明珠在2019年谈到人工智能话题时也表示，未来智能家居可能从开门开始就是智能化的。“我们希望未来有一天，你拿着格力的手机，能把家里所有电器都控制起来。但做这套东西要有支撑它的工业设备、模具等，一个都不可缺少。”

其实，除了生产侧的变革，在销售渠道侧，格力如何与掌握物联网生态的电商平台“竞合”也是董明珠需要面对的。这也许正是“董小姐”愿意为格力和天猫最新合作“站台”的原因吧。

资料来源：

https: //www. toutiao. com/a6666755756433342983/.

思考：

1. 空调“大战”为何会发生？

2. 格力如此应对，在渠道中会有何角色转变？是否还有其他应对方式？

任务四　营销渠道的发展趋势

导入案例

渠道扁平化有效提升企业竞争力

如何让自己企业的销售渠道更为高效地运作起来，是令大多数企业老板头疼的问题。国内绝大多数企业的销售渠道只能算是在流通，和“高效”这个词没有太多的关联，真正能做到高效运转渠道的企业并不多。日益高涨的渠道成本和同质化的产品，削弱了企业在终端市场的竞争力，因此，构建强有力的扁平化渠道，提供多种类型的渠道体验或可成为企业升级转型的新方向。渠道转型是企业最为复杂的转型之一，企业需要面对来自多方面的挑战，包括复杂的市场环境、多层级的分销体系、供应链效率不高、地区分销商规模小而分散以及渠道间的冲突难以解决等问题。

娃哈哈集团在国内非常成功，其在创立之初主打儿童营养液，主要渠道是副食店、医药店。随着公司的稳健发展，产品趋于多元化，其单一的渠道模式很快成为企业的销售“瓶颈”，娃哈哈集团便重新设计了一套销售体制。娃哈哈自建拥有2000多人的销售队伍，直接隶属公司总部并派驻各地，负责联络厂商，帮助经销商开发市场。娃哈哈渠道转型就是从原来单一的多层级的渠道体系转型成为扁平的多渠道模式，使其成本降低、效率提高的一个过程，从而提高企业利润。2000多人的销售队伍派驻各地，使企业通过适当的渠道最大限度地接触到目标消费者，又能将不同渠道间的冲突降到最低，使渠道组合形成合力而不是相互掣肘。

娃哈哈集团虽然从单一渠道模式拓展为多元化模式，却井然有序，并未有渠道冲突，其原因在于渠道虽然多元化，但层级少，这就是如今非常流行的渠道模式——扁平渠道。扁平化有三要素，即"决策有效性""信息正确性""渠道传输速度快"。

一、决策有效性

决策有效性不必多讲，就是指企业管理层要有上行下效的能力，在制定策略上保证其正确性，不能危害到现有的销售环节。

二、信息正确性

做渠道销售跟带兵打仗一样，有效且正确的"情报"能够帮助我们作出最正确的判断。我们需要拥有极强的收集市场信息的能力，通过对信息的整合和判断，减少错误决策，进而提高渠道效率。

三、渠道传输速度快

在传统的销售渠道中，渠道成员之间缺乏充分密切的合作，彼此被视为独立的个体，各自追求自身利益最大化，这种状态很容易导致渠道冲突。在必要的时候，企业可以跳过多余的环节，直接面对终端，把流量环节大量简化，这是非常有效的办法。在销售渠道中，厂家要进行适当的集权和分权，既能实现对渠道的控制，又能激励其他渠道成员加强彼此之间的合作。

从多层级渠道到扁平渠道是一种进步，渠道层级越多，其间的流通也就越长，成本也就随之上升。如果说多层级渠道是金字塔，一层一层地传递下来，那么扁平化渠道就是一张纸，每一条渠道都清晰地画在上面，从企业向远处延伸，而不是向下延伸。渠道扁平化能有效地提升企业的竞争力和控制力。

资料来源：

https://www.toutiao.com/a6451404750948876557/.

思考：

1. 娃哈哈的渠道对于其他企业有何借鉴之处？
2. 你如何看待渠道扁平化？

一、营销渠道模式设计扁平化

近年来，市场经济不断发展，市场环境不断变化，我国消费者的消费行为与心理也发生了巨大的变化。企业间竞争的加剧，使得企业在营销渠道方面不断变革，以求适应现代环境的要求。从渠道变化的角度看，总体呈以下趋势。

渠道垂直化的结构模式是传统的营销渠道模式，即厂家→一级经销商→二级、三级经销商→卖场→消费者，逐层传递。而扁平化模式就是砍掉或压缩中间环节，直达终端，即厂家→经销商→消费者（见图1-3）。这两种模式的差异主要是中间环节的多少。传统的垂直化模式的辐射能力比较强，厂家只需要抓住一级经销商便能获得较大的主动权，抓住整个市场，因为有能力的一级经销商会自己发展并管理二级、三级经销商，能够把自身的业务扩展到更宽更广的地方，这种方式会让厂家省时省力。但是同时，它也有很多缺陷：一是它容易使厂家产生依赖，如果一级经销商做大做强，厂家就很容易失去主动权，经销商可能会“阳奉阴违”，致使厂家受制于人；二是中间环节过多不利于信息的有效传递，双向反馈不及时，有时间延迟；三是效率不高，中间环节层层加价，使得最终零售价格过高，不利于销售和生产；四是中间环节过多增加风险，供应环节的复杂性使得产品经过每个环节都会经历风险，最终可能会导致资金和货物的积压，并且一个环节出现问题，将会产生连锁反应，影响整个链条上的所有商家。

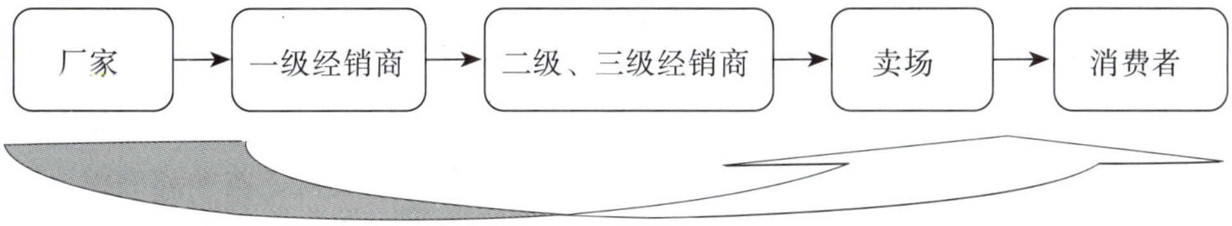

图1-3 垂直化到扁平化的渠道模式

随着压力不断增加，为了挽留消费者，占据市场，企业不得不释放中间环节的利润，减少成本，加大价格优势。因此，能够多多布置销售网点、直接面对消费者的扁平化模式越来越受到欢迎。厂家利用自身的设备和管理方法最大限度地降低成本，直接将产品销售给消费者，其实就是由多层的传递销售变为一层销售。现在很多企业在大城市建立了配送中心，比如京东，直接面向经销商和消费者，降低成本，提供更及时的服务，同时加大了对市场的掌控力。

渠道扁平化是指企业以自身的利润最大化为目标，结合企业自身的条件，利用科学的管理方法与高科技技术，使生产者能够尽可能通过短而高效的渠道将商品销售给最终消费者。因此，渠道扁平化就是优化分销渠道层级的过程。

每一种事物的产生与发展都是受其背后的动因驱动的，营销渠道结构也不例外。“扁平化”也是一种组织管理思想，主要目的就是通过加大一级的管理幅度，从而减少纵向的管理层次和中间环节，以提高整体的管理效率。营销渠道之所以呈现扁平化的趋势，也是多种动因综合作用的结果。比如，成本效益的变化导致渠道扁平化；为获取顾客需求信息促使渠道扁平化；信息技术推动渠道扁平化；以超市、大卖场、专卖店为代表的现代新兴渠道助力渠道扁平化；等等。除此之外，直销、连锁经营、网络营销等渠道的快速兴起，也越来越要求终端加强与厂家之间的直接供货关系，这也在客观上推动了渠道扁平化的发展进程。

“扁平化”的核心思想就是下移渠道重心，细分目标市场。需要肯定的是，企业营销渠道向扁平化发展，确实可以加强和消费者的沟通，并且增加沟通的有效性；信息可以顺畅且快速地在渠道中流通，更有利于企业形成产品的价格竞争优势；降低成本，扩大利润空间；厂家可以更快速地掌握终端，同时有效控制渠道；提高渠道管理水平，大大降低各种不确定性风险等。但分销渠道的扁平化也具有一定的缺点，如企业成本投入加大、管理水平受到限制、损害形象、增加竞争对手等。但是总体来说，渠道扁平化是一种趋势，能够解决一些令厂家头疼的问题，让厂家加强对渠道的控制，使渠道运作更有效。

渠道扁平化是分销渠道发展的趋势，但企业渠道扁平化的目标方向却不是唯一的、固定的，而是多向的、可变的，不同的企业具体发展策略是由渠道扁平化的不同目标所确定的。对于单个企业而言，其扁平化的轨迹和模式多种多样，但从当前渠道扁平化发展的趋势来看，其发展方向离不开以下几点：传统渠道层级的压缩；商场与专卖渠道的加入；直销渠道，尤其是网络分销渠道的迅速发展。

但是，扁平化还具有以下制约因素。

一是已经有一批优秀的经销商成长起来。经过残酷的竞争机制，经销商逐渐向两端集中：要么是定位准、服务好的专业型经销商，要么是规模大、效率高的综合型经销商。而且这些优秀经销商的团队成员有一定的共同点，一般都比较年轻，且受过良好的教育，大部分还有过大企业工作背景，在经营理念、团队管理、系统建设等方面有系统化的知识，素质高，因此都有卓越的表现。

二是高额的运营成本让企业不堪重负，疲于应对。传统产品的深度分销要求投入大量的人力、物力和财力，才能实现扁平化的精细运作，但各项运营成本实在太高，企业人员短缺，又面临着研发、生产和品牌建设等的关键前后端竞争，因此无法维持高昂的渠道费用。

三是管理的复杂程度使企业对渠道扁平化运作产生怀疑。企业管理体系和能力的缺失、人才的匮乏，再加上整个过程的高速流动性，使得企业稍有不慎便会有灭顶之灾，这种风险让企业开始从前端向后方转移。

二、深度分销是挖掘渠道潜力的重要手段

深度分销（Depth Distribution）也叫区域滚动销售（Area Roller Sales），是指通过有组织地提升客户关系的价值来掌控终端市场，滚动式地培育与开发市场，并最终取得市场综合的竞争力，冲击区域市场第一的有效市场策略方法。它主要是由厂家来建立分销队伍，对于经销商覆盖不到或是不愿覆盖的区域或终端进行分销覆盖，以此来取得更高铺市率的模式。深度分销作为一种营销模式，是社会分工的必然要求。它是在对目标市场进行划分后，通过固定人员，定线、定时对终端进行细致的拜访，然后进行市场开发、维护、管理与服务，实现对销售路线的精心运作，以此达到了解竞争对手、提高

产品铺市率、提升产品销量、扩大产品市场占有率的一种营销模式。

深度分销逐渐形成了一种趋势，比如当青岛啤酒在一个地区进行销售时，你不但可以在该地区的大型超市、小型超市、自动售货机、批发市场看到它，也可以在该地区的酒吧、酒店、娱乐城、KTV甚至菜市场看到它。这个产品正在尽可能地将自己的市场扩展到各个区域，同时进行着横向以及纵向的深度分销。其中，横向的深度分销指的是在一个地区的市场上进行密集分销，即尽量多地找客户进行分销，让自己的产品“充满”渠道；而纵向的深度分销指的是增加自己的销售层次，将销售重心下移，更多地向基层市场发展，实现目标市场的精耕细作。

我国国土辽阔，人数众多，而且东西南北分布不均匀，不同地区有不同地区的特色，每个行业的特点也不尽相同。因此，在现在的消费市场上，进行深度分销是最大化市场占有率的最佳方法，这样才能实现销售量的最大化。而经销商又是深度分销过程中的有力群体，因此，厂家必须重视经销商群体，并充分利用它们的力量。

中国有很多优秀的快消品企业，它们大多做过深度分销。深度分销本质上依赖于人海战术，效率低且成本高。在行业增长以及人口众多、人力成本廉价时，这不算是太大的问题。现在，快消品行业整体下滑，人力成本也已走高，深度分销很难向下进行。那么，在互联网时代，是否还需要深度分销？对此，不同的人有不同的看法。有人认为现在不应该抛弃深度分销，而应将深度分销与网络结合，要随互联网时代的发展而升级。

（一）运作中心由经销商到终端市场

一个企业最终的产品是要销售给消费者，如何让消费者见到产品、了解产品是营销需要解决的一个问题，如何让消费者主动购买产品是营销需要解决的另一个问题。在不同时期，企业会采取不同的方式。以前产品比较重要，大家只要把产品做好就行了；而当产品同质化严重时，如果继续采用垂直化模式，各种缺陷就会显露出来。

（1）企业将产品传递给经销商，再由经销商一层一层分销下去，易产生耗费时间长、信息不流通、网络不健全等问题，最终产品可能无法被经销商传递到目标客户群手中，导致消费者可以在电视、宣传单上看到自己心仪的产品，却无法在零售店买到，即生产与销售无法形成准确对接。

（2）产品如果进入零售店，应该如何分类、如何摆放位置，其宣传广告如何进行粘贴、补货记录信息是否及时等，这些方面如果经销商做得不到位，就会严重影响产品终端的销售能力。

（3）在垂直化模式中，经销商往往不能够完全理解或者完全执行厂家制定的销售政策，致使厂家卖力宣传和促销自己的产品，但是收不到预期的效果，甚至成为无效促销。

（4）厂家与经销商之间容易产生利益冲突，发生经销商无序经营、乱改价格、窜货等行为，严重影响市场的稳定。

（5）厂家在经销商上投入成本太大，导致无力经营。

针对以上情况，厂家逐渐选择不将重心全部放在经销商部分，而是放在消费者身上。在终端市场进行各种促销活动可以激起消费者的购买欲望，引导他们消费，同时不再过分安抚经销商，转而加强对经销商的监督，提高产品流通的效率以及产品在销售终端的铺货率，使得消费者容易买到。

（二）销售重心由大城市到中小城市及农村

现在很多企业都在开发大城市的市场，将省会或者沿海城市作为自身的销售重心，因此竞争十分激烈。而且这些地区的消费群体变得越来越难以攻克，许多新产品的宣传工作难以展开。而我国大部分人群集中在中小城市以及农村，这类市场尚有很多的空白点，因此一些企业将自己的销售重心转移到这些地区上，设置销售重心，加强宣传。把握好地区市场，将其稳步发展起来，会大大增加企业的效益。

与此同时，企业开始减少对一级经销商的扶持，转而加强对二级、三级经销商的关注。比如大家耳熟能详的美的公司，它的新的渠道战略就是“弱化一级、加强二级、决胜三级”。之前美的的经销商都分布在大城市，但是激烈的竞争以及饱和的市场使得美的转向小地区市场，让小地区的经销商占到总经销商数量的三分之二，一级经销商只负责为美的提供资金，主要是二级、三级经销商做市场。同时，美的加强了对二级、三级经销商的支持力度，用一个一个的小市场，实现全方位的市场覆盖。

三、渠道成员伙伴化

（一）成员关系由交易关系到伙伴关系

在垂直化的模式中，每个环节的经销商都是独立的经营个体，大家追求的都是自身利益最大化，有时甚至不惜牺牲集体利益，但这种效果是短期的，长此下去，个体利益必定受到损害。因此，厂家和经销商的关系逐步向伙伴式过渡，形成一个集团，厂家对经销商进行控制，经销商相互合作，大家共同为实现个体以及集体的最大化利益而努力，最后实现双赢或多赢，并长久发展下去。建立伙伴关系的做法有以下几种。

1. 实现信息共享。厂家与经销商进行信息共享，包括对产品的市场调查、对竞争对手的调查以及对消费者新的反馈等。

2. 特有产品。厂家通过与大零售商签订协议来为其专门生产一种特定的产品，然后提供给经销商，增强经销商的独特性，经销商也可以买断此产品的经营权，减少消费者的比较成本，得到一批忠实顾客。

3. 相互联合，互帮互助。厂家和经销商互相帮助，比如在产品进行销售时，经销商发布广告或举行活动为其宣传，厂家对此给予一定补助；或者经销商在推广产品时，厂家为其提供人手或者样品等。

4. 加强对经销商的培训，使之达成共识。

（二）经销商由被动到主动

很多经销商并没有学习过系统的知识，而是由个体作为组成部分发展起来的，缺乏经营知识体系，没有自我提高的意识，对市场缺乏一定的敏感度，自我管理以及管理他人的能力不足，因此厂家常常需要多下功夫，指点经销商。但长此以往不是办法，因此厂家会有计划地对经销商进行培训，包括专业知识以及实践能力，主要是为了提高其经营能力。有的厂家送它们的经销商去国内外大学进修 MBA，使其见识变得更广，知识体系变得更系统，最终为厂家带来长远利益。

【案例 1-7】

江小白的渠道分析

江小白的渠道基本没有被外界关注过、谈论过，99% 的人对江小白的第一反应就是营销非常厉害，他们都是从单点片面了解江小白，以至于部分用户还认为其是一个纯粹的电商品牌。其实江小白产品电商化是在 2015 年电商总经理覃铁军加入后才拉开序幕的。江小白只是一款具有互联网思维的传统酒类创新产品，销售主战场依然是在线下，只是借助社会化营销在线上“扫粉”，掌控了“制空权”罢了。

江小白是草根出身，没有强大的品牌力与产品力。考虑到这点，同时基于长期战略发展以及对未来渠道变革的洞察，其采用了平台直营深度分销模式。在每个战略省构建一两个厂商一体化的直营平台，通过深度分销模式把省会市场打造成样板市场，然后通过边际效应，让品牌从一线、二线城市慢慢渗透到三线、四线城市，完成战略布局。在长江以南，其基本采用平台直营或半直营施以深度分销模式。其直营了绝大多数省会市场，掌控了数十万终端，并打造成利基市场，然后通过边际效应渗透地级市和县市场，达到长期战略意图。

在没有强有力后盾的情况下，唯有聚焦方可突破，不浪费半点资源在非战略市场之上。把全省的资源聚焦省会，把省会资源聚焦现饮渠道，把现饮渠道资源聚焦终端，把终端资源聚焦消费者。

为了达到最好的效果，减少有限资源的浪费，江小白绕开了渠道和终端，直插消费者，既避开了竞争对手在渠道上的正面火拼，又把资源最大化。其采用了消费者倒逼终端、终端倒逼渠道的反金字塔打法，解决了消费者从“听到”到“看到”到“买到”的底层需求。

由于从黄金十年至今，白酒这个行当躺着赚钱的惯性思维，加之产品结构定位（如政商务定位、婚宴等）原因，上游酒企只要有些许品牌底蕴或产品力，都是以招商为主导，钟爱大商制或产品买断运营商制，绝不会精耕细作！在餐饮渠道、流通渠道、烟酒店渠道、KA（重点客户）渠道传统四大渠道中，江小白找到渠道空隙切入口，直插餐饮渠道这个小计量白酒基本为零壁垒的空隙，采用人海战术精耕细作。在中国绝大多数市场，中高档白酒这一品类在餐饮渠道基本没有形成渠道壁垒（湖南、广东和安徽除外），不像啤酒已形成寡头竞争。江小白采取了快消品最为擅长的深度分销打法（这也正是快消品行业大多数厂商放弃的打法），让产品在地面一夜之间出现在消费者眼前。

资料来源：

https: //www. toutiao. com/a6465931071555895821/.

思考：

1. 你从江小白的成功中得到了什么样的启发？
2. 在日常生活中，你遇到过其他进行“深度分销”的产品吗？请加以分析。

【案例 1-8】

格兰仕牵手拼多多

人们对渠道变革议论的观点不少，主要集中在互联网时代的到来，使得立足于专业化、大规模的代理分销的基础已经崩塌。互联网时代，在信息透明化、物流第三方化的背景下，渠道扁平化、多渠道趋势已经露出端倪。变革与不变革，决定着是不是顺应历史的趋势，决定着行业的未来发展空间。对于这样一件大事，有的企业考虑得非常清楚，正在落地实施；有的企业仍然还在摇摆观望，有的企业甚至在开倒车。

而近期，在美的生活电器、苏泊尔和九阳电器发函撤出拼多多的时间节点，格兰仕掌门人却应邀走访拼多多，两种截然相反的做法难免不令人有所思考。这是不是格兰仕渠道变革的又一着棋呢？

多渠道、少环节已经成为商流大趋势，也已经成为互联网时代渠道变革的抓手。传统时代那种代理分销制已经遭遇到挑战，而少环节的线上平台销售却依旧增长。相关数据显示，2019 年第一季度线上市场零售额同比增长 8.6%，占比达到 34.9%。线下渠道的整体零售规模在下滑，第一季度为 1195 亿元，同比下滑 8.3%。可以看出，线下的代理分销模式遭遇挑战，而线上平台则相反迎来机会。

数据的背后，传递出传统渠道业态的裂变和分化加剧，单一渠道的流量下降，面临分散“核裂变”。仅仅依靠某一个渠道打天下的时代已经过去，多渠道竞赛方能显出实力。毕竟，支撑原有渠道格局的生产力要素发生了本质性的变化，互联网也成为生产力的要素之一。我们可以看到全国连锁、地方连锁、电商平台、百货商场、专卖店、家装、工程、社区社交平台在相互争夺资源，单一渠道的重要性明显下降。并且相比之下，线下渠道在萎缩，而线上渠道崛起已是不可抗拒的潮流。因此，制造商和品牌商对渠道进行创新布局已经到了关键的抉择点。如果不抓住这一轮的变革，很可能失去的就是未来市场。毕竟“90后”“00后”是互联网的“原住民”，少了布局线上渠道，就等于失去了未来。

调整变革现有渠道格局的重要内容之一，就是选择新兴互联网渠道，对原有渠道进行改造和重构。新兴互联网渠道，对“90后”“00后”生活不可或缺，承载着保障未来生活方式的重任，其重要意义无须赘言。不过在线上电商平台层面，也不是千篇一律。不同性质、不同定位的平台，就会有对应的不同用户消费者群体。比如天猫，是平台型电商平台；而京东，则是典型的自营式平台。不同爱好和习惯的用户群体会分别选择。这两种电商模式已经非常成熟，厂家、品牌商大部分已经入驻。

新近出现的像拼多多这样的电商平台，又有着区别于不论是自营式电商还是平台型电商的重要差异。拼多多完全是一个以社交媒体为介质的线上平台。虽然它发展初期饱受业界的诟病，但它确实满足了一部分用户群体的需求，因而成长迅速。据了解，拼多多仅仅用3年的时间，就从一个不知名的小公司发展成为中国第三大电商平台，确实扮演了一匹黑马的角色。2019年1月底，拼多多的市值大幅上涨，巅峰时与京东的差距仅为1亿美元，成长速度令人惊叹！

拼多多刚上市时，很多厂家对其低价策略颇为不满，因此，拼多多遭到业界的诟病和厂商们的竞相抵制。但是，在拼多多登陆纳斯达克后，厂家、品牌商们又一改原先的策略，纷纷开始抢占这一活跃渠道资源。因此，格兰仕与拼多多联手并不意外，反倒是退出的那些企业令人摸不着头脑。

仅有4岁的拼多多，怎么就能和41岁的格兰仕拥抱呢？从拼多多层面来说，它作为交易平台，是想把各个资源都拉入自己的平台。多一个品牌，就会多引进一部分流量，而流量的多寡决定了平台的价值与命运。因此，对格兰仕这样一个全球微波炉冠军，且现在又转型发展为全品类白色家电品牌的大企业来说，其含金量是极高的，拼多多定会争取。而从格兰仕层面来说，其与拼多多的合作是顺应趋势的必然。首先，拼多多与格兰仕国民家电品牌的定位相吻合。作为国民家电，“国民”二字就意味着“用户在哪里，格兰仕品牌就应该服务到哪里”。拼多多有近4亿的用户，怎么能少得了格兰仕这个国民品牌呢？其次，格兰仕总裁梁昭贤在2019年中国市场年会上就明确表示过，现在的家电市场竞争已经不存在弯道超越一说，而是变道竞争，在新的跑道上平等竞赛。在布局了京东、天猫、苏宁等渠道后，格兰仕与拼多多进行战略合作，就意味着多选择了一个跑道，这并不难理解。

实际上，不久前格兰仕与苏宁易购也深化了战略合作，强化了与苏宁线下线上相结合的渠道合作力度。而据了解，苏宁对苏宁小店的布局速度相当快，特别是在底层市场，取得了突破性进展，这令苏宁的渠道格局更加完备。而在格兰仕看来，一线、二线市场的增量很难再有大的爆发，而三线至六线城市潜力巨大，借助拼多多、苏宁小店寻找用户，不失为一个非常恰当的选择。

资料来源：

https://www.toutiao.com/a6696820259287 990788/.

思考：

1. 结合所学内容，思考格兰仕为何牵手拼多多。
2. 你认为格兰仕所采取的扁平化策略成功吗？结合实际，谈谈你的认识。

项目检测

一、单项选择题

1. 渠道在每个层次中所需中间商的数目多少称为（　）。

A. 直接渠道　　B. 间接渠道　　C. 渠道长度　　D. 渠道宽度

2. 通过收购若干商业企业或者拥有和控制其他分销系统实行产销一体化的战略是（　）。

A. 后向一体化　　B. 垂直一体化

C. 水平一体化　　D. 前向一体化

3. 可口可乐公司和雀巢公司合作，雀巢公司以其专门技术开发新咖啡，然后交由熟悉饮料市场分销的可口可乐公司去销售。这种渠道模式指（　）。

A. 传统渠道模式　　B. 垂直渠道模式

C. 水平渠道模式　　D. 多渠道模式

4.（　）是指企业以自身的利润最大化为目标，结合企业自身的条件，利用科学的管理方法与高科技技术，使生产者能够尽可能通过短而高效的渠道把商品销售给最终消费者。

A. 渠道扁平化　　B. 深度分销

C. 市场营销　　D. 渠道深化

5. 某县一个饮品经销商从可口可乐公司购进饮料，然后供给当地的超市和便利店销售，可口可乐饮料的销售渠道类型属于（　）。

A. 制造商 → 消费者

B. 制造商 → 零售商 → 消费者

C. 制造商 → 代理商 → 专卖店 → 消费者

D. 制造商 → 批发商 → 零售商 → 消费者

二、多项选择题

1. 营销渠道的特征包括（　）。

A. 排他性　　B. 独特性

C. 不可复制性　　D. 系统性

2. 营销渠道的参与者包括（　）。

A. 消费者　　B. 制造商

C. 中间商　　D. 广告公司

3. 营销渠道的功能有（　）。

A. 融资　　B. 物流

C. 谈判　　D. 促销

4. 营销渠道的功能流有（　）。

A. 实物流　　B. 所有权流

C. 资金流　　D. 支付流

5. 渠道宽度可分为（　）。

A. 独家分销（窄渠道）　　B. 密集分销（宽渠道）

C. 选择分销　　D. 完全分销

6. 渠道管理存在的问题有（　）。

A. 成本过高　　B. 经销商道德缺失

C. 信息传递效率低　　D. 成员之间冲突严重

7. 以下属于营销渠道新变化的有（　）。

A. 模式由垂直化到扁平化

B. 运作中心由经销商到终端市场

C. 销售重心由大城市到中小城市及农村

D. 成员关系由交易关系到伙伴关系

三、判断题（正确的打“√”，错误的打“×”）

1. 营销渠道是反映某一特定产品或服务价值实现的全过程，起点是制造商，终点是最终消费者或使用者。（　）

2. 营销渠道核心的业务是购销。（　）

3. 三级渠道是长渠道。（　）

4. 营销渠道中，通常存在多种形态的“流”，包括所有权流、实物流、信息流、促销流和货币流等。（　）

5. 分销渠道成员主要包括商人中间商和代理中间商、生产者、消费者、供应商、辅助商。（　）

6. 由于生产与消费分离的原因，生产者所生产产品的品种和数量与消费者所需要的产品品种和数量总是会有矛盾。 （ ）

7. 信息流在渠道相关成员之间的流动是单向的。 （ ）

四、案例分析题

新增渠道的烦恼

20多年前，绿能公司的创始人开始在楼宇智能化领域开疆拓土。多年以来，绿能的销售一直是两条腿走路，一是依靠公司的大客户销售部门，二是依靠遍布中国大江南北的经销商网络。经过多年打拼，绿能占据了全国一半以上的市场份额。

一年前，公司宣布成立新渠道部门，力图借助网络和电话销售中心的力量为客户服务，公司副总裁亲自兼任新部门的主管。公司管理层的目的是，通过新渠道，一方面更好地为客户做好售前咨询和售后服务的工作；另一方面，公司也想通过新渠道扩大销售成果，占领更大的市场份额。

新渠道推出一年以后，公司管理层发现，销售业绩不但没有明显增加，大客户部门和经销商渠道还怨声载道，就连新渠道部门内部也是不满之声迭起。

先来看看新渠道部门的情况。新渠道部门有销售任务，而且每位员工也有业绩压力，但令人不爽的是，员工的工作有一多半倒好像成了客户的售前咨询。问的人多，买的人少。有些客户，新渠道部门的员工接了他几十通电话，就是不成单。

如果只是工作辛苦点也就罢了，新渠道部门的人员还发现自己无形中成了众矢之的。新渠道部门的工作，大客户部门和经销商从来不配合。有时偶尔做成了一个单子，大客户部门还说他们没眼光，把一个本来有潜力成为大单的客户给放掉了。但如果真把这些销售线索给大客户部门，大客户部门销售人员又瞧不上。新渠道部门还经常接到经销商的投诉，说他们经营多年的老客户被新渠道人员转到了其他经销商那里。新渠道部门人员的烦恼，真是一抓一大把。

而大客户部门销售人员这边埋怨也不少。在大客户部门销售人员眼中，在绿能做销售，你不光要有心理承受能力，还要有强硬的技术背景。绿能的销售，不光是在卖产品，也是在为客户做整套的技术解决方案。因为带着这样的想法，所以从新渠道部门诞生的那天开始，大客户部门销售人员就不看好这个新部门的发展。大客户部门销售人员不相信，自己多年来的耕耘，会被几个电话和网络上的几句交谈轻松取代。

一年下来，新渠道部门的销售业绩仿佛也证明了大客户部门销售人员的看法。他们看不起那个由年轻人组成的新部门，觉得他们不但没给公司作出任何贡献，还净给公司添乱，绿能根本就不该人云亦云，搞这么个所谓大势所趋的新渠道部门。

对于新渠道部门的成立，最伤心的就数为绿能打拼多年的经销商了。经销商心里都产生了这样的疑惑：绿能是不是要搞直销了？是不是准备把我们这些经销商抛弃了？

最让经销商反感的，是新渠道部门的透明价格机制。因为有了网上透明的价格，经销商的利润被削了很大一块。在经销商眼里，新渠道部门的出现把客户给喂精了。有的客户，一旦要买绿能的东西，就首先给新渠道部门打电话，拿个底价再来跟经销商谈生意。由于利润被摊薄，很多经销商已经心生退意。

面对这种状况，绿能的决策层应该怎么办？新渠道到底有没有必要继续存在下去？如果新渠道果真是大势所趋，绿能又该采取哪些措施来保证其顺利地运转下去？

资料来源：

https：//wenku.baidu.com/view/cdc51fb77e21af45b207a864.html.

思考：

1. 就以上问题，谈谈你的看法。
2. 如今网络发达，线上能替代线下吗？

项目二　营销渠道结构设计

学习目标

➢ **知识目标：**了解渠道结构设计的内涵；掌握渠道的各种类型；掌握渠道结构设计的原则和目标；掌握渠道结构设计的影响因素；掌握渠道结构设计的过程和方法。

➢ **能力目标：**通过学习训练，学生能够学会渠道长度、宽度的设计应用；能选择适合产品的渠道类型；能根据渠道结构设计原则，明确目标，科学合理地分析现有渠道；能根据渠道结构设计的方法，结合企业实际情况，科学合理地设计渠道结构。

➢ **素质目标：**通过学习明白民族企业在国外资本围剿下抗争的不易、培养民族自豪感；明白理论学习的价值；培养学生学以致用的能力；让学生具备正确的营销职业道德和营销伦理。

任务一　渠道结构设计的内涵及渠道类型

导入案例

阳光公司的营销渠道设计

阳光公司是一家生产家用豆浆机的企业。在本行业市场普遍增长缓慢的情况下，该公司产品的市场销量仍能保持稳定的增长速度，之所以能这样，除了公司的产品质量优良之外，它建立的分销渠道也有很大的贡献。

阳光公司的营销渠道建设也曾走过一段弯路。在公司推出产品之初，主要以设立办事处的形式进行市场开发，少数市场通过分销商销售，取得了良好的销售业绩。后来，公司为了迅速开拓市场，又设立了分销站，公司的办事处与分销商并存。由于办事处是公司的派出机构，业务具有直销性质，而分销商是中间商，两者并存，因而暴露出一些问题。公司由于规模不大，无力独立发展直接分销网络，将希望寄予分销商的努力，而分销商在存在办事处的条件下，失去了开发市场、拓宽营销渠道的积极性。结果是渠道效率低下，影响了公司进一步的发展。

在发现问题后，经认真分析公司的营销目标和实际条件，公司制定了调整营销渠道的策略。公司提出，建立销售网络的宗旨是寻求战略伙伴，目标是开发市场，共同发展。

根据公司的自身条件和产品特点，渠道建设采取地区总经销的形式，即根据目标市场的分布，以市为单位，选择一家分销商作为该地区的总经销商。然后公司确定了选择经销商的几项原则，即经销商应当认同本公司及其产品，要具有敬业精神；要具有较强的市场开发能力和经营能力，有相当的实力；经营范围要与公司的产品一致，有较好的经营场所。

根据以上原则，阳光公司对经销商进行了认真挑选，选出符合要求的经销商。然后与之签订合作分销协议，设立公司产品的专卖店，采用公司统一制作的店面标志。公司要求总经销商不仅要直接零售部分产品，还要建立本地区的二级分销渠道网络，拓宽产品销路。公司向经销商提供促销支持，负责培训经销商的营销人员，并建立和健全服务系统，以协助经销商工作。

通过上述努力，阳光公司已经发展了160家总经销商，覆盖了全国大部分地区的市场。实践证明，新建立起来的销售网络有力地推动了产品的销售。

资料来源：

吕一林．营销渠道决策与管理[M]．北京：首都经济贸易大学出版社，2007.

思考：

1. 渠道设计要考虑哪些因素？
2. 渠道设计的内容是什么？

一、渠道设计的内涵

营销渠道结构设计是指建立以前从未存在过的分销渠道或对已经存在的渠道进行变更的营销活动，是渠道设计者为实现分销目标，在调查的基础上，根据拟实现目标对各种备选渠道结构进行评估和选择，从而创建全新的营销渠道结构及类型或改进现有营销渠道结构及类型的过程。一般包括市场分析、确定渠道目标、确定渠道结构及类型方案和评估渠道方案等方面。渠道设计成果是确定好的渠道结构和选择好的渠道类型。

二、渠道的类型

按照不同的划分标准可将渠道分为不同的类型，包括直接渠道与间接渠道、松散渠道与紧密渠道、独家渠道与密集渠道、传统渠道与特通渠道、线上渠道与线下渠道。

（一）直接渠道与间接渠道

根据渠道有无中间商参与，可以将渠道划分为直接渠道与间接渠道。

无中间商介入称为直接渠道（也称零阶渠道）。这是指生产者直接将产品销售给用户，即没有中间商参与，产品由生产者直接销售给用户的渠道类型。生产者通过一定的中间商将产品销售给用户的，所采用的渠道称为间接渠道。间接渠道是指有一级或多级中间商参与，产品需经一个或多个中间环节销售给用户的渠道类型。

（二）松散渠道与紧密渠道

根据渠道成员是否受到约束，可以将渠道划分为松散渠道与紧密渠道。

1. 松散渠道

松散渠道是指整个渠道由各个相互独立的成员组成，没有哪一个成员拥有足以支配其他成员的能力，每一个成员只关心自身的最大利益，共同执行分销功能。

从严格意义上来讲，松散渠道还算不上一种较为定型的模式，但对于实力较弱的中小型企业来说，参与其中要比单枪匹马、独闯天下强得多。它会为渠道成员提供以下几个方面的好处。

（1）渠道成员有较强的独立性，无太多义务需要承担，谁都可以凭借实力谋求“老大”的位置。

（2）进退灵活，进入或退出完全由各个成员自主决策，根据局势需要可以自由结盟。

（3）由于缺少强有力的“外援”，促使企业不断创新，增强自身实力。

（4）中小型企业由于知名度、财力和销售力的缺乏，在进入市场时可以借助这种关系迅速地成长。

松散渠道有以下缺点：

（1）临时交易关系，缺乏长期合作的根基。

（2）成员之间的关系不涉及产权和契约关系，不具有长期性、战略性，无法充分利用渠道积累资源。

（3）最可怕的危险是来自渠道成员对脆弱安全保障机制的盲目信任。

（4）渠道安全系数小，缺乏有效的监控机制，渠道的安全性完全依赖于成员的自律。以中国目前的市场状态而言，这种自律无异于放任自流。

（5）没有形成明确的分工协作关系，使广告、资金、经验、品牌、人员等渠道资源无法有效共享。

（6）缺少投身渠道建设的积极性，渠道成员最关心的是自身利益能否实现及商品能否卖得出去或者能否卖出高价，而较少考虑渠道的长远发展问题。

松散型渠道仅用于渠道开拓初期，各企业都应该积极地构筑更稳定、更持久、更可靠的关系网络。

2. 紧密渠道

为了更好地承担分销功能，取得良好的分销效果，许多企业都期望渠道成员之间能更好地协调行动，因此加强了对渠道的管控力度。紧密渠道就是在这样的情况下形成并发展起来的，它与松散渠道最大的区别在于渠道成员受到一定的约束，在合同、胁迫或制度的规范内行使渠道成员职责。

紧密渠道主要有公司型、契约型、管理型三种形式。

（1）公司型。所谓公司型渠道，是指企业通过建立自己的销售分公司、办事处或通过实施产供销一体化战略而形成的渠道关系。这种类型对渠道的控制力强大。由于该模式是以产权为纽带组织而成的，从生产到销售的各个环节都在总公司的严密监控之下，由总公司进行统一指挥。在这种前提下，总公司与分销系统的其他成员之间的根本利益是一致的，因而公司的经营战略和分销策略能够得到彻底的贯彻和执行，减少了渠道网络变动的成本和风险。由于需要投入大量固定资产、人员工资来建立并维护渠道网络，这种类型花费的成本较大，通过大量的投资建设的渠道系统，使整个系统有了巨大的惯性，改变渠道结构或对渠道进行调整都会遭遇巨大的障碍。大幅度的调整不仅可能引起渠道的混乱，还可能使企业的先期投入变成“沉没成本”，为企业带来不小的损失。因此，公司型渠道建设必须以长远的市场目标为考虑因素，并采用灵活的投资形式来达成。

（2）契约型。契约型渠道是指在商品流通过程中，参与商品分销的各渠道成员通过不同形式的契约来确定彼此的分工协作与权利义务关系而形成的一种渠道形式。契约型渠道关系的建立比较容易。相对于公司型的渠道关系来说，契约型渠道关系不涉及产权关系的变更，而使用法律、契约将渠道成员“捆绑”在一起，增加了渠道关系的稳定性，渠道关系的建立以及渠道系统的组织成本都较低。虽然契约型关系不涉及产权问题，具有相对的灵活性，但同时却带来了难以控制的问题。由于渠道成员目标的不一致，存在渠道成员不遵守契约条款的“机会主义”问题，这会导致渠道系统效率的下降。

（3）管理型。管理型渠道是指由一个或少数几个实力强大、具有良好品牌声望的大企业依靠自身的影响力，通过强有力的影响力而将众多的渠道中间商聚集在一起而形成的渠道关系。整个渠道系统拥有一个核心。管理型渠道关系的形成和维系的基础是规模大、实力强的企业成为整个渠道系统的核心，且渠道的分销策略、规划等都出自这个核心，各个通路成员都围绕着这个核心从事各种分销活动。核心企业与受影响的合作商之间没有契约关系，核心企业是依靠自身的能力、资源，引导、胁迫或影响合作商与之形成从属关系。

【案例 2-1】

白象方便面的渠道困境

随着中国经济的发展，中国的方便面消费市场也在逐年扩张，2011 年我国方便面行业的总产值突破了 2700 亿元，并在 2013 年迎来了方便面产量的巅峰。庞大的消费市场导致激烈的市场竞争，在多年的市场厮杀、博弈中，康师傅、统一、今麦郎三大品牌异军突起，占领了市场领导者的身份。尤其是康师傅品牌的方便面，2020 年的市场份额达到了 46%，将众多的竞争对手甩在了身后。国内方便面市场的三大巨头身后都有着日资的身影，康师傅有 33.18% 的股权由日资控制，统一有 30% 的股权由日资控制，今麦郎到 2013 年，仍有 33.4% 的股权由日资控制。背后有靠山，让这三家企业可以获得行业内更领先的生产制造工艺和更多的资金及市场销售渠道，因此在市场竞争中无往不利。

国产白象方便面坚持拒绝日资进入公司。这样，就必须应对三大品牌的市场围剿，白象的处境十分艰难，2020 年的市场份额仅为 7%。几乎在零售终端找不到它。各大超市的白象要么是没货，要么就是被堆放在角落里，货架的黄金位置被统一和康师傅面独占，或许这就是财大气粗的优势。商场超市把最好的位置卖给了康师傅和统一，因为白象出不起更高的排面费。不少商场、超市直接不销售白象方便面，因为它出不起入场费。白象在线下渠道可谓是举步维艰，只好在线下农村渠道和线上渠道挣扎发展。由于没有足够的资金去架构公司型渠道，对渠道的控制较难，白象只能依靠渠道成员的忠诚和员工的努力去维护渠道的稳定。白象方便面的发展道路十分艰难。

资料来源：

https://author.baidu.com/home/1698346007247199；编者整理。

思考：

民族企业在资本围剿下要如何加强渠道的建设、掌握渠道？

（三）独家渠道与密集渠道

根据同一层中间商的数量，可以将渠道划分为密集分销、独家分销和选择分销三种。

1. 密集分销

所谓密集分销，是指厂家在一个目标市场尽可能通过更多的经销商、批发商、零售商等分销机构销售其产品。密集分销是一种宽渠道结构。

在密集分销这种分销方式中，因为制造商在同一层次的中间环节中选用尽可能多的中间商分销自己的产品，使产品在目标市场上的销售有铺天盖地之势，从而达到最广泛地覆盖目标市场的目的，达到尽快地实现销量最大化和市场份额最大化的目标。在市场上，日用消费品和大部分食品、工业品中的标准化产品及通用化商品、需要经常补充和替换或用于维修的商品、替代性强的商品等大多采用这种营销渠道方式。

进行密集分销的好处主要有：市场拓展迅速，市场覆盖面大，能够短时间内实现销量最大化；分销商多，客户多，顾客接触率高，能够迅速提升产品及品牌知名度，能够迅速提高销售业绩；分销支持力度强，能够充分利用中间商的力量。

密集分销优势明显，劣势也很显著：厂家控制渠道较难，容易出现价格战并导致价格混乱；厂家前期需花费大量的人力、物力（寻找客户、铺货、广告轰炸、促销）；分销商之间竞争会异常激烈，容易引发渠道冲突；容易导致分销商不忠诚，有盈利就销售，没盈利就放弃。

总之，密集分销能够在短时间内达到目标市场分销最大化的效果，但对厂家的渠道管理能力是一个巨大的挑战，弄不好会因为分销商之间的恶性竞争和价格战而崩溃，出现昙花一现的情况。因此，采用密集分销必然要求设计随后的市场治理方案。

2. 独家分销

独家分销是指厂家在一个目标市场只通过一家中间商销售其产品。独家分销又称为区域总经销，属于窄渠道结构。

在独家分销这种分销方式中，因为制造商在同一层次的中间环节中只选用一家中间商来进行商品的分销，所以，从速度上看，市场开拓的进展不是很快，可谓不温不火；从分销的规模及覆盖面看，不少的潜在销售点还没有进入；从价格体系看，倒是没有什么问题，只是零售价相对高一些；从市场秩序看，应该是井井有条，没有激烈的竞争和冲突。其实，这些就是独家分销的特点。它是一种最为极端的专营型营销渠道，主要适用于一些技术性强、价值高的商品，大众消费品是不太适合采用独家分销的。

采用独家分销的好处有：分销管理工作比较简单，在一个地区只要服务好一个分销商就可以；市场井然有序，从某种意义上说，渠道容易控制；分销商竞争程度低，价格体系比较稳定，价格及促销容易控制；厂家不需要投入太多的渠道开拓费用，渠道费用少；市场秩序稳定，不容易出现地区渠道冲突，出现市场问题也容易解决。

但独家分销也有不利的一面：因为是独家分销，在该市场没有直接的竞争，容易固守市场，不思进取，渠道没有活力；市场覆盖面有限，容易出现市场空白；推广人员、服务人员有限，顾客接触率低；厂家会过分依赖该中间商，容易出现“大户问题”，使该渠道反而难以控制。因此，如果选择独家分销，分销协议必须对双方的权利和义务详细约定，否则，日后很容易出现争议和冲突。

总之，一个分销商的能力毕竟是有限的，在市场上往往既有强项又有弱项，不可能满足厂家对一个市场开拓管理的全方位需求。因此，选择独家分销是要冒很大的管理风险和市场风险的。

3. 选择分销

选择分销是指厂家在一个目标市场通过精心挑选的一家或几家特约经销机构进行渠道组合以销售其产品。选择分销属于组合型渠道结构。

在选择分销这种分销方式中，制造商在同一层次的中间环节中选择少数中间商（如两三家）分别组合进行商品的分销。选择性营销渠道政策，是指根据一定的标准对销售该企业产品的分销商进行选择和组合，以形成合理分工及高效合作型的销售渠道。这类渠道方式多为产品线较多的消费品企业、消费品中的选购品和特殊品、工业品中的零配件销售等采用，是一种中宽渠道结构形式。通过选择营销渠道成员并进行渠道成员组合销售，厂家对该市场渠道的控制力得到加强。

采用选择分销方式，分销商的选择和组合是关键。经销商的选择主要考虑其经营特点（商超型、批发型、小店型、周边开发型）、渠道网络及范围、销售规模、销售能力、管理能力、资金实力、诚信状况、价格遵守度、协作水平、物流能力和信息处理能力等。选择范围不只限于批发商、经销商、代理商，还包括特定的零售商及中介机构等。

采用选择分销的好处有：可以选择不同类型、特点，具有不同资源优势的分销机构，充分发挥分销商的功能；通过选择组合，可以实现市场覆盖面的最大化、销量最大化；有选择和渠道组合就有竞争，有利于渠道控制；通过选择和渠道组合，顾客接触率较高，有利于提高销售效率。

采用选择分销可能存在的问题：难以选择到合适的具有不同特点和资源优势的中间商；因为对目标市场渠道层次类型的划分有难度，所以难以做到选择的高度匹配；对多个分销商的协调和资源整合也具有挑战性，特别是在价格体系的平衡、渠道界限的划分方面，弄不好会引发渠道冲突；企业选定的是少数经销商，存在一定的风险，与未选择的客户之间也存在协调问题；经销商也可以选择销售竞争对手的产品，企业不能完全控制经销商。

（四）传统渠道与特通渠道

按渠道本身运作的特点和渠道所售产品的特点，可以将渠道划分为传统渠道和特通渠道。

1. 传统渠道

传统渠道一般是指大众消费品的销售渠道，主要包括批发市场、百货商场、大卖场、连锁超市、购物中心、便利店、专营店、社区小店、自动售货、电子渠道（如电视、手机、互联网）等普通消费品的销售渠道；传统渠道的开发和管理遵循营销的规则，一般使用营销的策略和方法就可以奏效。

2. 特通渠道

特通渠道一般是指有别于传统渠道的渠道形式，包括组织市场（如政府采购、军队采购）、集团消费（如机关单位发福利、小店采购）、特殊消费场所（如医院、学校、幼儿园、机关食堂、监狱、铁路、机场、美容厅、酒店、餐馆、卡拉OK、娱乐城、俱乐部）以及特殊的个人（如明星、名人、领导人）等。特通渠道既销售大众消费品也销售特殊消费品，但特通渠道的开发和管理往往不遵循营销的基本规则，而大多需要采用“灰色营销”或“定制营销”的手段。

（五）线上渠道与线下渠道

1. 线上渠道

线上渠道通常指网络上的渠道，交易双方不面对面进行交易，是在互联网开放的网络环境下，基于浏览器/服务器应用方式，买卖、社交、传播等生活及商业模式。主要的交易平台有淘宝、拼多多、京东等。

2. 线下渠道

线下渠道又可称为网下，是指非依靠网络而进行的所有活动，是交易双方采用什么面对面的方法交易或传播的产品、服务等。

任务二　渠道结构设计的原则和目标

导入案例

娃哈哈的分销渠道变化

娃哈哈作为快消行业的龙头，一直凭借其优越的渠道模式而遥遥领先。娃哈哈公司的渠道模式并不是一成不变的，只有适应市场环境的渠道模式才能在日益激烈的竞争中处于有利位置。

第一阶段，市场经济活力还未被释放，娃哈哈公司与其他食品企业一样，都是依靠国营老糖酒系统的一级站、二级站进行产品销售，当时的所有食品行业的营销渠道基本都是同一个销售渠道，也没有什么营销渠道竞争优势可言，主要是依靠产品的利润进行渠道支撑。

第二个阶段，随着市场经济的兴起和体制的改革，涌现了一些批发市场，并兴起了第一批个体户，娃哈哈公司抓住了这个新兴的营销渠道发展的机会，利用这个新兴的个体户资金有限的特点，进行产品信用赊销，缓解了个体户的资金问题，充分发挥了他们的销售积极性，使产品很快分销到全国各地。在这种模式下，经销商数额大幅增加，产品渗透到各个市场。这种渠道模式实际就是代理制，娃哈哈给经销商赊销，先给货，卖完再收钱。完全可以预料，这导致了大量的坏账和老赖。1993 年，娃哈哈每个月应收账款超过 3000 万元。甚至有经销商拖欠娃哈哈上百万元货款时，依然要求娃哈哈继续发货。同时，娃哈哈窜货现象也非常严重，各个区域即使明确划分，但还是有很多批发商为了一己私利，不顾要求，随意买卖，也导致了此时的渠道成员关系淡薄，无法合作。

第三个阶段，由于厂商与经销商的冲突愈演愈烈，窜货现象无法控制，市场又出现了许多同质化产品品牌的竞争者，在此背景下，娃哈哈创新性地提出了“联销体”模式。联销体模式，其基本构架为：娃哈哈总部—（一级批发商）—（二批商）—（终端）—消费者。渠道上游中间商只负责管理拓展自己分销区域的下级中间商，娃哈哈根据中间商市场表现实行返利激励和间接激励相结合的全面激励制度。娃哈哈常年委派若干位销售人员驻点各级中间商帮助经销商开展各种铺货、终端管理与促销工作，保证对渠道的控制。这种联销体模式现已成为大多数快销企业的渠道模板。

第四个阶段，随着互联网技术的发展，娃哈哈也开始积极进军线上渠道，与主流电商平台合作，开设官方旗舰店，为消费者提供在线购买渠道。此外，娃哈哈还利用社交媒体平台进行互动营销，与消费者建立更紧密的联系。在维持线下渠道的同时大力开展线上渠道。

资料来源：

https://www.163.com/dy/article/HAAGCFGP0527EOG6.html；编者整理。

思考：

1. 饮用水的渠道设计遵循了什么原则？

2. “2023 年”年底娃哈哈纯净水的市场份额已经掉到了第五，市场占有率更是跌至 2.2%，联销体模式是否需要调整，如何调整？

一、渠道结构设计的原则

渠道结构设计需要遵循以下几个原则。

（一）顾客导向原则

现代营销追求“顾客导向”，企业必须将顾客的需求放在第一位，以“顾客导向”的经营思想设计渠道结构，方便顾客购买。这也是“4C”中营销更便利的要求。通过周密细致的市场调查研究，企业不仅要提供符合消费者需求的产品，还必须使营销渠道的建设充分为目标消费者的购买提供方便，满足消费者在购买时间、地点以及售后服务上的需求。

（二）畅通高效原则

畅通是指营销渠道结构到达目标市场的程度。高效，即较高的渠道效率，是对企业产品的流通速度和流通费用的要求。满足畅通高效原则不仅要让目标顾客在适当的地点、恰当的时间以合理的价格买到满意的产品，而且应努力提高企业产品的流转速度，降低渠道费用。畅通高效的渠道，可以在满足顾客便利购买需求的同时，降低企业的渠道费用，从而提高企业盈利水平和竞争优势。

（三）稳定可控原则

营销渠道对企业来说是一项战略性资源，它一旦建立，就对企业的整体运作和长远利益产生重要影响。因此，企业应从战略的眼光出发，考虑营销渠道的构建问题。营销渠道建立之后，不可轻易改变，即要注意营销渠道应具有一定的稳定性。此外，营销渠道还需要具有可以进行幅度调整以适应经营环境变化的弹性。调整时，企业应综合考虑各个因素的协调一致，使营销渠道始终在可控制的范围内保持稳定。

（四）发挥优势原则

企业在设计、选择营销渠道时，要注意发挥自己的特长，确保企业在市场竞争中的优势地位。现代营销的竞争是综合性的整体竞争，企业依据自己的优势，选择合适的营销渠道模式，能够达到最佳的经济效应和获得良好的客户反应。同时，企业也要注意通过发挥自身优势来保证渠道成员的合作，贯彻企业的渠道战略方针和政策。

（五）协调平衡原则

销售管理的核心是利益管理。利益是驱动渠道运转的动力，合理分配渠道利益是渠道管理与合作的关键，其目标是双赢和共同发展，而利益的分配不公常常是渠道成员之间冲突的根源。因此，在设计渠道结构时，企业不能单纯追求自身利益的最大化，而忽视甚至损害其他渠道成员的利益。企业应该设计一整套渠道利益分配的制度，根据渠道成员担当的职能、投入的资源和取得的成绩，合理分配各渠道成员的利益。

（六）覆盖适度原则

根据经济学“规模经济”和“规模不经济”原理，企业在设计、选择营销渠道时，仅仅考虑流量最大化、降低费用是不够的，还应考虑具体情况和管理能力，不能盲目贪大求全。因此，在营销渠道建设中，企业也应该避免规模扩张过度、分布范围过宽过广的情况，以免造成沟通和服务的困难，导致无法控制和管理目标市场。

【课堂互动案例 2-1】

互动内容：

有人认为，渠道建设非常重要，一定要科学合理地规划建设渠道，因为渠道一旦建成，企业就可以一劳永逸了。你怎么看？

互动要求：

1. 结合有关渠道设计原则的知识发表个人见解，也可以和你的同伴简单沟通后回答。
2. 教师对学生的回答进行点评。

二、渠道结构设计的目标

从生产商的角度看，营销渠道结构设计的目标就是更有效地实现分销目标。具体来讲，设计营销渠道时，必须了解所选定的目标客户购买了什么产品，在什么地方购买，为何买、何时买以及如何买，同时要弄清楚客户在购买产品时想要和期望的服务类型和水平，这样才能设计出更加有效的渠道组合。

营销渠道结构设计的目标主要包括以下几个方面。

（1）货畅其流。渠道如水，顺势而为，商品流通通畅是渠道结构设计的基本要求。

（2）渠道充满。渠道的结构设计要考虑各种渠道的优化组合，实现流量最大化。

（3）渠道平衡。渠道的结构设计要考虑各种渠道之间的利益协调、平衡与整合。

（4）便于开拓新市场。开渠犹如修路，要将渠道之路修到企业的目标市场。

（5）便于提高市场占有率。渠道的结构设计要考虑该渠道是否有利于提高产品铺市率。

（6）便于扩大产品知名度。渠道的结构设计要考虑该渠道是否有利于扩大品牌影响力。

（7）便于顾客购买。渠道的结构设计要考虑该渠道是否满足顾客购买便利性的需求。

（8）便于提高经济效益。渠道的结构设计要比较预期的成本投入和预期效益。

（9）便于实现渠道控制。渠道的结构设计要考虑渠道成员的服从性和忠诚度。

综上所述，营销渠道结构设计的根本目标就是确保设计的渠道结构能适合企业市场定位的目标，能够充分发挥企业的资源优势，实现渠道销量的最大化和市场占有率的最大化，并确保制造商对渠道的适度控制，以便于渠道的可持续性发展。

对渠道目标进行指标转化后，可以演化出市场占有率、购买便利性、成本效益率、市场覆盖率等。渠道设计合理则市场占有率高、购买便利、成本低效益高。

任务三　渠道结构设计的影响因素

导入案例

三只松鼠“深耕数字化供应链”

2012 年，在线下做了十几年坚果品牌生意的章燎原面临着一个新世界——新兴的消费群体爱上网购，平台类电商业绩爆发。这位坚果行业老兵果断披上“互联网的外皮”，利用网络渠道打造线上坚果品牌三只松鼠，向他干了十多年的线下世界开战。

一转眼，到 2018 年，三只松鼠已经成立 8 年了。再次了解后，这个当初的“淘品牌”

已经不仅仅是个“淘品牌”：渠道在全面铺设，也不断下沉，同时不局限于销售单品类的坚果；再看数据，其发展速度也可谓惊人。从三只松鼠上市后的首份财报中可以找出以下几组数据：

（1）报告期内，三只松鼠实现营业收入45.11亿元，同比增长39.58%；净利润2.66亿元，同比增长27.94%。

（2）三只松鼠自营品牌坚果产品营业收入21.95亿元，占主营业务的48.95%；非坚果品类则获得22.89亿元的营业收入，占比为51.05%。

（3）线上渠道依然是主力，报告期内，第三方线上营业收入为39.98亿元，占比达到88.62%，交易额（GMW）为48.06亿元。

（4）线下渠道中，投食店坪效1.75万元，营业收入2.14亿元，同比增长91.16%；净利润1 565.70万元，同比增长72.09%。联盟小店坪效2.09万元，营业收入5 899.69万元。

（5）自营App的营业收入达到4127.63万元，注册用户数量达到166.66万人，客单价为132.71元。

从数据中可以看出，这家企业确实表现得很亮眼，而且在突破单一品类的销售“瓶颈”之外，线下渠道的发展潜力也是可期的。

但是，有一点很值得关注，上市之后的三只松鼠，为了挖掘更大的价值空间，逐步从电商品牌向数字化供应链平台企业转型。

光从这点看，除了有休闲零食产品，三只松鼠的背后还隐藏了其他实力。

资料来源：

https://www.sohu.com/a/338722916_120022955.

思考：

1. 三只松鼠营销渠道发生变化的原因是什么？
2. 三只松鼠在进行线下渠道结构设计时应该考虑哪些因素？

一、企业渠道现状

企业渠道现状分析主要有以下几个方面。

（1）弄清企业战略目标、营销目标、分销目标及其与现有渠道的匹配程度。

（2）了解外界环境（如宏观经济、技术环境、行业集中程度、产品所处市场生命周期的阶段和消费者行为等要素）对营销渠道结构的影响。

（3）通过对企业过去和现在营销渠道的分析，了解企业以往进入市场的步骤、各步骤之间的逻辑关系，以及销售后勤职能、公司与外部组织之间的职能分工，发现现有渠道系统的问题与原因。

二、竞争因素

分析竞争对手的渠道状况，即分析主要竞争对手如何维持自己的市场份额、如何运用营销策略刺激需求、如何运用营销手段支持渠道成员等。公司需具体列出这些资料，以便了解主要的竞争对手并制定竞争策略。

基于竞争的渠道结构设计有三种。一是对抗型渠道战略，“你到哪儿，我就跟到哪儿”，如“两乐”（可口可乐和百事可乐）的竞争。二是共生型渠道战略，同样采取“你到哪儿，我就跟到哪儿”的思路，但不以击倒对方为目标，而是经营同类产品供顾客选择或经营相关产品以求互补。三是规避型渠道战略，采取“避实就虚”手法，避开对手锋芒，寻找市场空白点，专找别人做不了或不愿意做的市场进行开拓，这类企业往往成为渠道的开拓者。

在上述背景研究的基础上，我们再具体分析消费者、产品、企业、中间商等因素对渠道结构的影响。

三、消费者因素

消费者是渠道结构设计中最为关键的因素之一，这里对有关消费者因素的几个主要方面进行简单描述。

（一）消费者数量

不论是消费品市场，还是工业品市场，消费者数量的多少是企业决定是否采用中间商的一个重要因素。当消费者数量比较多时，对于分销能力有限的企业来说，要满足消费者的需求存在相当大的困难，因此，企业可以考虑使用中间商。相反，当消费者数量比较少时，企业则可以考虑直接销售。

（二）消费者集中度

消费者集中度，即消费者在地理空间上的分布密度，也称为人口的地区密度。当市场比较集中时，企业可以进行直接销售；反之，当市场分散时，企业则需要采用中间商进行销售。

（三）购买行为

购买行为体现在很多方面，比如购买批量、购买频率、购买的季节性和购买的介入程度等。以下是企业在进行渠道结构设计时的一些原则。

（1）购买批量。购买量越大，单位分销成本越低，企业越可以考虑短渠道。相反，消费者购买批量越小，越需要利用长渠道。

（2）购买频率。购买频率高的产品，需要通过中间商来销售。

（3）购买的季节性。季节性强的产品，企业很难在旺季这一短时间内达到较高的铺货率，而且在淡季会造成渠道闲置浪费，因此，应使用较长的渠道来分销。

（4）购买的介入程度。消费者介入程度高时，可选用短而窄的渠道；反之选择长而宽的渠道。

四、产品因素

产品因素对于营销渠道的结构设计也具有很重要的影响。以下是渠道结构设计时，企业经常要考虑的产品特征及决策原则。

（一）产品的技术性

产品的技术性越强，渠道应越短，因为这样有利于企业提供良好的售后技术服务。

（二）产品的易腐性

易腐（如蔬菜、海鲜）及保质期较短（如奶制品、熟食品）的产品宜采用较短的渠道，这样可减少中转过程，以不至于使产品变质或失效。

（三）产品的时尚性

时尚性强的产品采用短渠道可以缩短流通时间，从而加快产品进入市场的速度。

（四）产品的单位价值

单位价值低的产品，如消费品中的便利品和工业品中的标准件，其营销渠道可以适当长些。但对于体积大而价值低的产品，不宜采用长渠道。

（五）产品的标准化

高标准化产品应该比低标准化产品使用更长、更宽的渠道。而标准化低，尤其是定制的产品，或顾客数量少的产品，可以进行直接销售。

五、企业因素

在设计营销渠道结构时，还需要考虑下列企业自身的因素。

（一）控制渠道的愿望

设计渠道结构时首先从控制愿景出发，有的企业需要严格把控渠道成员，有的渠道成员的经营行为没有要求，短而窄的渠道容易控制，长而宽的渠道难以控制。

（二）规模及能力

规模大、实力强的企业，对渠道模式具有更大的选择余地，可以考虑采用直接渠道，也可利用中间商；而规模小、实力弱的中小型企业则常常必须依赖中间商来经销其产品。

（三）企业产品组合

具有很多产品线的大型企业，往往可以直接向大型零售商供货，而产品种类少、规模小的企业则不得不依靠批发商和零售商来销售其产品。此外，产品组合的关联度高，往往可以利用同一营销渠道；而产品组合的关联度低，则常常需要对不同产品线设计不同的营销渠道结构。

六、中间商因素

在考虑中间商因素时，渠道结构设计者应着重研究以下三个方面。

（一）可得性

考虑中间商的可得性需要考虑两个问题：一是在现有中间商中，是否存在可以经营本企业产品的中间商？二是如果存在，他们是否可以有效地经营本企业产品？在缺乏中间商的情况下，企业不得不建立自己的销售渠道；但在存在中间商且现有中间商又不能有效地销售产品的情况下，企业也要考虑建立直销渠道。

（二）成本

如何利用中间商的成本是企业评价渠道的重要方面。如果采用某类中间商而使企业承担过高的费用，企业在设计渠道结构时，就可以考虑不采用这类中间商。但是，要注意不能把成本因素看得过重，而忽视了渠道目标。过分看重成本是渠道结构设计的一个误区，它可能导致企业倾向于利用成本最低的中间商，而使得产品不能有效覆盖市场，企业不能提供必要的服务，从而造成顾客不满和销售不力。企业最好能够以渠道效率为标准，在成本和渠道目标之间求得适当的平衡。

（三）服务

在选择中间商类型，甚至是选择渠道长度时，常常涉及中间商可以为顾客提供的服务。考察中间商的服务情况，就是比较中间商所提供的服务与顾客对中间商服务要求之间的关系。如果两者相当，或者在不增加成本的情况下，中间商的服务水平高于顾客的期望，企业对这类中间商的服务评价就应该是正面的。然而，中间商所提供的服务常常与成本（最终反映为产品的零售价格）有关。因此，企业对中间商的服务评价，应与成本评价结合起来。

图 2-1 为影响营销渠道结构设计的因素。

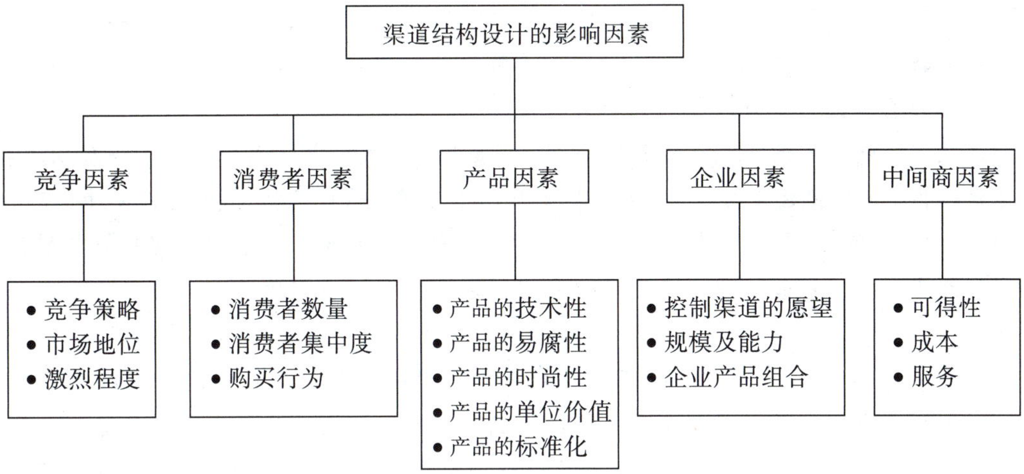

图 2-1 影响营销渠道结构设计的因素

【课堂互动案例 2-2】

互动内容：

因为短而窄的渠道容易控制，所以最好选用短而窄的渠道，这种说法对吗？

互动要求：

1. 结合有关渠道结构设计的知识发表个人见解，也可以和你的同伴简单沟通后回答。

2. 教师对学生的回答进行点评。

任务四 渠道结构设计的过程和方法

导入案例

香雪兰公司的销售渠道策略

深圳香雪兰公司在全国洗发水市场调研的基础上为其新产品“美乐”洗发水制定了以下渠道策略。

首先，到二级城市争二级市场。“美乐”洗发水要想占领尽可能大的市场，在没有大量资金投入作后盾的情况下，直接进入一级市场无疑收效甚微。而且，一级市场有众多名牌产品，很容易形成对新产品的围攻。因此，要先进入二级市场，寻找地级市经销商。第一，二级城市具有人口多、覆盖面广、周边辐射能力强的特点。第二，它是城市与农村的联结点，具有近可攻城市、远可退农村的地理优势。同时，这一方面有利于厂家对营销网络的控制，使厂家能够迅速掌握市场情况，提高直面市场变化的应变能力；

另一方面有助于提高产品知名度，迅速扩大铺货范围，为占领市场做充分准备。另外，厂家在寻找代理商和零售点的时候也颇费一番思量，能否成功地把产品推销给消费者，很大一部分影响因素来自经销商的努力程度。

其次，经销商定位于成长型代理公司。“美乐”洗发水属于新产品，市场基础薄弱，知名度较低。要想有效介入市场，需寻找到既接受自己(愿意经销)，又能够提升自己(积极推广)的经销商。通过分析比较成长型代理公司的经营特点、经销心理和成熟型代理公司的经营特点、经销心理，我们可以发现，成长型代理公司更符合“美乐”洗发水的市场要求。

再次，零售点定位于中小型商场及超市。零售网络是产品直接面对目标消费群的平台，因此，企业需要寻找到既符合产品的品牌形象、市场地位，又能让目标消费群方便购买的销售点。从中小型商场、超市的形态描绘和经营特点中可以看出，中小型商场、超市是“美乐”洗发水销售点的良好选择。为了提高经销商的热情，公司推出一系列激励措施，如分销技能培训、销售人员培训。

最后，设定合理的销售目标，采取灵活的销售政策。公司采取了以下措施：推出奖励政策（使用合理的《产品招商的手册》）；进行广告宣传支持（增强经销商信心）；给予售点广告支持（增强经销商的信心）；参与市场反馈信息的分析（及时应对市场变化）；参与营销网络维护（掌握市场控制主动权，巩固市场销售基础）；参与促销活动的策划，奖励业绩突出者（鼓励经销商的积极性，提高销售热情）。

资料来源：

李先国．营销管理[M]. 大连：东北财经大学出版社，2002.

思考：

1. 香雪兰公司为什么以二级城市为目标市场？
2. 香雪兰公司的销售渠道设计采用了哪些策略？

一、渠道结构设计的过程

（一）建立渠道目标

营销渠道结构设计是一个系统性工程。当企业具体实施营销渠道设计时，首先要设定渠道目标，这是开展销售渠道的第一步。渠道目标的设定是在企业整体营销目标架构之下完成的。作为联系生产企业与消费者的通道与纽带，渠道目标最先考虑的应是为最终购买者提供服务，满足他们的需求。销售渠道可以被认为是一个顾客价值的传递系统。在这个系统里，每一个渠道成员都要为顾客增加价值。一家企业的成功不仅依赖于它自己的行动，而且依赖于它的整个分销渠道与其他竞争对手的分销渠道进行竞争的状况。例如，大润发超市里的商品能够最大限度地满足顾客需求，真正让顾客购买到物美价廉的商品，因此，大润发确定的营销渠道目标就是最大限度地降低成本，为顾客创造利益，满足顾客的需求。

分销渠道结构设计应达到的目标及策划要求见表 2-1。

表 2-1 分销渠道结构设计应达到的目标及策划要求

渠道目标	策划要求
销售顺畅	这是对分销渠道的基本要求，直销等其他短渠道最能达到这一要求
市场份额	追求网络覆盖率和产品铺货率，全面布局，多路并进
购买便利	应尽可能地贴近消费者，广泛布点，灵活经营
迅速开拓市场	一般较多地利用经销商、代理商的分销力量
维护品牌形象	高端布局，优选渠道，精选客户
渠道经济性	要考虑渠道的建设成本、维持成本、替代成本及经济收益
渠道控制性	企业应扎扎实实地培植自身分销能力和渠道管理能力，以管理、资金、经验、品牌或所有权来掌握渠道主动权

除上述因素之外，设定渠道目标时还要考虑经济环境、产品、顾客特性、中间商的优劣、竞争等因素的影响。确定渠道目标需要做到以下两点：一是检验渠道目标是否与企业的战略目标、整体营销目标保持一致；二是根据确定的渠道目标说明分销渠道的职责和任务。

渠道目标描述要具体，使分销渠道目标执行人员能准确了解分销渠道在企业整体营销战略和营销组合中的作用，同时要评估所设定的渠道目标是否与企业的营销战略、营销目标、营销策略一致。在进行渠道目标一致性评估时，企业需注意从大到小，即检查渠道目标与公司层的企业总体战略目标是否一致，检查渠道目标与职能层的企业营销目标是否一致，检查渠道目标与操作层的企业产品、价格、促销策略目标是否一致。同时，企业也要注意公司层、职能层、操作层的横向相关性和相互影响，如图 2-2 所示。

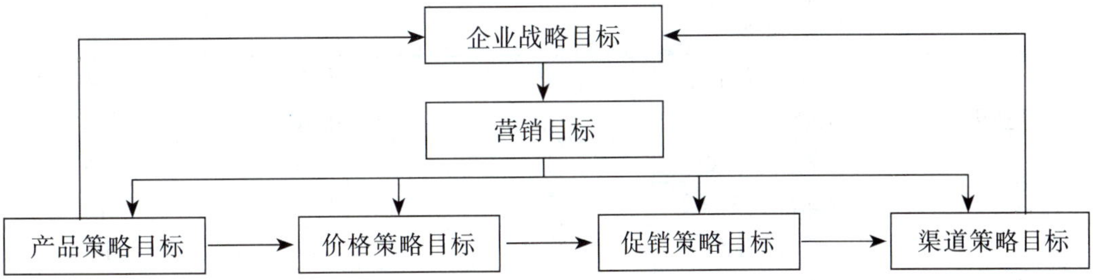

图 2-2 战略目标与策略目标一致

（二）渠道结构决策

企业要根据市场和行业竞争的情况，设计出适合自身情况、符合企业渠道目标的分销系统。在这一系统中，企业要把处于价值链不同环节的各自独立的生产商、经销商、零售商组织起来，通过构建一种相对稳定、谋求双赢的伙伴关系，对他们进行科学而合理的分工，使之成为一个有机整体。当然，组成企业分销系统的渠道可能不止一条，不同渠道之间通过相互补充和配合形成一个包括多种渠道形式的网络系统，来共同满足市场需求，从而完成企业的分销任务。

分销系统的决策方案分析应包括以下几个方面。

1. 采取长渠道还是短渠道

采取长渠道还是短渠道是指准备通过多少流通环节将商品销售出去。其决定因素主要是生产和消费在空间及数量上的差异性。对于集中生产、分散消费的商品（如日用品），应采用长渠道；而对于分散生产、分散消费且产销的空间距离较大的商品（如产销异地的农产品），所采用的渠道则会更长。影响渠道长度选择的主要因素如表 2-2 所示。

表 2-2　影响渠道长度选择的主要因素

影响因素		长渠道（多阶）	长渠道（一阶）	短渠道（零阶）
产品因素	体积、重量	小、轻	中等	大、重
	易腐性	不易	中等	容易
	单位价值	低	中等	高
	规格	规格化	中等	非规格化
	技术特性	低技术性	中等	高技术性
	生命周期	旧产品	中等	新产品
	耐用性	差	中等	好
市场因素	规模	巨大	中等	狭小
	聚集特点	分散	中等	集中
购买行为因素	顾客购买量	少量	中等	大量
	顾客购买季节性	季节性强	中等	季节性不强
	顾客购买频率	高频率	中等	低频率
	顾客购买探索度	弱	中等	强
企业因素	规模	小	中等	大
	财务状况	弱	中等	强
	渠道管理能力	低	中等	高
	渠道控制度	低	中等	高
	对顾客了解程度	低	中等	高
中间商因素	利用可能性	容易	中等	困难
	利用成本	低	中等	高
	提供服务	好	一般	不好

2. 采取密集分销渠道，还是选择分销渠道或独家分销渠道

采取密集分销渠道，还是选择分销渠道或独家分销渠道，其决策主要应考虑商品的特性，看商品属于日用品还是选购品、特殊品。一般情况下，购买越频繁，越应增加中间商的数目。影响渠道宽度选择的主要因素如表 2-3 所示。

表 2-3 影响渠道宽度选择的主要因素

影响因素		密集分销渠道（宽渠道）	选择分销渠道（中宽渠道）	独家分销渠道（窄渠道）
产品因素	体积、重量	小、轻	中等	大、重
	单位价值	低	中等	高
	规格	规格化	中等	非规格化
	技术特性	低技术性	中等	高技术性
	售后服务	不需要	中等	必要
	仓库投资	弱	中等	强
市场因素	规模	巨大	中等	狭小
	聚集特点	分散	中等	集中
购买行为因素	顾客购买量	少量	中等	大量
	顾客购买季节性	季节性强	中等	季节性不强
	顾客购买频率	高频率	中等	低频率
	顾客购买探索度	强	中等	弱
企业因素	渠道长度	长	两可	短
	销售区限制度	弱	中等	强
	渠道控制度	低	中等	高

3. 采取一种渠道模式，还是采用多种渠道模式

这里涉及两个决策问题：一是用相同分销渠道销售不同的商品，还是用不同分销渠道销售不同的商品；二是用一类分销渠道，还是用多类分销渠道销售某种商品。

对于前者，其关键在于企业产品线中的产品关联度。对于企业产品关联度大的情况，可采用相同分销网络销售不同商品；相反，对于实施多元化战略、企业产品关联度不大的情况，则应考虑使用多种分销渠道。此外，企业也可以对大客户采取直接渠道销售，对中小客户则采取通过中间商的方式来进行分销。企业还可以在不同的地区运用不同的渠道结构设计。成熟市场区域可以由经销商负责，而新开辟的市场则由厂家的销售代表来进行开拓。使用多种渠道模式，所应考虑的是企业处理多种分销渠道矛盾冲突的能力。多种分销渠道并存会引起矛盾冲突，致使分销网络成员不愿积极努力。因此，采用多渠道策略时，企业必须采取一系列措施防止分销渠道冲突，如给不同渠道提供不同品种或不同品牌；明确定义各分销渠道的销售区域；加强或改变分销渠道的价值定位；通过年终政策加以控制等。

4. 是将商流与物流一体化，还是将它们分开

厂家无论使用哪种类型的分销网络，都必须在一定程度上对向中间商或最终消费者供应实体产品负责，即完成商品的实体分配。实体分配，也就是通常所说的“物流”。

如果企业的实力强，渠道控制能力强，则可实行一体化策略。当然，企业也可选择社会性物流渠道，如各种物流中心、配送中心，将商流渠道和物流渠道分开。如美国的雅培公司为3M公司提供后勤供应服务，并为后者将医药产品流通到美国的各个地方提供运送和储放服务。

5. 选择和确定分销渠道成员，明确各个分销渠道成员的任务

为了实现企业的营销目标，企业在确定了上述问题的基础上，就要招募合格的中间商来从事分销活动，并使之成为企业产品分销网络的成员。企业选择渠道成员时，考虑的标准主要有企业规模、销售能力、声誉状况、销售业绩等，同时要考虑自身的实力和发展战略等因素。企业要通过协议的形式给各个渠道成员规定明确的任务，如销售区域、销售额度、服务范围等，这样可以将处于价值链不同环节各自独立的经销商、零售商组织起来，通过构建一种相对稳定、谋求双赢的伙伴关系，对他们进行科学、合理的分工，使之成为一个有机的整体。

（三）分配渠道任务

分销渠道结构设计者应根据分销渠道的销售、沟通、仓储、融资、承担风险等职能，详细、具体地说明分销渠道所应承担的营销职责和任务，见表2-4。

表2-4 分销渠道所应承担的营销职责和任务一览表

营销职责	任务描述
推销	新产品市场推广、现有产品推广、向最终消费者促销、建立零售展厅、价格谈判与销售形式的确定
渠道支持	市场调研、地区市场信息共享、向顾客提供市场信息、与最终消费者洽谈、选择经销商、培训经销商的员工
物流	存货、订单处理、产品运输、与最终消费者的信用交易、向顾客报单、单据处理
产品修正与售后服务	提供技术服务、调整产品以满足顾客需求、产品维护与修理、处理退货、处理取消订单
风险承担	存货融资、向最终消费者提供信用、存货的所有权、合格产品义务、仓储设施投资

从生产商的角度出发，企业在渠道成员中分配任务的主要标准是：①降低分销成本；②增加市场份额、销售额和利润；③分销投资的风险最低化和收益最优化；④满足消费者对产品技术信息、产品差异、产品调整以及售后服务的要求；⑤保持对市场信息的了解。

（四）选择渠道成员

分销渠道需要选用适合的分销渠道成员才能发挥出最大的效能。优质的分销渠道成员与健全的分销渠道网络是企业重要的外部资源，也是企业建立稳定分销渠道的基础。企业在建立分销渠道时应慎重选择分销渠道成员。

1. 寻找潜在分销渠道成员

寻找潜在分销渠道成员信息的渠道有两种，分别是内部信息源和外部信息源。内部信息源包括利用地区销售队伍，从现有分销渠道成员或销售人员中获得潜在的分销渠道成员信息。很多企业通过对现有分销渠道成员或销售人员进行分析评估，寻找到了潜在的分销渠道成员。企业也可以利用公司内部人力资源关系网获得潜在分销渠道成员的信息。外部信息源包括行业协会、商会、展会、广告、网络等。行业协会、商会、专业商业企业名录是获得潜在分销渠道成员信息的重要来源。除此之外，企业也可以利用分类电话簿、专业服务网站等寻找潜在分销渠道成员。

2. 选择分销渠道成员的原则

选择既符合分销渠道战略，又能完成分销渠道任务的分销渠道成员，应先确定选择分销渠道成员的原则，再确定分销渠道成员的评估标准。

选择分销渠道成员时，企业应遵循以下四项原则。

（1）易于进入目标市场。企业选择分销渠道成员时，应关注其覆盖范围、历史经验、区域优势，以满足目标消费者方便、快捷购买产品的需要。

（2）与企业形象匹配。企业分销渠道成员形象代表企业的形象，企业选择的分销渠道成员的形象应与目标消费者心目中的企业声望、信誉、品质与服务相匹配。

（3）有益于产品销售。企业在选择分销渠道成员时，要挑选那些对产品销售具有优势的分销商，关注其产品组合能力、促销能力，寻找能提升分销渠道效率的经销商。

（4）可建立战略伙伴关系。选择分销渠道成员时，企业应了解分销渠道成员的合作意愿、动机及发展是否与本企业相符，以使企业与分销渠道成员更好地建立起战略伙伴关系，增强分销渠道网络的稳定性。

（五）评估渠道成员

评估分销渠道成员包括制定分销渠道成员的评估标准与具体评估分销渠道成员。制定分销渠道成员的评估标准，需综合考虑制造商实力，以及分销商合作意愿、实力、声誉、产品组合和信用等影响因素。此外，随着消费者越来越重视服务，分销商的服务能力也影响着制造商的市场竞争实力。制造商要选择与有良好的服务意识、设施的分销商合作。分销渠道成员的评估标准如表 2-5 所示。

表 2-5 分销渠道成员的评估标准

序号	标准	说明
1	财务状况	调查中间商的资本、负债、利润等财务相关情况
2	信用	通过金融机构、银行、合作伙伴、行业人士进行调查
3	销售力	调查中间商的销售额，销售人员的素质、数量、绩效考核
4	产品线状况	调查中间商经销的竞争性、相容性、补充性、产品线
5	声誉	调查中间商的声誉与制造商战略的匹配性
6	市场覆盖力	调查中间商的市场覆盖范围与制造商需要覆盖范围的匹配性
7	绩效	调查中间商达到的市场份额（包括市场覆盖率、销售业绩等）
8	管理能力	调查管理机构、标准（如 ISO）、质量、人员变动情况等
9	经营状况	了解其经营宗旨与基础、绩效、负债率、奖惩机制等
10	规模	调查组织机构、仓储、配送、销售额，选择与企业、产品战略相匹配的规模

【案例 2-2】

恒安公司市场发展初期的渠道选择

恒安集团创立于 1985 年，是国内最大的生活用纸和妇幼卫生用品企业，固定资产为 380 亿元。集团旗下拥有安尔乐、心相印、安儿乐等多个知名品牌，产品涵盖妇女卫生巾、婴儿纸尿裤、生活用纸三大主导类别，市场占有率在国内市场名列前茅。2020 年，恒安集团完成销售收入 225 亿元，实现利润 45 亿元，凭借其卓越的产品品质和完善渠道，拥有广泛的用户群体和市场份额。

在渠道选择方面，恒安集团非常注重渠道建设，目前恒安集团拥有国际和国内两条销售线。国际销售线遍布俄罗斯、美国、巴拿马、巴基斯坦、韩国等国家；国内销售线遍布全国各个地区，恒安在中国大陆共设 300 多个销售管理分支机构，遍布全国县级及以上城市共 3000 多个稳定的一级分销商队伍，实现“网络到县，直销到镇”。最特别的是实施小区域经销制——即把总经销权下放到县一级城市，同时规定签约经销商不得经营同类产品的其他品牌，这在一定程度上降低了其他品牌进入概率，提高了恒安集团的市场占有率，从而扩大销售。恒安集团通过对各区域重要零售终端由公司自营及管理，给分销商配置业务代表协助维护与开发市场，有效地掌控渠道，同时确保了渠道的畅通，公司产品可以迅速分销至目标市场，同时相关销售政策如促销活动也能迅速得到有效执行。

资料来源：

网络资料整理。

思考：

恒安集团采用小区域经销制的原因是什么？

二、渠道结构设计的方法

（一）以点带面，纲举目张

该方法认为，市场分销渠道布局工作的实质，就是设计分销渠道中“点”“线”“面”这三个要素，“点”“线”“面”三个要素的选择、投入与配合，就是市场分销渠道布局的关键。

1.“点”

“点”是指市场营销力量（包括人、财、物）在市场中所选择的关键点，通常是优势区位。企业通过对“点”的选择和抢占，来争取竞争的主动权或适度回避竞争对手，进入现有竞争格局中的薄弱地带，以形成局部优势。“点”的选择作为整个渠道结构的支撑，是整个分销渠道布局的基础。

对于企业分销渠道布局来说，“点”主要有关键点（即优势区位）和切入点两种。关键点是指客观上形成的对企业经营产品销售起重要作用的市场区域或销售集中区域。这些“点”对企业营销具有重要的意义，因此，行业中各企业都会不遗余力地对其进行争夺，竞争十分激烈。这就要求企业具有很强的竞争实力，或者拥有一种重大创新的新产品，可直接打入关键点。此外，企业如果实力不足，就要寻找现有市场竞争格局中的薄弱环节，即市场切入点，先打入市场保证生存，再寻找机会发展。也就是说，企业应避免与实力强大的竞争对手硬碰硬，而采取避实击虚的策略建立生存空间。这一策略常常为中小型企业所采用。

2.“线”

“线”是指渠道实际流通的线路。正是在“线”中运行的实物流、信息流等各种流程，才使分销渠道动态的功能得以实现，保障了企业机制的健康运行。当然，线路也要以“点”作为出发点、终止点或中转站，通过在“点”上的基础设施，实现运动中所需要的储存、调运等功能。企业需要从多角度看待这一线路的效率，以及在线路中分销渠道成员承担各种流程功能的能力。但需要注意的是，营销环境的变化对渠道线路效率的影响极大，特别是交通运输的发展、信息基础设施的建立，常常能提供更快、更好的渠道线路。地区经济的发展、自然条件的改善，也使某些渠道线路的改进成为必要。因此，企业必须不断审视环境的变化，考虑渠道线路改进的可能性。

3.“面”

“面”是“点”“线”所构成的框架的总体功能和综合作用，主要表现为地域扩张。地域扩张主要是指销售范围的渗透和进一步覆盖。地域渗透主要是指运用多种营销、宣传、公关手段，使消费者对产品了解、产生印象并试用，这时，企业要综合考虑消费者的购买心理和各种影响因素。地域覆盖主要是指建立消费者偏好，使其建立本企业产品的消费习惯以及定式，从而使企业建立牢固的销售根据点，此时企业还要对竞争对手进行认真分析，建立区域市场的进入壁垒，以阻止竞争对手的进入。

（二）逆向重构，曲径通幽

“逆向”是指建设分销渠道的顺序与传统相反。分销渠道的逆向重构策略，是指企业不按先向总经销商推销产品，再由总经销商向二级批发商等推销产品的这种“顺向”的顺序，而是反方向从渠道的底部基础层开始工作。企业先向零售商推销产品，当产品销售量达到一定数量后，小型配送批发商会被调动起来，主动要求经销该产品，接着是二级经销商、总经销商被调动起来。因为产品销售量的增加和价格的稳定使经营该产品变得有利可图，所以经营规模较大的经销商也纷纷加入制造商的分销渠道体系中。这样，多层逆向建设的分销渠道结构的体系就完成了。

分销渠道的逆向重构策略是在营销组合中创造差异化的竞争策略，是适应目前市场环境而产生的一种竞争策略。现在多数消费品企业，特别是当新企业、新产品进入市场时，面临的最大难题不是最终消费者对新产品的排斥，而是市场领先者和经销商结成的利益同盟对新进入者的排斥。与之相反，消费者并没有强烈拒绝新产品的意愿，越能进入距离消费者越近的流通环节，消费者越容易认同，因为他们总是需要更多创新的产品。另外，小型的批发商不是市场先入产品的既得利益的获得者，它们对新产品的热情较高，要求的“市场准入”条件却很低。因此，制造商的渠道建设可以最先从这些层面展开突破工作，以向零售环节直接供应产品的中间商为突破点，然后选择、吸引更高层次的经销商加入，最后形成完整的分销渠道结构体系。

分销渠道的逆向重构作为一种渠道创新思路，包含以下原则。

1. 控制终端要做到“随手可得”

对于零售商，尤其对于直接面向消费者的零售商而言，制造商应该通过渠道支持、服务零售终端，实现使消费者“随手可得”的零售覆盖目标。

2. 拓展渠道宽度以增加流量

这指的是需要有一个宽大的基础层——能够覆盖市场目标区域，有一定密度、一定数量的经销商，以此来支撑分销渠道。

3. 建立有弹性的渠道控制以适应新的市场变化

它要求分销渠道结构体系能够随竞争情况压缩分销渠道环节以提高竞争力，而分销渠道长度应该随市场竞争的情况适度、适时调控。

4. 用“中心开花，周边结果”的方法达到规模经营

渠道逆向重构策略要求在中心城市实施较为密集的分销渠道策略，以使产品获得较高的市场占有率和较好的品牌认同感。

（三）利用第三方分销渠道

第三方渠道是相对于传统分销渠道和现代中间商渠道而言的。就制造商来说，就是利用其他制造商的分销渠道来实现自己产品销售。

1. 第三方分销渠道的特点

（1）通常是由某个关联行业内的全国或区域性的强势企业所构成；

（2）品牌影响力强、通路完善、网点渗透能力强、分销渠道队伍精干、物流配送体系健全；

（3）与现行分销渠道的互补性强。

2. 第三方渠道的原则

第三方分销渠道的拥有者之所以将分销渠道拿出来与其他企业共享，并将其作为一个独立的盈利中心来运作，其主要原因有以下几个。

（1）分担成本。制造商自营分销渠道，能够使其很好地控制分销渠道，经营品牌；但其构建成本和维系成本高，同时，因为单一品牌专卖需要品牌具有一定的影响力，所以广告、公共关系、促销等投入费用高。这些都使企业希望通过搭载销售其他企业的产品来分担成本，减轻负担。

（2）单一品牌销售，顾客的选择性差，而且销售增长总量有限，影响分销渠道效益。

【案例 2-3】

格力的渠道结构设计

珠海格力电器股份有限公司（以下简称格力电器）成立于1991年，是一家集研发、生产、销售、服务于一体的国际化家电企业，拥有格力、TOSOT、晶弘三大品牌，主

营家用空调、中央空调、空气能热水器、手机、生活电器、冰箱等产品。2019年7月，在《财富》杂志发布的世界500强中，格力电器排名第414位；2019年9月，格力电器在发布的2019中国制造业企业500强中排名第37位。2019年11月，格力电器在发布的“一带一路”中国企业100强榜单中排名第82位。2020年1月，格力电器大容量高效离心式空调设备关键技术获得2019年度国家技术发明奖二等奖。作为国内空调行业的佼佼者，格力电器不仅在产品上具有领先优势，其在渠道的设计和选择上也具有独特之处。

格力电器在省级区域采用的是“股份制区域销售公司”模式，各省的销售公司并不是格力电器的派出机构（分公司或办事处），而是由格力电器和该省最具实力的家电经销商出资组建的厂商联合体。销售公司是由格力电器控股的股份制企业，是在法律上格力电器平等的独立法人。销售公司相当于格力电器在该省的总代理商，实行的是独家经销制。在各省的二级市场，格力采用的是选择性分销。在地市级区域范围内，选择几家实力较强的家电经销商作为批发商（格力电器称为代售商），再由若干家分销商（格力电器称为指定经销商）作为零售终端。销售公司严格划分各代售商的批发区域和批发对象（指定经销商）。在同一区域内经销商被指定在不同的批发商处提货，各经销商隶属不同的批发商，因此被称为指定经销商。

格力电器这种联合有实力的经销商采取共同出资、各占股份、年底分红的方式组建的销售公司，形成以利益为纽带、以格力品牌为旗帜的利益共同体。对这种以股份制为基础的销售公司，格力电器具有一定的所有权（控股），渠道的合作方注资形成专用性抵押投资，此时，渠道价值链的上下游不仅因为所有权相互依赖，而且由于专用性投资“专用此处，别无他用”的胶结作用，使渠道结构相对稳定，并最终成为格力空调参与激烈市场竞争的“撒手锏”。

资料来源：

https：//www.docin.com/p-2010112243.html.

思考：

1. 格力电器是如何设计其渠道结构的？

2. 分析格力电器渠道结构模式的利与弊。

3. 在互联网时代，市场环境变化很快，企业要获得更大的发展，在渠道结构上应作何改变？结合所学知识，谈一谈你的认识。

项目检测

一、单项选择题

1. 产品的技术性专业性强，则选择（　）。

A. 短渠道　　B. 长渠道

C. 密集渠道　　D. 集中渠道

2. 渠道设计是企业对于自己产品未来的营销渠道结构和（　）的规划。

A. 模式　　B. 类型

C. 体系　　D. 策略

3. 分销渠道结构设计者应根据分销渠道的销售、沟通、仓储、融资、承担风险等职能，详细、具体地说明分销渠道所应承担的营销职责和任务，这一步骤称为（　）。

A. 渠道创新　　B. 分配渠道任务

C. 选择功能　　D. 渠道评估

4. 营销渠道结构决策不包括（　）。

A. 渠道长短选择　　B. 渠道宽窄选择

C. 渠道多少选择　　D. 渠道类型选择

5. 医院、学校、幼儿园、机关食堂属于（　）类型。

A. 新兴渠道　　B. 传统渠道

C. 特殊通道　　D. 间接渠道

二、多项选择题

1. 分销渠道设计的原则有（　）。

A. 客户导向原则　　B. 覆盖适度原则

C. 利润最大化原则　　D. 稳定可控原则

2. 根据渠道有无中间商参与分为（　）。

A. 直接渠道　　B. 密集渠道

C. 间接渠道　　D. 独家渠道

3. 属于渠道结构设计影响因素的有（　）。

A. 产品因素　　B. 消费者因素

C. 分销商因素　　D. 竞争因素

4. 渠道结构设计的过程包括（　）。

A. 建立渠道目标　　B. 渠道结构决策

C. 分配渠道任务　　D. 选择渠道成员

5. 下列属于渠道结构设计目标的是（　）。

A. 货畅其流　　B. 渠道充满

C. 渠道平衡　　D. 便于开拓新市场

6. 紧密渠道主要有（　）。

A. 公司型　　B. 契约型

C. 独家型　　D. 管理型

三、判断题（正确的打“√”，错误的打“×”）

1. 公司型渠道意味着所有渠道节点都由公司自行建立。（　）

2. 分销渠道战略设计的第一步是建立渠道目标。（　）

3. 市场范围越大，分销渠道相应越长。（　）

4. 密集分销渠道是指一个特定的等级中选择一部分中间商作为经销商。（　）

5. 垂直型渠道系统属于紧密渠道，而水平型渠道系统属于松散渠道。（　）

四、案例分析题

立邦：渠道新政谋求战术突破

王老板是一位在A省地级市做立邦1687木器漆系列的经销商。A省立邦办事处进行渠道调整，要取消其经营4年的立邦1687木器漆地级市独家代理权。不仅如此，连其苦心开发的10多位分销商也要改从公司直接进货。王老板本来想在2007年投入更多的人力、物力经营立邦产品，可这样一来，别说赚钱，就连其10多人经营团队的吃饭都成了问题。王老板联合该省其他经销商向立邦公司提过好几次意见，立邦公司的回复都让他极度失望。

（一）立邦对渠道做了哪些调整

立邦在A省渠道调整的内容，主要有三个方面。

1. 取消区域性独家代理

立邦的渠道政策主要有两种：一种是针对大城市的渠道政策；另一种是针对内地非大城市市场的区域性独家代理政策。这一次在该省的调整是后一种，主要针对大城市以外的市场，如湖南、江西等省的非大城市市场，其一般地级市场渠道结构如图2-3所示。

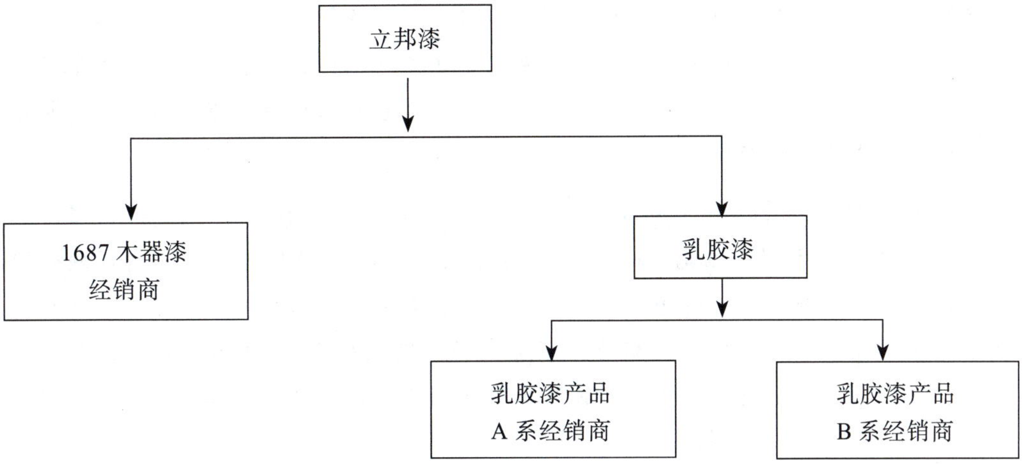

图 2-3　一般地级市场渠道结构

现在，A 省立邦办事处取消了区域性独家代理的渠道政策，将其渠道结构调整如图 2-4 所示。我们由图 2-4 可以看出，立邦改变了以品类来选择经销商的渠道政策，而以不同的经销商来构建新的渠道管网。其主要变化有以下几个方面。

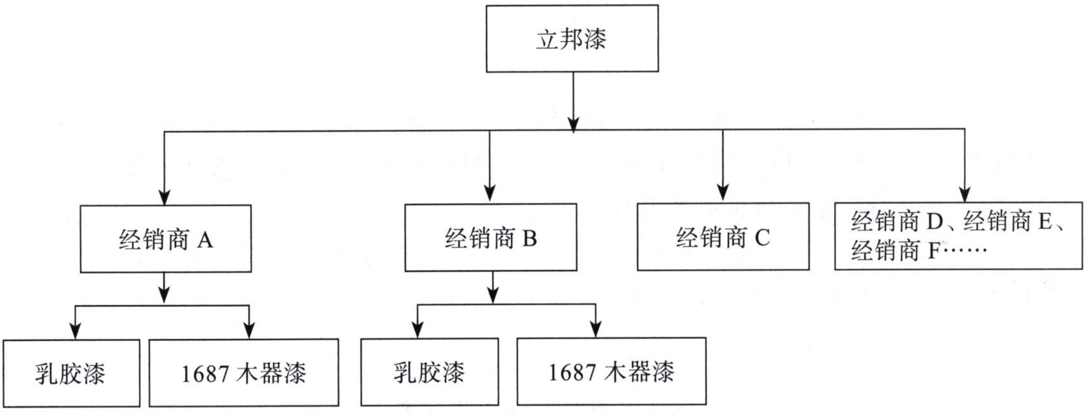

图 2-4　以经销商来构建渠道结构

（1）分开考核经销商零售与批发的销量。调整之前，立邦对于经销商销量的考核，不分零售和批发；调整之后，经销商零售和批发的销量分开单独考核。这意味着经销商不仅要完成自己的零售任务，还要向本城市区域范围内的涂料零售商批发，以保证销量的完成。

（2）经销商排他性代理。调整之前，立邦没有强制规定经销商只许经营立邦产品，也就是说，经销商可以同时经销其他涂料品牌；而调整之后，立邦只许经销商经营立邦产品，未经立邦书面授权，经销商不能同时经营其他品牌的涂料产品。

（3）选择经销商标准降低。调整之前，由于立邦采取的是分品类选择区域性独家代理政策，这就要求所选择的经销商无论是实力还是经营意识，在区域性涂料市场上都是一流的。因为立邦在行业内是公认的第一品牌，所以这样选择经销商，才能与立邦的知名度匹配，保证立邦在当地市场的占有率处于领先地位；但调整之后，立邦取消了独家代理，在一个地级市场可能会有十几家经销商或零售店，这样，选择经销商的标准就不可能像独家代理那样严格。

2. 单独设立区域木器漆独家服务商

在调整之前，立邦的木器漆服务是由经销商完成的；调整之后，其将区域木器漆的销售服务内包，并与原来体系内的1687木器漆经销商签订区域独家服务商协议，对当地木器漆的销售提供多方面的服务。服务产品范围包括1687木器漆之外的原有木器漆产品。立邦在与经销商签订的区域独家服务商协议中，对服务内容作出以下规定。

（1）区域独家服务商的定义

立邦在一定的区域内，委托一家服务商向区域内所有零售立邦木器漆的商店提供专业服务。服务商应建立立邦规定的应用中心体系，具备承担木器漆专业服务的能力，按立邦制定的相应服务标准提供服务，并收取一定的服务费用，赚取相应的服务利润。

（2）区域独家服务商服务标的

服务商服务的客户为指定区域内所有销售立邦木器漆产品的零售商店，服务的对象则为购买立邦木器漆产品的消费者、油工等。

（3）区域独家服务商服务项目

服务项目主要有导购培训、油工培训、打板服务、调色服务、调色产品施工监理服务、投诉服务六个方面，当然，服务商还可以根据立邦零售店的要求提供其他服务。

（4）区域独家服务商服务费用与利润

立邦制定了详细的服务项目收费标准，按标准给予服务商相应的固定成本，并根据当月实际的服务费用抽取一定比例作为服务商的利润。

3. 直接管理和维护三级、四级市场

调整之前，立邦的县乡等三级、四级市场都由地级市的独家区域经销商负责开拓和维护。调整之后，立邦一方面将县乡级分销商与原有的地级经销商剥离，由立邦的办事处直接供货，并直接对县乡级分销商进行管理与维护；另一方面以合同的形式规定新开发的地级经销商将不再拥有向下级市场批发的授权，这样，地市级经销商的经销范围大为缩小。

（二）立邦为什么要对渠道进行调整

立邦公司此次批准A省办事处对渠道调整的举措，有多方面的原因。

正面：实现立邦长远战略目标的需要。2006年下半年，立邦在广州低调举行了在中国市场成立15周年的纪念大会。会上，立邦提出，在不远的将来，其在中国市场上的销售将达到100亿元，从一家装饰材料商转变为一家提供不同生活方式的服务商。此次立邦在A省的渠道调整，正是配合其品牌宣传而进行的“地面部队”的重新部署，

以实现立邦长远的销售目标。

反面：阻击竞争对手，力挽1687木器漆推广失利的局面。

立邦在2003年开始推广1687木器漆，以期抢占国内涂料企业培育起来的木器漆市场。4年中，其取得的业绩乏善可陈，用立邦经销商的话来讲，是“1687木器漆在全国市场上的操作失败”。从客观上讲，立邦1687木器漆推广至少是阶段性失利，因为现在讲失败还为时过早。立邦不会轻易放弃木器漆领域，这一点可以从立邦在某些省份拟取消原木器漆产品系列，而将1687系列加入现有经销商产品选择序列上看出。

立邦基于以上两方面的原因，采取设立区域独家木器漆服务商的政策，有两个目的：一是拉拢原1687木器漆经销商，防其倒戈；二是阻击竞争对手，服务制胜。

思考：

1. 与大城市不同，立邦在一般地级市的品牌知名度不够，在这种情况下，大分销的目标能否实现？

2. 直供三级、四级市场必然面对配送、服务、窜货、管理等难题，如何解决？

3. 结合影响渠道结构设计的各个因素，就如何改进现有渠道这一问题，思考从本例中得到什么样的启示。

项目三 渠道成员

学习目标

➢ **知识目标：**了解中间商的内涵；了解中间商的类型；了解批发商的特点；清楚零售商的分类；了解经销商的特点；掌握经销的策略；了解代理商的特点。

➢ **能力目标：**能区分中间商和其他参与者；能合理运用批发的策略；能够对零售商的类型进行区分；能够分析零售商所面临的问题和机遇；能把握代理商和经销商的区别；能制定经销的产品、定价、区域等策略。

➢ **素质目标：**在学习和训练过程中，锻炼学生对中间商甄别和运营环境分析的能力；培养学生具有良好的职业道德精神和行为规范，诚信为本，操守为重；培养学生知识拓展和举一反三的能力；培养学生在概念界定和区分归类方面的能力；培养学生与人合作、自我学习的能力。

任务一 中间商

导入案例

被误解的中间商

“×× 二手车直卖网，没有中间商赚差价”——这是某二手车交易服务平台的广告口号。在交易中，中间商往往是令人痛恨的，因为这个过程会产生额外的费用，增加交易的成本。人们认为如果没有中间商，交易会更快、更便宜，因而常常急于把它剔除。

互联网的出现，让买卖双方能够直接打交道、做生意，似乎使这个目标得以实现了。但事实上，亚马逊、Uber（打车软件）这样的互联网平台其实也是中间商角色。从某种程度上来说，像这样的中间商平台扮演着重要的角色——能够让双方尽可能保持诚实。

中间商在交易过程中，一直发挥着重要作用，它在生产者与消费者无法直接联系时，历尽艰辛把货物卖到各个地方，使货物得以流通；它作为中介，为买方提供更加全面的信息，向生产者提供市场的反馈，从而影响制造商的决策，促成买卖双方找到匹配的对家。所有这些过程都会产生价值，但也会产生额外的费用，即使是号称“没有中间商赚差价”的互联网平台，也充当着中间商角色，也会产生交易成本。只不过这个成本更加隐蔽而已，比如它会向商家收取费用，而商家的费用则会从消费者那里收取。因此，中间商角色不可或缺，其费用也不可避免。实际上，我们有必要承认中间商的价值，它并不是只赚利润而不提供价值的“吸血鬼”。中间商或是承担着货物损失的风险，或是为买卖双方提供服务，在这个过程中，它都会使商品产生价值。商品除了商品价值还会有服务价值，这服务价值很大程度上是由中间商提供的。提供服务，创造价值，获得相应的报酬，这是理所应当的。

如果剔除了中间商，就真的能如人所愿，皆大欢喜吗？恐怕未必。其根本障碍在于人自私的天性，从而未能充分信任对方，彼此怀疑。博弈论中的囚徒困境就是这方面典型的例子：假设有两个共同犯罪入狱的人，私下不能相互沟通。如果两个人都不揭发对方，则由于证据不足，每人都坐牢 1 年；如果一人揭发，另一人沉默，则揭发者立即获释，沉默者因不合作入狱 10 年；如果互相揭发，则二者都判刑 8 年。由于两个囚徒无法充分信任彼此，会倾向于互相揭发，而不是共同沉默。

商场如战场，亲兄弟还要明算账，无论什么样的亲密关系，恐怕也难以做到真正的坦诚相待。中间商的存在，或许可以让双方尽可能地保持诚实，达到一种相对理想的状态。以社会学家实验中经常使用的所谓“信任游戏”为例。假设有两个玩家，A 玩家可以给 B 玩家发钱，给多少完全基于对对方的信任程度，玩家之间彼此信任度越高，他们能够得到的钱越多。比如，如果 A 给了 B 2 美元，那么游戏资金将会变成交易资金的 3 倍，即 6 美元。现在 B 有 6 美元，而 A 什么也没有。如果 B 把其中的 3 美元还给 A，那么两人都会得到比开始更多的钱（各有 3 美元）。但 B 也可以滥用 A 的信任，私吞这 6 美元。实验表明，如果加入中间人来观察这个游戏的话，B 会返回 A 更多。也就是说，中间人的存在会增加交易双方的信任。一方面，中间商尽可能让双方信息透明化，减少信息的不对称，比如互联网中间商平台的反馈机制，让买家和卖家互相评论，也允许其他人看到，为其他人提供参考价值，增强陌生人之间的信任；另一方面，中间商可以建立问责机制，起到监督、震慑的作用。有一定的外在监督，在知道不法行为会被严惩的情况下，人往往不敢太过于放肆。

研究西西里黑手党的社会学家狄亚哥·甘贝塔，在其著作中曾引用屠夫和牧场主之间的交易来说明西西里黑手党作为中间商是如何为交易提供担保的。当屠夫来找牧场主买牲畜的时候，他们彼此都不信任，认为对方会欺骗自己。在这种相互不信任的情况下，交易似乎根本就达不成。于是双方转向中间商，向中间商支付一定资金后让其提供担保，以达成交易。

如此看来，中间商有其存在的必要性，中间商角色的存在有利于减少信息的不对称，同时起到监督作用，让双方尽可能地保持诚实。

资料来源：

https://www.toutiao.com/a6686952515855974919/.

思考：

1. 案例中的××二手车直卖网是不是中间商？
2. 如果你是中间商，你如何为自己辩解？

一、 中间商概述

营销渠道是一个系统性的运作机制，是由具有一定目标的各种类型的机构结合起来的网络体系。在这个网络体系中，为完成产品或服务向消费者转移的过程，需要包括生产商、批发商、零售商和消费者等不同类型的参与者以及一些支持营销的组织，如运输公司、独立仓库、银行和市场研究公司、广告公司等。这些组织为了实现共同的目标产生合作，它们都是营销渠道的参与者。

在渠道中起到连接生产者与消费者作用，在生产者与消费者之间参与商品交易业务，促使买卖行为发生和实现的、具有法人资格的经济组织或个人的渠道参与者称为中间商。在现实运用中常以渠道成员来称呼中间商。直接渠道没有中间商，中间商的职能由制造商承担。

二、中间商的功能

中间商的功能主要有以下四个。

（一）分储产品

中间商将产品从不同企业或厂家购入，最终经由终端送达消费者手中。在这一过程中，中间商要储存、保存和运输产品。

（二）监督产品

中间商在确定进货厂家之前，会货比三家，考察企业各个方面，尤其是产品设计、制造工艺、生产技术、服务质量等方面。有时他们也会根据品牌知名度和公司信誉度进行选择。中间商在与制造商交易的过程中，会严格检查货品，并根据产品属性划分等级。中间商在这一过程起到了监督制造商的作用。

（三）提高销售活动效率

中间商是制造商将产品传递给最终消费者的桥梁。现如今，经济全球化发展迅速，对厂家来说，如果没有中间商，产品宣传销售的工作就很烦琐；对消费者来说，中间商可以同时销售很多厂家的产品，在一个中间商那里，就可以比较很多厂家的产品，比起挨家挨户跑到各个生产厂家观察，就节省了大量的时间。

（四）传递信息

中间商在向下一级需求者提供产品时，会介绍制造商和产品的详细信息，同时将消费者的需求、市场信息和同行的情况传递给制造商，这无形中传递了信息，促进了市场竞争，有利于产品质量的提高。

三、中间商的分类

中间商从不同的角度可以分为许多类型：按其在流通过程中所起的不同作用，可分为批发商和零售商，前者是不直接服务于消费者的中间商。按是否拥有商品所有权，可分为经销商和代理商，前者是在商品买卖过程中拥有商品所有权的中间商。

任务二　批发商

导入案例

华彬红牛与天丝红牛之争

1995 年 12 月，天丝集团与华彬集团在深圳经济特区成立了红牛维他命饮料有限公司，即中国红牛合资公司，从此打开中国市场的大门。华彬集团借此拥有了红牛品牌在中国的 20 年的经营权。2016 年，天丝集团决定不再续约。自此之后，关于红牛系列商标的归属问题，两家公司开始长达数年的法律诉讼。

官司上的孰是孰非，暂不定论。但市场上的短兵相接如火如荼，天丝集团于 2019 年 11 月向中国市场投放红牛风味维生素产品，之后又推出红牛安奈吉产品，意图以不同定位的产品以差异化竞争华彬红牛的市场份额。天丝红牛根据产品特征采用密集型销售渠道，建立“分公司—区域—办事处”三级管理结构，全国现有 500 余个办事处，销售触角延伸至区、县、乡镇一级。办事处管理着以批发业务为主的经销商和直供二批，由批发商向下分销至各类终端网点。

面对天丝红牛的步步紧逼，华彬红牛以稳定渠道为主要目标，以培育新品牌战马饮料为后手积极面对。华彬红牛通过各种促销手段，进行高费比订单、阶段性限价等资源投放形式，运用各种手段对快消通道批发商进行捆绑，让体量大的直供批发客户提前预订下年订单，抢占客户资金、库存空间，一方面避免客户被天丝红牛抢去，另一方面维护渠道稳定。面对严峻的竞争形势，华彬红牛销售额从2015年的峰值230亿元降至215亿元。

资料来源：

https://www.163.com/dy/article/HPSB86P405129QAF.html；编者整理。

思考：

1. 查资料，思考华彬红牛的应对之策是否合理。
2. 为何稳定渠道不以零售商为主要对象？

批发商在间接渠道中作为连接制造商和最终消费者的桥梁，既不生产产品，也不直面最终消费者，其位于商品流通的中间环节。具体来说，批发商是指从生产制造公司或企业购进产品，然后转售给其他批发商、经销商、零售商或非营利组织，而不直接服务于个人消费者的商业机构。相对于一次只出售一件到两件商品的零售商而言，批发商一般的出售量为十件以上，有时甚至是成千上万件。批发商所从事的是批量采购上一级供应商的货，再批量卖给下一级需求者的实体经济。

一、批发商的类型

按照不同的分类标准，可将批发商分为以下几种类型（见表3-1）。

表3-1　批发商类型

标准	类型	说明
按经营主体划分	独立批发商	又称“商人批发商”。自已进货，取得商品所有权后再批发出售，不依附于生产部门
	制造批发商	生产企业所设立的批发商
	共同批发商	其目的是和百货商店、连锁商店等大型零售商进行竞争，由零售团体组成
	批零兼营批发商	以批发业务为主，同时开展零售业务
	连锁批发商	由多家批发商共同组成的连锁组织。利用大批量采购的有利条件，集结下游的零售商，来对抗大型零售商的竞争
按经营商品的范围划分	普通批发商	经营商品范围广，商品种类、规格繁多
	专业批发商	专业化程度较高，专门经营某类商品
按商圈划分	全国性批发商	担负全国性商品批发业务
	区域性批发商	承担一个省级区域范围批发业务
	地方批发商	只负担某一市、县或更小区域的批发业务

续表

标准	类型	说明
按商品流通环节划分	一级批发商	全国或某区域总代理，直接从厂家进货，享受最低折扣，进货量最大，但通常有一定的任务指标
	二级批发商	相对一级批发商，它是小区域的代理，从一级批发商那里进货分销，进货价格会略高一些
	三级批发商	三级批发商是最小的，从二级批发商那里批发进货，直接向零售终端销售或直接零售，进货价格会再次抬高

二、批发商的特点与作用

作为分销渠道中的一个重要环节，批发商以其独特的优势，不断发挥着重要的作用。

（一）批发商的特点

批发商有以下几个特点。

（1）拥有大量的货物；

（2）只大量出售，不提供零售业务；

（3）出售的物品价格会比市面上的低。

（二）批发商的作用

批发商的作用主要体现在以下几个方面。

（1）销售更具效果。批发商使生产商能够以较小的成本接触更多的中小客户。批发商接触面比较广，这使其常常比生产商更易得到买方的信任。

（2）有效集散产品。批发商通过广泛地接触不同的生产商，可以高效率地采购、配置多种产品，迅速地产品供应给零售商和生产企业，提高顾客的采购效率。

（3）产品储存保证。批发商备有相当数量的库存，减少了生产商和零售商的仓储成本与风险。

（4）提供运输保证。批发商由于备有充分的库存，可以迅速发货，并提供相关的运输服务保证。

（5）帮助资金融通。批发商可以为顾客提供便利的财务条件，如准许赊账，还可以为供应商提供供货等方面的资金保证。

（6）承担市场风险。批发商购进产品后，承担了经济风险，如因生产供求和价格变动而带来的风险、产品运输和保管中的风险、预购和赊账中的呆账风险。

（7）沟通产销信息。批发商能够向供应商和顾客提供有关竞争者的产品、服务及价格变化等方面的信息。

（8）为零售商服务。批发商经常帮助零售商改进经营管理，如培训销售人员，帮助零售商建立会计和存货控制系统。

三、批发商的功能

随着市场环境的变化和电子商务的发展，批发商正处于制造商和零售商的两面夹击当中。一方面，许多制造商在线上、线下设立自己的销售店铺，将产品销售给零售商，有的甚至直接卖给最终消费者；另一方面，零售商直接越过中间商向制造商购进货物，当消费者要货量大时，还以批发价出售给购买者，充当批发商的角色。在这种情况下，人们不禁发问：批发商是否会被淘汰？其实不然，批发商是否面临淘汰，取决于其在渠道中是否还有不可或缺的功能。那么，批发商又有哪些不可或缺的功能呢？

（一）批购批销功能

批发商的购买活动，是商品流通过程的起点。批发商凭借丰富的经验与市场预测知识，预测市场对某些商品的需求情况，先行组织货源，再根据零售商的需求，批量批发给零售商，降低其进货成本。

（二）分装搭配功能

批发商可以根据市场需求进货，将不同商品进行搭配，为下一级需求者节省时间和精力。

（三）储运服务功能

产品储存是商品流通的一种“停滞”，也是商品流通不断进行的条件。批发商能充分利用仓储设备，创造时间效用，使零售商随时可获得小批量的现货供应。批发环节的储存，可调节市场供求在时间上的矛盾，起到“蓄水池”作用。产品运输是产品借助于各类运输工具实现在空间上的位置转移，是商品流通中的一个重要环节。批发商在采购商品后，要担负组织产品运输的任务，及时、准确、安全、经济地组织产品运输，使生产者可以减少积压，使零售商可以减少库存量。

（四）信息咨询功能

在交易过程中，批发商会将有关制造商和消费者的信息双向传递，同时会帮助与其关系密切的零售商做销售培训、整改店面、建立财务与存货管理系统等工作，提高零售商的经营效益。

（五）承担风险

当产品因损耗、失去时尚性及其他原因而引起顾客对产品的不满时，经营者要承担包退包换风险；在产品降价时，经营者要承担削价损失风险。生产者将产品出售给批发商后，这一切经营风险都转移给了批发商。

（六）财务融通

零售商向批发商实行信用进货时，能减少经营资金需要。资金力量雄厚的批发商，也可以采用预付款的方式，以资助生产者。

综上所述，批发商的功能在近期不可能完全被其他渠道成员替代，其自身的专业性使得批发商在执行上述功能时有更高的效率。因此，在今后的发展中，批发商非但不会被淘汰，还会扮演越来越重要的角色，承担更大的责任。

四、批发商营销策略

身处不断变化的大环境中，批发商面临着新的挑战和前所未有的冲击，很容易陷入经营困境。第一，随着制造商实力的增强，其控制渠道的意愿上升，有的不再需要中间商而直接接触到最终消费者；第二，随着超级终端的崛起，一些零售商能够抛开批发商直接与供应商建立供货关系；第三，电子商务飞速发展，传统批发商的地位日益没落。这些现实因素都逼迫批发商制定恰当的营销策略（见图 3-1）。

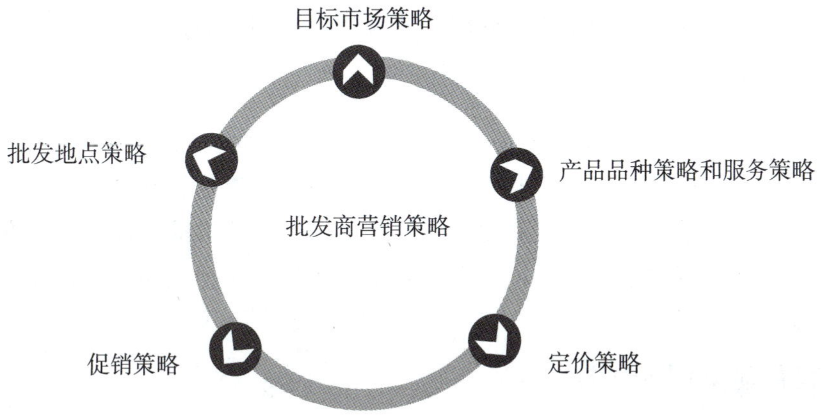

图 3-1　批发商营销策略

（一）目标市场策略

批发商应该明确自己的目标市场，而不能意图为每一个人服务。他们可以按照顾客的规模、顾客的类型，以及他们所需要的服务或者其他标准，选择一个目标顾客群。在这个目标顾客群里，他们可以找出较有利的顾客，设计有吸引力的供应物，从而和顾客建立良好的关系。

（二）产品品种策略和服务策略

批发商的“产品”是指他们经营的品种。批发商迫于巨大的压力，花色品种必须齐全，并且要有充足的库存，以便随时供货。但是这样会影响盈利，因此批发商总会考虑经营多少品种最为适当。批发商也一直思考，在与顾客建立良好关系的过程中，哪些服务最为重要，哪些服务可以取消，哪些服务应该酌情收费。这里的关键，是找出一种被顾客视为有价值的、独具一格的服务组合。

（三）定价策略

批发商通常在货物成本上按传统的比例加成，以抵补自己的开支。比如，20% 的比例加成，其中，开支可能占 17%，余下 3% 就是毛利。杂货批发商的平均利润率一般在 2%。批发商正在开始试用新的定价方法。他们可能减少某些产品的毛利，以赢得新的重要的客户。当他们能凭此扩大供应商的销售机会时，他们就会要求供应商给予特别的价格折让。

（四）促销策略

批发商主要依靠他们的销售员以获得促销目标。即使如此，大多数批发商仍然把销售看成一个销售员和一个客户的交谈，而不把它当作向主要客户销售商品、建立联系和提供服务的协同努力。至于非人员促销，批发商可以从零售商所采用的树立形象的技术中获益。他们还需要充分利用供应商的一些宣传材料和计划方案。

（五）批发地点策略

批发商一般将批发地点设在租金低廉、征税较少的地段，以尽可能地降低成本。为了应对日益上升的成本，富有进取心的批发商正在进行货物管理过程中的时间和动作研究。其中最大的一项发展就是自动化仓库。在那里，订单被输入计算机，商品由机器自动取出，通过传送带输送到平台，并在那儿集中送货。这类机械化设备发展很快，许多办公室活动也实现了机械化。

【课堂互动案例 3-1】

互动内容：

批发商可有可无，这种说法对吗？

互动要求：

1. 结合有关批发商的知识发表个人见解，也可以和你的同伴简单沟通后回答。
2. 教师对学生的回答进行点评。

【案例 3-1】

庄老板的愤怒

庄老板是国内某著名家居照明企业在南方某中心城市的经销商，他与厂家发生了激烈的冲突。进入该城市不久的国际连锁超市巨头——百安居使他受到了前所未有的冲击：第一，他原有的下游零售客户生意萎缩，传统终端的走货越来越少；第二，产品零售价格下滑，他的利润空间被压缩；第三，厂家应百安居要求开始直供，这样，这部分销量不能计入他的返利销量中。郁闷的他把怨气都发泄到了厂家身上。他要求厂家停止直供，并管控价格，增加返利幅度。但厂家的回答是：传统的专业灯具市场萎缩，百安居销量越来越大，而且要再开四家分店，厂家也是迫不得已，必须与他合作，不然竞争对手抢先进入，可能会丢了整个市场，而且供给经销商的价格已经比直供百安居的价格低了许多，不能再降价了。

资料来源：

谢孝彬，林宝木．市场营销基础[M]. 北京：北京理工大学出版社，2018.

思考：

1. 批发商面临着哪些挑战？
2. 批发商是否会消亡？批发商还有存在的必要吗？
3. 批发商应如何应对挑战，以获得生存与发展？
4. 面对我国流通领域的变革，厂家应如何进行渠道的设计和管理？

任务三 零售商

导入案例

2020年全球零售商排行：沃尔玛蝉联榜首，阿里首入榜单

近日，德勤（Deloitte）发布了《2020 全球零售力量》报告。该报告基于2018财年（截至2019年6月30日的财政年度）的公开数据进行排名，统计出全球零售商250强榜单。数据显示，全球零售商250强2018财年总营收为4.74万亿美元，复合增长率达到4.1%。全球零售商前10强营收之和占到总营收的32.2%，2017财年这一占比为31.6%。全球零售商前10强收入增长率为6.3%，高于250强的4.1%。尽管面对激烈的市场竞争、人员成本不断增加、价格战以及对电商能力的投资等各类压力，全球零售商前10强的复合净利润率仍较2017财年上升0.5个百分点。全球零售商250强的收入门槛为39亿美元，较2017财年的37亿美元有所提升，而平均规模则达到190亿美元。

据悉，全球零售商250强中，快消品企业数量最多，达到136家。2018财年快消品企业零售收入占收入总额的66.5%。快消品行业的公司有着最高的平均收入，2018财年为232亿美元，但利润偏低，相较于其他子行业，净收入利润率属最低水平。

全球零售商250强中，2018财年上榜的欧洲企业最多，有88家，占收入总额的

34.4%。美国企业则规模最大，平均规模达276亿美元，远高于全球250强190亿美元的平均规模。与2019年相比，沃尔玛继续蝉联榜首，营业额为5144亿美元，相当于第2～5名的营收总和。榜单前10强并无新上榜企业，总部位于美国的零售商继续占据主导地位，并达到7家，德国零售商2家，英国零售商1家。榜单前10强中，亚马逊成为唯一上榜电商企业，其余上榜零售商多为超市、折扣店。

在全球零售商250强地域分布上，亚太地区共有61家上榜。其中，中国（含香港、台湾）共有14家企业上榜，京东位居中国上榜企业第1位，全球排名第15位，紧随其后的是苏宁，全球排名第32位。其余上榜的中国零售商为屈臣氏（49）、华润万家（82）、唯品会（87）、牛奶国际（89）、永辉超市（106）、国美零售（109）、周大福（123）、统一超商（142）、百联股份（150）、阿里巴巴（179）、物美（190）、重庆百货（250）（括号内为全球排名）。与2019年相比，中国上榜企业数量没有变化，均为14家。在2019年的统计口径中，阿里巴巴并没有被作为零售企业列入榜单。

从2013～2018财年复合年均增长率来看，唯品会以47.8%的复合年均增长率、京东以44.1%的复合年均增长率跻身全球十大增长最快的零售商，其余上榜企业均为美国、德国、荷兰、土耳其、印度等国企业。在全球250强新上榜企业中，14家企业首度跻身或重新回归全球250强榜单，并购、分拆活动为关键驱动因素。

资料来源：

http://www.linkshop.com.cn/web/archives/2020/441678.shtml.

思考：

1. 为什么不能把阿里巴巴列为零售企业，而京东却被认为是零售企业？
2. 全球零售商的发展带来了哪些启示？

一、零售商概述

（一）零售商的内涵

零售是商品流通的最终环节，它是指将货物和服务直接出售给最终消费者的所有活动。这些最终消费者是为了个人生活消费而不是为了商业用途消费的。零售商是指将商品直接销售给最终消费者的中间商，是相对于生产者和批发商而言的，处于商品流通的末端。零售商的基本任务是直接为最终消费者服务，其职能包括购、销、调、存、加工、拆零、分包、传递信息、提供销售服务等。零售商在地点、时间与服务方面，能方便消费者购买，且是联系生产企业、批发商与消费者的桥梁，在分销途径中具有重要作用。零售活动包括以下几个方面。

（1）直接面对最终消费者，而不是生产或转售产品；

（2）既出售有形商品，又提供无形服务；

（3）销售活动范围不局限于固定的场所，也通过无店铺的形式进行；

（4）最终消费者不仅包括消费者个人和家庭，也包括消费型购买的组织机构。

目前许多中间商从事批零兼营的业务，但判断其属于批发商还是零售商，主要还是看其业务重心倾向于哪一方面。两者之间的主要区别如下。

（1）两者的服务对象不同。批发商以转卖者和生产者为服务对象；零售商以终端消费者为服务对象。

（2）在流通过程中所处的位置不同。批发商处于流通过程的起点和中间环节，当批发交易结束时，商品流通并未结束；零售商处于流通过程的终点，商品售出后就离开流通领域而进入消费领域。

（3）交易数量和频率不同。批发商是供转卖和加工生产的买卖活动，因此批发商的交易量大、交易频率低，属资金密集型行业；而零售商则一般是零星交易，交易频率很高。

（4）营业网点的设置、布局不同。批发网点少，但市场覆盖面广，并且一般设置在租金低廉的地段；而零售网点面向广大消费者，点多面广，多设在繁华地区。

（二）零售商的职能

在商品交易过程中，零售商起着至关重要的作用。近年来，零售商的地位和实力不断增强，其规模也因兼并或联合而不断扩大。由于零售商的地域特征明显，因此随着规模的扩大，其对渠道中其他成员的影响也不断增强，有些巨型零售商甚至可以直接决定制造商的销售条款，有时还会挤压供应商的利益以保障自身利益。

一般来说，零售商有以下职能。

1. 商流职能

零售商把消费者和产品结合起来。在生产者和消费者分离的现代社会，要让消费者购买和消费产品，首先必须让消费者知道产品的存在，理解产品的用途。零售商对消费者要承担作为传达产品信息的信息源的作用，起到传送产品有效性的教育职能。

2. 物流职能

零售商提高产品的地点效用。在现代社会，产品的生产地和消费地不同，一般两者之间隔得较远，产品可以通过从生产地运送到消费地而提高价值。这种作业即使不是由零售商直接操作，结果也等于零售商所为，使产品因地点转移而增加价值。

3. 信息收集职能

在高度发达的现代社会，最重要的不是“如何制造产品”，而是“制造什么”。换言之，最重要的是制造市场所需要的产品，因此，必须以市场及消费者的信息为基础。零售商平常置身于市场，直接接触消费者，最容易获得消费者的真实信息。零售商将获得的信息反馈给制造商或批发商，并使其反映在所要销售的产品上。

4. 包装职能

零售商必须使产品适合消费者现实购买的需要。零售商通常从批发商或制造商处大量购进产品，这时需考虑自身规模效益以降低产品的单位成本。然而，零售商在将这些产品卖给消费者时，却要按照消费者的需求重新进行拆分、包装。

5. 储存职能

制造商生产的大量产品在抵达消费者之前，由批发商、零售商购入、保管。正因为批发商和零售商承担了这一职能，所以产品在出售之前可以储存在离市场最近的地方。

【案例 3-2】

零食量贩店的崛起与突围

2023 年至今，至少有 14 家大润发宣布闭店，其中今年以来已有 5 家宣布闭店。沃尔玛大卖场 2023 年有至少 15 家门店关闭。传统商超巨头面临的经营困境早已成为有目共睹的事实。多家上市的老牌商超在财报中指出，由于实体店受到线上零售的严重冲击，超市实体店业态发展受到诸多挑战，多家国内老牌商超业绩喜忧参半。部分传统商超、大卖场正在努力探索新赛道，加速转型、优化门店并继续开店。另外，2020 年以来零食量贩专营门店快速崛起，门店总和已过万家，目前头部品牌零食量贩门店数量达到 3000 家。零售行业由综合类向专业类转型成为趋势。当前零食量贩行业主流品牌大多起源于南方城市，已形成区域品牌群雄并立的格局。

零食量贩的崛起来自多种市场环境因素变化的影响。2012 年后，电商流量红利爆发，涌现松鼠、百草味等淘品牌，线上渗透率提升强化了对消费者的性价比教育，2020 年起电商加速去消费中心化，线上渗透提升强化了对消费者的折扣教育，消费倾向性价比更高的消费场地，零食量贩店售价普遍比商超低 25% ～ 30%。匹配了消费者多快好省的需求。同时期常住人口消费商圈半径缩减，社区消费成为主流，叠加资本助力，零食很忙、糖巢等高性价比的零食量贩品牌乘势而起。在供应链方面，受各种因素影响，社区的各类实体店铺包括餐饮、奶茶、连锁卤味店闭店率高居不下，门面租金降到低位，且零食量贩店通常不需要专用设备，门面改造起来更容易；零食上游建立了规范标准的体系，集合店回款迅速、无账期，产销效率均有提升。以上外部因素是各零食量贩连锁能快速扩张的基础。

零食量贩店核心在以价换量，重构价值链，优化单店模型。零食量贩店核心在于价值链的重构带来消费低价体验，并通过 SKU 快速迭代洞察需求，从而带动产业链整体效率提升。对比传统零食店和量贩店，粗略估算客单价约是传统零食店 1/2，但客流量是 9 ～ 10 倍。尽管前期高投资，但单店坪效约为传统店的 2 倍，投资回收期亦更短，在1.5～2年。同时连锁总部缩减经销商加价环节，现款现货，高周转及快迭代，有效反哺品牌方产研销。量贩店部分产品由厂家直供，去除中间商，也免去陈列费条码费等。同时门店定期上新，末位淘汰，每月会有10%～20%产品迭代，商品周转天数为15天远超大型商超的45天，高速商品周转通过下游成百上千家门店凸显规模效应。

零食量贩在经营上依靠大牌产品引流，肩腰部贡献利润，门店从赚盈利走向赚周转。以零食很忙为例，SKU达到1600个。其中，大牌占比约25%来引流，如怡宝二元水店内售1.2元，毛利率约5%；利润主要由占50%的肩腰部产品贡献，毛利率30%～35%，但由于厂家直供，定价更低；剩下为尾部产品。基于价格回归、好吃不贵的定位，零食集合店吸引力凸显，一定程度上分流了便利店、商超等传统渠道。

零食量贩店加盟为主，推行加盟门店评分体系，零食很忙考核货品陈列、话术引导、营业时间、音乐播放等，每月公示考核结果，最终得分持续3个月95分以上可享受再开店权利，同时优秀门店可减免运费，不合格门店运费翻倍并整改学习。此外，头部企业纷纷发力供应链建设，如零食很忙已打造6万平方米现代化物流仓，零食有鸣则在融资后全部用于供应链升级和数字化IT建设。头部品牌闭店率10%以下，带店率约1.5%～3%（指特定时间段进入店铺的顾客数与总体顾客数的比率），门店运营效率领先其他业态。根据渠道调研，零食很忙闭店率约在5%～7%，另一家网批零食量贩店闭店率也大约在8%，行业整体闭店率预计在10%以下，与绝味7%～8%的闭店率接近，优于紫燕、巴比闭店率10%以上，但低于单店模型做到极致的蜜雪。而在渠道杠杆方面，优秀的单店模型和标准化操作降低了门店复制难度，店员通常只需理货收银。以零食很忙为例，渠道调研显示，开了两家及以上的门店加盟商70%～80%，带店率约3%，与蜜雪接近，但低于标准化程度更高、操作难度更低的绝味。

资料来源：

https://business.sohu.com/a/657578580_121123901.报告方/作者：华创证券，欧阳予、范子盼、董广阳.

思考：

1. 大型综合超市为何处境尴尬？
2. 零食量贩的崛起对于当前的零售环境有哪些启发？

二、零售业态

（一）零售业态的概念

零售业态是销售市场向确定的顾客提供确定的商品和服务的具体形态，是零售企业为满足不同的消费需求进行相应的要素组合而形成的不同经营形态。

各业态呈现出不同形式的零售店，是针对某一目标市场所进行的选择。不同业态形式在商品品种、购物环境、服务态度、商店位置、零售价格和物流配送方面各不相同。

（二）零售业态的分类

零售业态按不同的标准有不同的分类。

1. 按所有权的关系划分

（1）私人店。它是一种很普遍的零售商店的形式。商店由店主私人拥有。这种店的优点是店的所有者是店主，即所有者一般为经营者，也有雇人经营的。顾客多是一些熟人，服务比较周到。例如，水果店、小百货、小副食店等。

（2）连锁商店。这种商店只用一个商标名称（俗称店名），但数量不等，可以是几家，也可以是成百上千家。同一商标名称下的连锁商店归在同一所有者名下，实行所有者集权的政策方式。规模较大的连锁系统可以与制造商抗衡，因为连锁系统决定着制造商产品的出路。消费者也可以从连锁商店那里得到满意的服务。连锁商店购货和销货的渠道及政策都比较稳定，也有相对固定的供应商。例如，举世闻名的麦当劳，以连锁方式，经营相同的商品，采用相同的经营原则，店堂的装潢设计也完全采用统一的基调与装饰，以树立统一的整体形象，使其快餐食品行销全球。近年来，连锁商店在我国发展也很迅速。

（3）消费者合作社。它也是商店，商店的所有权属于一批消费者。他们在管理经营商店的同时，也从商店购买商品。对于入会消费者，相较于一般的零售商店，消费者合作社可以将零售商品的价格降低 20% ~ 25%，从而保护了入会消费者的利益。

2. 按经营方式划分

（1）零售商店。零售商店是一种传统的零售方式。零售商店种类繁多，规模差异也很大，经营产品的范围各具特色，是消费者最经常接触的零售方式。顾客到店中可以随意挑选和购买自己所需要的商品。

（2）电视购物。电视购物是一种无店铺销售模式，商品信息以电视节目形式出现，经过精心设计和包装，既含信息，又有广告，欣赏性、娱乐性较强，消费者看过产品广告直接电话订购，产品电视广告内容本身就兼任渠道、终端的职责，节省了大量的渠道、终端等各种费用。

（3）自动售货机。自动售货机在不少经济发达的国家已经很普遍了，在我国也有不少城市和行业采用自动售货机销售商品。自动售货机所出售的商品包括小食品、饮料、香烟、报纸、袋装冰块等。公司要定期派人为自动售货机添加货物，并从机内取走货款。由于场地、设备成本等因素，机器出售的商品价格一般会比其他地方的商品价格高出 20% 左右。

（4）流动售货车。通过流动售货车售货也是零售的方式之一。夏季流动的冷食、冷饮车较为普遍。除此之外，各类家用杂品或化妆品等，也有使用个人推销员进行流动售货的，尤其是公司为了推销一些尚未被消费者认识的新产品时，比较容易选择流动售货车方式进行售货，通过推销员的才干扩大销售。目前，流动售货车的零售形式在我国已发展成为地摊形式，而且从业人员规模相当可观。这些人通常使用一辆三轮车，早出晚归，摆摊经营，从服装、百货到食品，一应俱全。

3. 按经营商品范围划分

（1）专业商店。专业商店是专门经营某类商品的商店。专业商店所售产品的型号、种类一般比百货商店或超级市场中各专门柜台所售产品的型号、种类要多，顾客的选择面要宽。其销售人员对有关产品的专业知识要比其他店的销售人员掌握得多一些，能够为顾客提供比较详细的信息和周到的服务，如照相器材商店、自行车商店、鞋店、文具店等。

（2）购物商场。购物商场由以前的百货商店发展而来，经营的商品种类多，不仅有食品、服装、五金、电器、针织品，还有文化和体育用品。它将多种零售店铺、服务设施集中在一个建筑物或一个区域内，向消费者提供综合性服务的商业集合体。这种商业集合体内通常包含数十个甚至数百个服务场所，业态涵盖大型综合超市、专业店、专卖店、饮食店、杂品店以及娱乐健身休闲场所等。

（3）超级市场。它是指以顾客自选方式经营食品、家庭日用品为主的综合性零售商场。与传统零售商店相比，超级市场具有开架自选、顾客自主服务、商品高速流转等特征。根据选址、商圈及目标消费者、规模、商品结构、服务时间、销售价格、管理信息系统等方面的不同，划分为便利店、社区超市、大型综合性超级市场、仓储式超市四种类型。

①便利店。它是指以满足顾客便利性需求为主要目的的零售业态。其主要特征是：其一，选址在居民住宅区、主干线公路边，以及车站、医院、娱乐场所、机关、团体、企事业单位所在地；其二，商店营业面积在 100 平方米左右，营业面积利用率高；其三，居民徒步 5 ～ 7 分钟可到达，80% 的顾客为有目的地购买；其四，商品结构以速成食品、饮料、小百货为主，有即时消费性、小容量、应急性等特点；其五，营业时间长，一般在 16 小时以上，甚至是 24 小时，终年无休；其六，以开架自选货为主，结算在收银机处统一进行。

②社区超市。社区超市是采取自选销售方式，以销售食品、生鲜食品、副食品和生活用品为主，满足顾客每日生活需求的零售业态。其特点是：其一，选址在居民住宅区、交通要道、商业区。其二，营业面积在 500 ～ 1000 平方米。其三，商品结构以购买频率高的商品为主。其四，营业时间不低于 12 小时。其五，以居民为消费对象，10 分钟左右即可到达。

③大型综合性超级市场。它是指采取自选销售方式，以销售大众化实用品为主，满足顾客一次性购买需求的零售业态。其主要特征是：其一，选址在城乡接合部、住宅区、交通要道；其二，商店营业面积在 2500 平方米以上；其三，商品构成为衣、食、用品齐全，重视本企业的品牌开发；其四，采取自选销售方式；其五，设有与商店营业面积相适应

的停车场。

④仓储式超市。仓储式超市是指以经营生活资料为主的，储销一体，低价销售，提供有限服务的销售业态（其中有的采取会员制，只为会员提供服务）。其特点是：其一，选址在城乡接合部，但交通便利性强，并有大型停车场。其二，营业面积大，一般为6000平方米以上。其三，库架合一，装饰简单，节约成本。其四，目标顾客以中小零售商、餐饮业、集团购买和有交通工具的消费者为主。此种店铺大都实行大量销售和大批订货等方式，从而实现廉价销售。

4. 按连锁方式划分

连锁商店是指由一家大型商店控制的，许多家经营相同或相似业务的分店共同形成的商业销售网。其主要特征是：总店集中采购，分店联购分销。连锁商店主要有以下三种。

（1）正规连锁。同属于某一个总部或总公司，统一经营，所有权、经营权、监督权三权集中，也称联号商店、公司连锁、直营连锁。分店的数目各国规定不一，主要特点有：所有成员企业必须是单一所有者，归一个公司、一个联合组织或单一个人所有；由总公司或总部集中统一领导，包括集中统一人事、采购、计划、广告、会计等；成员店铺不具有企业资格，其经理是总部或总店委派的雇员而非所有者；成员店标准经营，商店规模、商店外貌、经营品种、商品档次、陈列位置基本一致。

（2）自愿连锁。各店铺保留单个资本所有权的联合经营，多见于中小型企业，也称“自由连锁”“任意连锁”。正规连锁是大企业扩张的结果，目的是形成垄断；自愿连锁是小企业的联合，目的是抵制大企业的垄断。自由连锁的最大特点是：成员店铺是独立的；成员店经理是该店所有者。自由连锁总部的职能一般为：确定组织大规模销售计划；共同进货；联合开展广告等促销活动；业务指导、店堂装修、商品陈列；组织物流；教育培训；信息利用；资金融通；开发店铺；财务管理；劳保福利；帮助劳务管理等。

（3）特许连锁，也称“合同连锁”“契约连锁”。它是主导企业把自己开发的商品、服务和营业系统，以营业合同的形式给规定区域的加盟店授予经销权和营业权，加盟店则须交纳一定的营业权使用费，承担规定的义务。特点是：经营商品必须购买特许经营权；经营管理高度统一化、标准化。麦当劳连锁店一般要求特许经营店在开业后，每月按销售总额的3%支付特许经营使用费，肯德基连锁店的这一比例一般是5%左右。

【课堂互动案例 3-2】

互动内容：

请举例说明零售业态的各个分类。

互动要求：

1. 结合零售业态的分类发表个人见解，也可以和你的同伴简单沟通后回答。
2. 教师对学生的回答进行点评。

三、线下零售业的发展思路

线下零售业长久以来在人们的日常生活中发挥着重要作用，但随着科技的发展与应用，网络平台迅猛冲击着线下零售业的地位，受物流、人工、场地等要素价格上涨的影响，线下零售业运营成本不断上升，原先固有的运营模式已经不再具有优势，无法实现企业盈利，难以维持企业日常的运转。在这样的背景下，传统零售业纷纷寻求转型，寻找能整合线下资源来对抗线上平台的模式。

（一）“店商+电商+零售”战略模式

随着网络技术的发展，“云商”概念已经逐渐在零售业中占据重要的地位。该概念主要是指运用云技术，打造“店商＋电商＋零售”的发展战略模式，对线上和线下的资源进行有效整合，向产业链内的所有人员提供服务，更加全面地为消费者服务。在转型的过程中，该战略模式并不要求传统的零售业直接转变为网络零售业，而是需要两者的共同发展：一方面，店商可以为消费者提供更高质量的体验和服务；另一方面，电商也可以为消费者提供方便的购物方式，若是消费者通过电商平台购物，产品出现质量问题，也可以第一时间通过店商来解决。比如，很多传统的零售商店已经在淘宝、京东等平台开设了自己的官方旗舰店，若产品出现问题，消费者可以直接到当地的实体店进行处理。

（二）“线上线下同价”战略模式

现阶段，虽然很多零售企业都已经开设了网上官方旗舰店，但是受多方因素的影响，旗舰店与实体店之间的价格有着明显的差异，比如 2013 年以前的苏宁，其很多商品的线上价格与线下价格相差较多，都被外界诟病，并不被看好，这直接影响了苏宁线上、线下的总交易额。经过长时间的考虑，苏宁于 2013 年 6 月宣布所有商品实行线上、线下同价销售。因此，零售企业可以将苏宁作为参考，实现全渠道的融合统一和资源的共享，并有效控制成本，如物流成本、服务成本、商品成本等，打破消费者“想便宜去线上、想放心去线下”的消费心理，促使线上和线下共同销售，为企业带来更多经济效益。

（三）“一体两翼”互联网路线

2013 年 8 月，苏宁云商发布了“一体两翼”互联网路线规划，为传统零售业向网络零售业转型升级提供了新的模式。“一体两翼”互联网路线是传统零售业向网络零售业发展的有效途径之一。所谓“一体”，是指以网络零售为主体；所谓“两翼”，是指根据实际情况打造 O2O 全渠道经营模式，打造线上、线下开放式平台。“一体两翼”是指将线上以及线下的资源融合到一起，形成一个整体，然后按照平台经营理念，最大限度地向市场开放，向社会开放，与社会共享，实现资源的重组和价值再造。“一体两翼”发展目标的实现重点在于线上资源和线下资源的协调统一，实现“互联网＋零售”，将传统零售企业部门在互联网环境下进行有效改造、对接，使其具有适应网络零售特点的功能，线上、线下共同发力，带动零售企业向前发展。

【案例 3-3】

新零售商业模式的诞生——盒马鲜生

盒马鲜生是OAO（Online And Offline）模式生鲜电商平台，践行新零售。其以“生鲜电商”为切入口，并通过App和线下门店覆盖生鲜食品和餐饮服务。门店以体验服务为主导，并分为肉类、水产、南北干货、米面油粮、水果蔬菜、冷藏冷冻、休闲食品、烟酒、饮料、烘焙、熟食、烧烤以及日式料理刺身等区域。盒马鲜生的生鲜产品占比为20%，是生鲜行业领先的全渠道电商，专注于为白领阶层提供专业、舒适的产品与服务。

关于新零售，核心的落脚点是通过新的技术手段实现商品（控货）、交付方式（渠道）、用户体验的改造，更高效、更友好地完成消费流程。传统公司受体制、团队、模式、理念、客群的限制，想要实现突破难度较大，线下商业新物种的培育更大可能来自互联网巨头。

一、发展历程

从“盒马鲜生”升级到“盒马集市”。第一代门店名为“盒马鲜生”：首店于2016年1月15日在上海金桥广场开业，后来又开设了大宁店、虹桥店、宝地店、杨高南路店、KiNG88店5家线下门店；宁波东岸里广场为沪外首家门店。第二代门店升级为“盒马集市”：集市概念是把店外店或外租店部分扩大，加强超市与餐饮联动效应。2016年12月12日，上海八佰伴店即以“盒马集市”形式问世。2017年3月28日盒马鲜生于北京三店同开，并分别布局于北京南边、北边以及原十里堡华堂商城。北京门店统一采用“盒马集市”模式。在上海门店1年运营经验基础上，盒马鲜生此次在北京的“闪电突袭”迅速覆盖了北京生鲜零售市场，打破了传统零售模式的垄断。

二、线上、线下运作模式

盒马鲜生以“生鲜”高频消费品为切入点，采用“线上电商+线下门店”的经营模式，实现到店与到家双模式并行。

盒马鲜生通过线下体验店覆盖、线上App下单，实现线上、线下真正融合互通。

①线下卖场承载更多体验功能。盒马体验店能够使消费者快速建立品牌认知度，在实现低成本物流的同时，也建立了线上生鲜商品冷藏配送基地，并使之成为线上消费的前置仓，实现商品从门店配送，实现高效的物流运转和配送。

②线上下单，打造全渠道销售。到盒马体验店的消费者会被指导安装盒马App，工作人员引导线下消费者线上下单，实现了线下体验、线上下单的闭环消费模式。为了扫清线上、线下对接的阻碍，盒马鲜生通过电子标签等手段将线上、线下销售的产品统一管理，包括所有商品的变价和库存等信息。在适应全渠道销售的同时，盒马鲜生形成

了线上线下消费的完整闭环。它有多种模式可供选择，能够满足消费者多样需求。用户可以选择以下四种方式：到店下单、送货上门；通过手机 App 下单，送货上门；线上下单，到门店自提；直接到门店购买。

③到家与到店模式有效互补，积极互动。对于生鲜产品这一特殊商品，消费者最大的需求是即刻送到。高效物流系统支撑下的到家模式满足了消费者在家即时消费的诉求。而到店模式在抓住线下用户的同时，其优质商品服务的示范效应也起到了向线上引流的作用，形成了与到家模式的有效互动。到家与到店双模式并存实现了全渠道的销售。

三、商品定位

商品定位中高端，生鲜占比为 20% 以上。

① SKU 分布：生鲜占比为 20%，未来将进一步提升。盒马鲜生售卖 103 个国家和地区的 3000 多种商品，其中 80% 是食品，生鲜产品占到 20%，未来将提升到 30%。店内零售区域主要分为肉类、水产、南北干货、米面粮油、水果蔬菜、冷藏冷冻、休闲食品、烟酒、饮料、烘焙、熟食、烧烤以及日式料理刺身等各区。

2016 年，盒马鲜生与上海光明达成合作。光明食品集团的乳制品、肉制品、有机米、海狮油、农场蔬菜水果，以及意大利橄榄油、英国维多麦等国际国内品牌食品也逐步加入盒马鲜生线上、线下销售平台，进一步扩充 SKU。

②价格定位中高端。据现场观察，店内生鲜产品偏中高档，包括进口澳大利亚龙虾、波士顿龙虾、帝王蟹等。相比相同新鲜度和品质的生鲜，主打生鲜 O2O 的盒马鲜生仍具有一定价格优势。我们调研时正逢“盒马年味”年货促销活动，除了全场“满 300 元送 100 元，满 500 元送 200 元”的优惠，还有许多食品酒水类进行组合降价促销。

四、店铺特色

1. 支付方式

仅使用支付宝结账——掌控线下消费数据。盒马鲜生不接受现金付款，只接受支付宝结账。消费者到店消费时，服务员会指导首次消费者安装盒马 App，注册成为其会员，最后通过 App 或支付宝完成付款。支付宝统一付款为盒马鲜生创造了掌握线下消费数据以及线下向线上引流的机会。

①掌控线下数据。在传统零售过程中，顾客通过现金结账购买，其消费偏好、交易行为等难以形成大数据供零售商分析。而通过盒马 App 或支付宝结账，用户的每一项购买行为都会与账号关联，同时，支付宝付款也可以形成广告、营销价值。

②全渠道营销机会。支付宝支付可以让每位到店顾客下载盒马 App 并成为其会员，方便公司打造全渠道的消费体验。

如今门店也开通了现金代付功能，帮助没有支付宝的消费者或外籍人士完成消费，但最终还是由现场工作人员通过支付宝系统代付。只限支付宝付款看似把主力消费的买菜阿姨拒之门外，但盒马鲜生定位为生鲜进口超市，其主流顾客为白领，他们几乎都有支付宝。使用支付宝既能避免银行申请等各种繁杂流程，又能节省时间和人力等隐性成本，提高资金周转率。

2. 运用新技术提高运营效率

①自动化分拣及智能物流。金桥店共有30人负责拣货，一部分在零售区域，另一部分在仓储区域。根据实地观察，零售区域同时进行拣货的人员大致为10人。线上订单会发送至拣货员的移动手持终端（PDA），拣货员携带盒马鲜生购物袋在店内找到相应商品，用PDA扫码之后装袋，将打包好的购物袋挂上传送带，由此传输到合流区进行配送。

为了完成线上订单“五千米范围，半小时送达”的承诺，盒马鲜生门店内采用了全自动物流模式，从前端体验店拣货到后库装箱，都由物流带传送。据悉，盒马鲜生从接单到装箱开始配送仅需10分钟左右。

线上订单具体配送流程为：系统接收到线上订单后，拣货员根据PDA所显示的订单，前往零售区或仓储区拣货，并放入专用拣货袋，再将拣货袋放至传送起点，通过自动传输系统把商品传送到后台300多平方米的合流区；后台将拣货袋装入专用的配送箱，用垂直升降系统送到一楼出货。

②电子价签实现后台实时改价，扫码加入App购物车。金桥店内几乎所有商品都已使用电子价签，电子价签的画质看起来像迷你版Kindle，其主要提供品名、价格、单位、规格、等级、产地等传统纸质价签提供的商品信息及对应条形码，顾客还可以通过App扫码了解产品信息并加入移动端购物车。

资料来源：

https://www. longsok. com/wap. php?action=article&id=38437.

思考：

1. 什么是新零售？盒马鲜生是如何借势发展的？
2. 请总结盒马鲜生的成功经验。

【案例3-4】

神仙超市天花板，中国河南“胖东来”

在河南，有一家非常出名的本地商超——胖东来。据说当年许昌每周只有一天不堵车，那天就是胖东来的员工休息日。甚至有不少人不远千里跑到河南，只为逛下胖东来“取取经”。在生意刚开始的时候，于东来就坚持“良心做事”。当时市场监管不严，许多店家以次充好、真假混卖甚至知假售假赚得盆满钵满，但于东来坚持只卖正品。也正因如此，许多顾客慕名而来，他的生意越来越红火，不仅还清了债务，甚至开起了分店。就在一切向着越来越好的方向发展时，一场意外袭来。1998 年，一些眼红于东来的地痞报复性纵火使胖东来门店付之一炬，于东来几年的积蓄也因此赔得干干净净。面对困境和压力，他没有退缩，选择了从头再来。胖东来的老客户居然有提着钱来支持于东来的。

在别人都想方设法挣更多钱时，于东来选择了“仗义疏财”。胖东来的利润分配是“三三三”制，即每年的利润，三成捐献，三成垫付下一年的成本，三成回馈员工。

早在 1996 年生意刚起步时，他就将员工工资定为每月 1200 元，要知道在当时，1 万元就能够在农村盖好几间房子，况且于东来的公司在中原腹地的四线小城市，这笔工资甚至远超公务员等“铁饭碗”。

1999 年，于东来拿出 1000 万元分给员工。这么多年来，胖东来的员工待遇在河南零售行业一直是最高的。

于东来不仅拿出“真金白银”让利给员工，在管理权上也实实在在进行了“下放”。近 10 年来胖东来的经营策略是“弱总部强门店”。

2021 年，当“996 是福报”刷屏网络时，胖东来的一条休假制度让众网友惊叹：带薪年假 40 天，强制执行！各行各业内卷不已，于东来反而鼓励员工“休养生息”。

很多人笑他傻，没挣到什么钱而且 20 多年还没“走出”河南。不过于东来却不这么认为。他的企业不算大，但能给员工以尊重，给顾客以温暖。

他的管理不按套路，却赢得了员工和顾客的支持。胖东来存在的地方，世界各大零售巨头都要退避三舍。

资料来源：

https://baijiahao.baidu.com/s?id=1735055447883039129&wfr=spider&for.

思考：

在人人都以利益最大化为决策基础的经营环境下，胖东来是业界的一股清流，为什么不追求利益最大化的胖东来反而成了零售业的天花板，不可超越的存在？

任务四　代理商

导入案例

无货源带货

无货源带货是一种电商模式，其核心在于通过多个平台采集商品，然后在自己的店铺中进行加价销售。这种模式不需要商家自己囤货或进货，而是通过软件在全网各大平台挑选商品，如淘宝、抖音等，并将这些商品上架到自己的店铺中。

无货源带货的流程主要包括以下几个步骤：

1. 开店。商家可以开设多个店铺，形成店铺矩阵，以获取更多流量。

2. 采集选品。商家从全网采集优质商品，合理加价后上传到店铺中。当采集的商品不足以满足店铺需求时，需要定期更新商品。

3. 优化货源。对于上传到店铺的商品，如果销售不佳，商家需要下架这些商品，并上传新的商品。

4. 拍单发货。当顾客在店铺下单后，商家需要到商品的上家那里拍单，填写顾客信息，并由上家直接发货给顾客。

5. 客服。商家需要关注顾客咨询，及时回复，并维护店铺评分。

此外，无货源带货还包括多种带货方式，如种草带货、自媒体带货、团购带货、视频带货和直播带货等。这些方式通过不同的平台和内容形式，将商品推荐给潜在买家。

无货源带货的优势在于不需要商家自己压货，减少了经营成本，同时可以通过与达人或博主合作，利用他们的影响力来推广商品，从而降低推广费用。

资料来源：

https://www.dawen360.com/article/361537.html.

思考：

无货源带货商业模式是否属于代理？它的优点和缺点是什么？

代理商又称商务代理，是在其行业管理范围内接受他人委托，为他人促成或缔结交易的一般代理人。代理商的主要经营活动是代企业打理生意，只在买卖之间起媒介作用，是厂家给予商家佣金额度的一种经营行为。其所代理货物的所有权属于厂家，而不是商家。因为商家不是售卖自己的产品，而是代企业将产品转手卖出去，所以代理商一般是指赚取企业代理佣金的商业单位。

一、代理商的类型

（一）总代理

总代理又称为“全权代理”，是指在市场上作为被代理人全权代表的代理商。这种代理商有权处理委托人日常业务或专业活动中随时发生的事务，也有权以委托人的名义从事一般性活动。

（二）独家代理

这是一种狭义上的代理人概念，是指通过协议规定，代理人在特定地区、特定时期内享有代理销售某种商品的专营权。其业务限于商业活动，具有垄断性。

（三）一般代理

在同一地区、同一时期内，委托人可以选定一家或几家代理商作为一般代理人，根据销售业绩支付规定的佣金和补偿费用。

（四）单一商号代理

单一商号代理是指仅为一个单一的企业主从事代理活动的代理商，其经营效益首先取决于企业主提供的业务情况，对企业主有很大的依赖性。

（五）区域代理

区域代理是指在一定区域或一定的消费集团内从事代理活动的代理商。不排除企业主自己在该地区内缔结交易或由第三人促成交易的可能性与合法性，但即使代理商未参与交易，对于与企业主协议规定的应由它代理的区域或消费集团成员所缔结的交易，同样享有佣金请求权。

二、代理商的特点

代理商有以下几个特点。

（1）职责主要是为他人促成交易和缔结交易；

（2）必须固定地从事受他人委托的活动；

（3）是独立的商事经营者；

（4）代理对象不必是商人，也可以不以营利为目的。

三、代理分销渠道模式

代理分销渠道模式是指制造商利用一定的中间商帮助寻找顾客、销售商品，但是制造商没有向中间商转让产品所有权的模式。因此，中间商只是在接受生产商委托的前提下进行商品的代销。中间商必须将产品销售以后所取得的货款返还给生产商，而他们则根据协议从生产商那里获得佣金，这是代理分销渠道模式的基本特征。

（一）代理商模式的优势

选择代理商是中小型企业将产品推向市场的最佳途径，其有以下几个方面的优势。

1. 降低企业的资金风险

在市场开发初期，特别是对于中小型企业来说，选择代理商共同操作市场，可以充分利用代理商的资金加快企业的资金周转率，降低企业的资金风险。

2. 迅速打开市场

国外很多大品牌在进入中国市场前期往往表现不佳，其中对中国市场情况不熟悉是主要原因之一。而代理商熟悉当地的地域特性、消费习惯，并具有良好的客情关系。厂家选择代理商共同操作市场，可以充分利用此优势来迅速打开市场。

3. 让制造和营销专业分工

随着渠道格局的转变，越来越多的传统代理商开始转型，其中一部分优秀的代理商已转型为区域品牌运营商。中小型企业可以进一步进行分工明细化，在不违反企业整体品牌战略的前提下选择代理商来进行区域品牌运营，共同操作市场。由代理商做好产品的分销、品牌推广，让制造和营销专业分工，厂家负责制造出具有差异化、高附加值和核心竞争力的好产品，打造良好的品牌载体，给予代理商合理的销售政策。

4. 节约市场开发费用

选择代理商共同操作市场可以减少机构的重复设置，比如售后服务机构；利用代理商的销售网络，可减少市场开发费用；利用代理商对当地市场的熟悉，可减少市场调研费用。同时，代理商从某种程度上讲可以说是厂家的股东，与厂家是一个利益共同体。随着市场竞争的进一步激烈和渠道格局的改变，招待费、交通费、住宿费、员工工资等其他销售费用也随之急剧增长，而利润不断下降。选择代理商共同操作市场可以使厂家和代理商进行费用分摊，节约厂家的市场开发费用。

（二）代理商模式的缺点

任何事都有好有坏，代理商模式也是如此，选择代理商有一定的缺点。

1. 战略协同难度大

厂家和代理商都是独立的经济实体，有着各自的战略计划。厂家比较注重长期行为，追求品牌建设、市场占有率和利润的最佳平衡。而代理商由于没有有力的保障系统，不能得到厂家的长期认可，因此比较注重短期行为，追求短期利润。

2. 利润分配空间不足

随着市场竞争的进一步激烈和渠道格局的改变，市场开发费用增大，利润空间减小。而厂家和代理商都在追求自我的利润最大化，从而导致利润分配空间不足。

3. 分道扬镳

厂家和代理商是一个利益和矛盾的综合体，矛盾是始终存在的。厂家希望代理商多打款进货，而代理商则希望产品要好、利润要高、支持要大、风险要低。代理商的实力不够，对厂家不忠诚，对厂家投入的精力不够，不执行厂家的销售政策或者双方的思路出现分歧，都会导致分道扬镳。

【课堂互动案例 3-3】

互动内容：

你如何看待厂家和代理商之间的关系？

互动要求：

1. 结合代理商的作用功能发表个人见解，也可以和你的同伴简单沟通后回答。
2. 教师对学生的回答进行点评。

任务五 经销商

经销商，顾名思义，是指从企业进货的商人。“经销商”一般是企业，或者是从企业拿钱进货的商业单位。他们买货绝不是自已用，而是转手卖出去，他们只是经手再销售而已。他们关注的是利差，而不是实际的价格。企业对经销商不是赊销，而是现款结算。经销商从事批发业务的目的是通过发挥各种批发功能，提高渠道的效率，获取买卖差价。经销商具有独立的经营机构，拥有商品的所有权，获得经营利润，进行多品种经营，经营活动过程不受或很少受供货商限制，与供货商权责对等。

一、经销商的类型

经销商可以按不同的方法分为不同的类型。

（一）按经营商品的范围划分

经销商按经营商品的范围可划分为综合经销商、专类产品经销商和专业经销商。

1. 综合经销商

综合经销商是指经营范围广、产品种类多的经销商。他们的销售对象主要是各类零售商店，如百货店、杂货店、五金店、药店和电器商店等。另外，向制造商提供品种齐全、规格繁多工业用品的批发商也属于综合经销商。

2. 专类产品经销商

专类产品经销商是指经营范围仅限于某一类商品的经销商。他们虽然仅仅经营一类商品，但花色、品种、规格和品牌等很齐全，并且还经营一些与这类商品密切关联的配套产品。例如，药品批发商除经营药品外，还会经营一些保健品和洗涤用品等。

3. 专业经销商

专业经销商是指专门经营一条产品线中的一部分专业产品的经销商。他们的主要销售对象是专业商店，如海鲜经销商。

（二）按所提供服务的范围划分

按所提供服务的范围划分为完全功能经销商、有限功能经销商。

1. 完全功能经销商

他们执行经销业务的全都功能，为制造商和其他的购买者提供包括存货、雇用固定的销售人员、信贷、送货等全面的功能服务。

2. 有限功能经销商

他们只执行经销业务的一部分功能，提供部分功能服务，目的是降低成本和批发价格。这类经销商又可分为：

（1）现购自运经销商。他们既不赊销，也不送货，要求顾客当场付清货款，并自己解决运输问题。这类经销商主要经营食品杂货。

（2）承销经销商。他们向包括其他批发商、零售商等在内的客户争取订单，在得到订单后就向制造商进货，并通知制造商将货物直接运送给客户。因此，承销经销商不需要仓库，也不产生产品库存，只要一间办公室或营业室即可。

（3）卡车经销商。他们主要经营一些易腐和半易腐的商品。他们一接到客户的要货通知，就从制造商那里将商品装上车，立即运给客户。客户主要是零售商店、饭店和旅馆等。

（4）托售经销商。他们主要经营家用器皿、化妆品和玩具等。他们在超级市场和杂货店设置自己的货架，展销所经营的产品。待产品卖出后，零售商才付货款，经营费用较高。

二、经销商的优劣势分析

（一）劣势

1. 缺乏长远考虑，盈利模式单一、落后

砸价格、拼资源，赔本赚吆喝，这是很多农资经销商的经营状态。不这样做没生意，这样做了不盈利。经销商与上游厂家关系松散，可替代性强，经常换东家，品牌缺乏有效积累，自然也很难盈利。

2. 市场运作“以我为主”，“等、靠、要”思想严重

部分经销商坐商经营、被动应对、缺乏相关推广和服务，要么不会做，要么怕花钱。越不做，越不会做，越怕花钱，越没有钱，最后生意萎缩了。

3. 人才匮乏、组织松散、运营效率低下

一般来说，传统经销商主要依靠资金和客情掌控终端，基本上就是“坐地批发”的经营状态。规模小些的终端，老板就是业务员；规模大些的终端，有业务员，但很多也是兼职的。业务员的工作基本上就是订货、收款，与规划网络、组合产品、推广服务等工作基本上不沾边，最多送送促销品。经销商自身，要么是失去了创业激情，自己不愿跑市场了，也管不了；要么是心有余而力不足，不知道怎么管。招不到人、用不好人、留不住人是很多传统经销商面临的难题。

（二）优势

1. 地缘背景和客情关系

除了经销商依靠资金、客情、品牌掌控网络之外，处理和协调与地方行政执法部门的关系也是所有厂家必须依赖经销商的重要原因之一。

2. 丰富的行业经营经验

经销商对当地市场的需求特点、分布、消费者购买习性、竞争状况非常了解，这些信息对制定区域市场的产品定位、促销活动、传播推广等策略非常重要。

3. 区域市场推广与服务

经销商在区域市场的推广与服务方面的优势主要体现在以下三点。

（1）低成本性。经销商人员成本大约是厂家人员成本的 1/3，最多不会超过 1/2，车辆的成本就更低了。

（2）嫁接当地的技术服务资源。如农业科技服务越来越成为农资市场开发和巩固的最关键的工作。厂家很难聘请和管理本地的技术服务人员，费用也不容易控制。经销商就很容易做到，而且费用也容易控制。

（3）组织市场推广活动迅速、准确。以农业科技服务经销商为例，经销商可以提高示范户建设、农业科技学技术信息发布、终端或户外基础广告宣传等市场推广活动的准确性和速度。

4. 综合信息反馈能力

同样以农业科技服务为例，经销商对气候、灾害异常信息的及时反馈，对主要竞品的价格调整、促销政策、新产品投放等信息的及时反馈，对农户出现药害、肥害等异常情况的及时反馈，对厂家制胜市场的重要性自不必说。

5. 组合配送与仓储功能

经销商可通过组合配送实现多品类规模分销的低成本性，例如对于农药、兽药等小批量、多品种农资产品的厂家来说，经销商是不可替代的，尤其是在欠发达区域。没有经销商配送和仓储支持，不仅小终端做不了，就是大终端也很难做到配送及时，同时，厂家管控业务员、协调内部产销等工作也很难做到高效。

6. 渠道融资功能

自有资金、从终端预收货款、从金融机构贷款等，经销商资金对厂家的重要性不言而喻，对受行情波动影响较大的化肥、饲料等行业更是至关重要。用好了渠道资金，不仅能使经销商、终端盈利，而且能使厂家盈利。最近一两年，有些厂家、经销商、终端，用好资金所赚到的“行情利润”远高于“经营利润”。

三、经销商的营销策略

对于生产厂家来说，他们直接面对的就是经销商，双方属于点对点、一对一的合作。只要双方认可，就可以展开合作。而对于经销商来说，局面就复杂得多，经销商是销售终端，他们面对的是广大的客户群体，每天与形形色色、不同阶层的消费者打交道。因此，经销商营销策略是否正确，直接关系到一个商品品牌在一个区域推广能否成功。

（一）消费者的“传、帮、带”

做过销售工作的人都会有这样的会：无论你的专业知识多么丰富，你的语言表达能力多么强，也比不上你忠实的客户对他的同事、朋友、亲戚说这个牌子不错，值得信赖。因为消费者都有一种先入为主的心理，当你向他们介绍你的商品是在一个特定的销售环境之中时，即便你对自己商品的介绍完全是事实，消费者一方也不会完全相信。消费者会认为你所说的话都对你销售的商品有利，一旦完成销售过程，他们自身在使用这个商品的时候会不会出现各种问题却是个未知数。但消费者的同事、亲戚、朋友说某商品好，他们认可的程度会很高。因为他们的同事、亲戚、朋友已经完成了从购买到使用的过程，正所谓“眼见为实”。所以，不要轻视你的每一个客户，他们可以为你传名、帮你宣传、为你带来更多的消费者。

（二）事实胜于雄辩

很少有消费者对一种商品有专业的了解，他们大多抱着一种试试看的心理。经销商应该要求生产厂家提供尽可能多的商品资料，如原材料标准证明、材料环保等级证明、行业荣誉证书等；还可以把做过的客户商品使用案例拍成照片，当作原始资料给消费者看，这样可以帮助消费者做出判断，进而达成购买决定。

（三）欲擒故纵

消费者都有一种逆反心理，就是你把自己的商品说得越好、越完美，他们越觉得水分多，不可信。因此，经销商不如退而求其次，鼓励消费者去别的卖场走走，看看其他的品牌，鼓励消费者货比三家。这样会给消费者一种心理暗示：敢于这么说一定有他的道理，这样的商品必有独到之处，从而在消费者心中产生心理优势。

四、经销商策略的制定

经销商策略从制度上规范了其销售范围、返利政策、经销品种等，这些策略相辅相成、相互配合，为经销商作用的发挥起到了规范和推动作用，但稍有不慎就会错失整片市场。因此，企业在制定经销商策略时要从实际出发，根据企业自身的经营目标和发展策略灵活制定。经销商策略的内容一般有以下几个方面。

（一）销售区域

制定销售区域的目的是划分各经销商的销售范围，明确其经营品种、数量，防止窜货，保护经销商的经销权。

1. 销售范围

划分销售区域时，企业一定要根据经销商的能力，将其经营范围写清，以规范经销商行为，避免造成市场资源的浪费和窜货行为的发生。

2. 经营期限

产品的经营期限一般为 1 年，期满后续签。

3. 经营规模

制定此项策略时，企业不仅要约束经销商行为，而且要激发其积极性，因此，一定要写清其销售区域在一定时间内的市场占有率，对达不到要求的，要予以处罚。

4. 违约处理

为了确保经销商和企业的利益，应当明确双方违约时的处理意见，以规范双方行为，一般采取罚款、取消让利、取消经销权等处理措施。

（二）回款

回款有三种：一是现款现货；二是货到付款；三是先按比例付款，到双方协商的期限后再付清余下的部分。现在，企业为了避免赊账风险，一般都是现款现货。

（三）返利

企业在制定返利标准时，应考虑到新老市场高中低档产品、销量等具体情况，以防返利标准制定得比较宽松，失去刺激经销商的目的，或者返利过大造成窜货乱价及低价倾销等行为。因此，企业在制定返利标准时，一定要考虑全面。

1. 返利标准

制定返利标准时，企业要先根据不同的区域市场不同品种和档次的产品，以及市场竞争品牌的情况，如新老市场的远近、新老市场单位时间销量、竞品的具体价位等，再根据企业本身实际情况，制定相应的梯度和返利额度。

2. 返利时间

可根据产品周转速度快的特点，采取月返模式。除此之外，也可以以单位时间累计销量、季度销量、年销量返利。返利时间一旦在政策中约定，必须保证其严肃性，厂方必须在规定的时间结算清，使企业信誉不致受损，否则，合作的基础便不复存在，何谈相互合作、共同发展。

3. 返利形式

返利结算的形式有现金返利和产品返利两种，当以自身产品作为返利时，一定要注明其能否作为经销商的销售任务数量。在具体情况下，作为返利的产品是可以作为经销商的月任务数的。

4. 返利条件

返利作为激发经销商积极性的一种形式，一定要附加一些条件，以约束经销商的行为，如严禁窜货、严禁低于市场指导价销售、严禁拖欠货款等，如有违反，取消返利。

5. 年终返利

年终返利其实就是以上返利策略的翻版，是为了保持经销商全年销售积极性，不断提高销售业绩而采取的措施。由于年终奖励比较丰厚，有的经销商为了得到年终奖励而降低价格、窜货、低价倾销，有的经销商因及早完成销售任务而不思进取，导致竞争品牌乘虚而入，因此企业对于违反促销附加条件者，可取消其年终返利。

（四）经销品种

经销品种策略是指企业应经销商的要求而为其生产属于经销商专营的品种。承包品种形式多样：有的是企业只负责提供品牌和生产，其余的如产品名称、包装、瓶盖、商标的生产及产品的销售都是经销商自己的事；有的是经销商买断企业生产的某一品种，自己独家经营；等等。很多企业为了提高产品销量而承包品种，本以为可全面开花，提高市场占有率，结果导致多种同质、同价位甚至同促销策略的品种同时出现在同一区域市场上，造成市场混乱，承包各品种的经销商互相诋毁、互相攻击。因此，企业在采用经销品种策略时，一定要规范各品种的销售区域、价位，并在促销上加以约束，以防出现自己的产品在市场上相互竞争、经销商利用促销变相降价的情况。

（五）宣传和促销

对经销商的宣传和促销是促进销售的有力保障，好的宣传和促销可使销量上升，市场状况良好；差的宣传和促销会使销量下滑，企业形象受损。制定此项策略时可从以下几个方面考虑。

1. 促销目的

首先要明确宣传和促销要达到一个什么样的目的，才能正确制定宣传和促销策略，因此，企业在总体促销目标上要明确单位时间销售量、市场占有率等。企业具体要做到在新产品上市时，达到吸引顾客的目的；达到抑制竞争对手、保护成熟市场的目的；达到争夺顾客、扩展市场的目的；达到奖励经销商和消费者，增加销量的目的。

2. 促销对象和力度

企业要明确促销是针对一级经销商、二级经销商，还是终端零售商。为了保证销售渠道的顺畅，企业对各级经销商都要兼顾，否则，销售渠道中任何一个环节的策略失误，都有可能影响整个渠道的健康运行。在设计促销力度时，企业一是要达到刺激经销商积极性的目的；二是要考虑到促销之后的策略延续，以应对促销过后产品销量下滑的情况；三是要考虑到促销对企业产品成本的承受能力，绝不能以全面牺牲企业利润甚至低于企业成本来做促销。

3. 促销内容

促销内容主要有赠品、累计销量抽奖、免费送达、让利、组织参观旅游等，对一级经销商应以让利、补贴运输费用、组织参观旅游为主；对二级经销商及终端零售商应确保其知悉促销内容，以防一级经销商私自截留促销资源。

4. 促销时间

企业要把握好促销活动开始和结束的时间。在新产品投入市场初期，企业宣传和促销力度应加大；在成熟市场，当面对竞争产品的冲击时，企业可采取适当的促销，以抵御竞品的渗透；在销售淡季，企业也可采用促销刺激销售。

5. 客户接待

企业业务人员接待客户时要彬彬有礼，不卑不亢。

6. 公共关系

业务人员要对客户实行定期拜访制度。企业应鼓励业务人员发展与客户的个人友情关系，以形成与竞争对手在人情上的优势，但也要防止业务员因私欲而与个别经销商勾结，合伙欺骗企业的情况发生。

7. 客户投诉

企业应设立售后服务中心，对客户的投诉及时回应，并认真、合理地解决，这样才能切实维护好客户关系。

8. 经销商培训

为了提高经销商的经营能力和管理水平，企业必须对经销商及其管理人员、销售人员进行销售技巧、产品管理、经营管理等方面的培训，以促进企业与经销商的沟通，保证销售工作的顺利进行，提高经销商对企业的忠诚度。

9. 协同销售

企业可对经销商下游的二级经销商提供服务支持，帮助经销商开拓市场，建立销售网络，以迅速提高产品的销量，实现企业市场的拓展。

目前，多数公司会根据经销商策略制定经销商评价分析表，该表对经销商从经营、管理、销售、信誉等多方面进行综合考量，为企业对经销商的管理和发展提供了依据。

【案例 3-5】

120个家居企业“减员”经销商

在过去，10 多年创业黄金时代形成的创业潮让一波中小型企业崛起，并创造了大量就业岗位。新旧更替，带来了大批高质量的中小创业企业，商业活力空前。根据国家统计局多年来的统计数据，中国中小型企业贡献了 2/3 的 GDP，创造了 80% 的城镇就业，创造了 50% 以上的税收。可见，中小型企业命运与中国经济息息相关。

2020 年开年，最需要减负的就是大部分中小型企业。自 1 月 29 日开始，家居卖场红星美凯龙宣布全国免租 1 个月。自其宣布对旗下 82 家自营商场免租一个月以来，家居行业厂商和卖场频频为经销商减租、减负。从目前看，难倒很多经销商维持经营的第一个迫在眉睫的问题是现金流，直接免租、减租、提供贷款是一个切实办法；从长远看，还得有系统的减负帮扶、自救办法。

2020 年 4 月 30 日，顶固集创宣布公司对全国经销商下单金额、广告费用、营销支持费用予以返利 10% ～ 20% 的政策支持；将面向全国经销商、店面管理人员、员工不定期举行产品知识、销售知识、社会大环境下特殊时期营销技巧培训等线上微课；夯实基础，服务经营；出厂价最高补贴 20%；让利 3 个月；线上获客 / 落单全免费。康耐登宣布启动《康耐登全国合伙门店关怀保障计划之六大举措》。第一，建立 O2O，增强品牌线上曝光度和知名度；第二，推出线上营销和社群的软件和培训；第三，推出无接触营销，打造网红带货，五星隔空服务；第四，线上导购，满足客户全方位的需求；第五，线上咨询，门店体验，免 1 年管理费；第六，不裁员不减薪，为社会提供 1000 个以上的就业机会。

敏华控股投入 7 亿元，落实五大举措，帮扶全国经销商和商场。第一，补贴 1.5 亿元帮扶经销商和商场全国开店抢占市场；第二，补贴 1.5 亿元支持经销商和商场 1000 多场明星推广活动；第三，补贴 1.5 亿元投入“爆款”引流产品。支持经销商和商场促销推广活动；第四，投入 1.5 亿元帮助线下门店和商场做好广告宣传，增加进店流量；第五，投入 1 亿元奖励经销商和商场，激励单店提货增长。

如果说纾困现金流是为中小型企业减负的第一决策，那么，仅次于它的第二决策就是数字化转型，这也是自救决策。过去，头部互联网企业呼吁经营能力朝线上走，加强数字化能力得到了重视，但在中小型企业中，数字化没有被透彻地理解、得到重视。通过这次疫情，我们不仅看到线上办公软件、线上销售的突破能力，也看到众多有巨额资源、已经初步布局数字化能力的企业转身很快。比如，家居的上游——房地产行业的一些企业，在非常短暂的时间内转到线上销售，突破线下困境。还有，已经布局多年的互联网购物、外卖送餐与买菜，匹配自有的已发展起来的“短平快”骑手快递，让消费下单到完成即刻实现，可以说，极端的封闭场景，让人们见识了高速发展数字化经营企业的能力，很多企业经过这次的痛定思痛，被迫开始进行数字化建设，增强线上经营的能力，以适应时代潮流。

由家居行业大厂商、卖场引领的减负举措有助于为中小型企业调整运营、持续发展树立初始信心。展望2020年，在突发疫情之下，中小型企业维持经营的同时再补充强项，会是一个产业和企业共同升级的过程。

资料来源：

https://finance.sina.cn/2020-02-10/detail-iimxyqvz1827823.d.html.

思考：

如何评价经销商帮扶政策？

项目检测

一、单项选择题

1. 将批发商分为一级批发商、二级批发商和三级批发商的标准是什么？（ ）

A. 按经营主体划分　B. 按商品流通环节划分

C. 按经营商品的范围划分　D. 按商圈划分

2. 批发商凭借丰富的经验与市场预测知识，预计市场对某些商品的需要情况，先行组织货源，再根据零售商的需求批量批发给零售商的这一功能为（ ）。

A. 批购批销功能　B. 储运服务功能

C. 信息咨询功能　D. 分装搭配功能

3. 代理商的类型不包括（ ）。

A. 中介代理　B. 独家代理　C. 总代理　D. 区域代理

4. 鼓励消费者货比三家，给消费者一种心理暗示，从而在消费者心中产生心理优势，是哪种经销策略？（ ）

A. 事实胜于雄辩　B. 消费者的“传、帮、带”

C. 化整为零　D. 欲擒故纵

5. 零售商的职能不包括（ ）。

A. 商流职能　B. 物流职能

C. 标准化职能　D. 融资职能

二、多项选择题

1. 批发商的作用有（　）。

A. 产品储存保证　　B. 帮助资金融通
C. 承担市场风险　　D. 为零售商服务

2. 面对经营困境，批发商应该（　）。

A. 明确自己的目标市场
B. 研究独具一格的服务组合
C. 充分利用供应商的一些宣传材料和计划方案
D. 尽可能地降低成本

3. 经销商的优势有（　）。

A. 地缘背景和客情关系　　B. 运营效率高
C. 丰富的行业经营经验　　D. 综合信息反馈能力

4. 零售业态的发展趋势有（　）。

A. 主力业态凸显，多业态并存
B. 各种零售业相互渗透与融合
C. 商品结构化
D. 等级分化

5. 零售商的经营策略包括（　）。

A. 产品　　B. 价格　　C. 商店布置　　D. 销售服务

三、判断题（正确的打“√”，错误的打“×”）

1. 中间商是指在生产者与消费者之间参与商品交易业务，促使买卖行为发生和实现的、具有法人资格的经济组织或个人，是连接生产者与消费者的中介环节。（　）

2. 通过协议规定代理人在特定地区、特定时期内享有代理销售某种商品的专营权的是区域代理商。（　）

3. 厂家最关心的是返利的高低，比如，对于滞销产品是否可以退货、广告支持力度等，而代理商关心的是最大销量的利润最大化、最大销量的成本最小化，即通过代理商良好的实力，有效降低营销成本等。（　）

4. 经销商和代理商的区别主要在有没有涉及商品所有权上。（　）

5. 随着实践的深入、竞争的加剧，各业态之间为避短，纷纷引入其他业态的优点，业态之间相互渗透与融合成为一大特点。（　）

四、案例分析题

雷柏科技：海外经销商的选择

深圳雷柏科技股份有限公司（以下简称雷柏公司）的前身深圳热键电子有限公司创建于2002年8月，是集研发、生产、销售于一体的电脑外设产品制造商，拥有多项电脑外设产品设计专利。主要经营产品包括键盘、鼠标，主打产品为无线输入设备。凭借一流的工业设计、精良的品质、较低廉的价格，公司积累了大量的海外OEM客户，产品销售网络遍及欧洲、美洲、大洋洲等世界各地，成为较为知名的无线外设类产品的制造商，并在键盘鼠标行业具有“性价比高”的良好定位。2007年5月，雷柏公司在北京和广州两地同步举行主题为“舒适无限，普及中国无线外设”的品牌发布会，雷柏品牌（RAPOO）在中国市场正式启用。2007年7月，雷柏公司首款2.4G无线鼠标7100上市，138元的低端价位打破了国际键盘鼠标巨头的垄断，推动了无线键盘鼠标产品在国内市场的快速普及。在上市仅1年半以后，雷柏公司就坐稳了中国键盘鼠标市场份额前3名的宝座，无线键盘鼠标市场占有率更是稳坐第1。这几乎创造了中国键盘鼠标行业的神话，至今被同行津津乐道。2011年，雷柏公司成功登陆深圳中小板，成为中国本土键盘鼠标行业唯一的一家上市公司。2013年，雷柏作为深圳本土品牌，搭着“一带一路”倡议的顺风车，在品牌国际化道路上前行。

在开启国际化战略的背景下，2012年，雷柏公司自有品牌亚太区总经理Oliver先生接受任命，成为雷柏公司亚太区的领航人，开始规划布局雷柏公司在该区域的发展蓝图。雷柏公司早在开拓亚太市场之初，就将目光投向印度市场。印度因其文化、宗教、市场特性和经济发展速度的典型性，具备重点开拓市场的前提，因此成为亚太区发展的重中之重。雷柏公司对该市场的开发寄予厚望。

印度因毗邻中国，且本国电子制造业不发达等，跟中国贸易日益紧密，特别是消费电子类产品，几乎100%从中国进口。在印度随处可见中国品牌，小米、oppo、vivo、TCL、华为、中兴等中国品牌已经在印度市场生根发芽。印度民主体制比较成熟，近些年来经济保持高速增长。印度在亚洲地区与中国、越南、泰国、印度尼西亚、马来西亚、菲律宾等国家一并被称为新兴市场国家。印度是世界上发展最快的国家之一，由于人口数量较大，印度市场需求引人瞩目，其市场购买力仅次于美国、中国。印度人口和经济活动高度集中，主要集中在5个地铁城市：新德里、孟买、金奈、班加罗尔、加尔各答。新德里是首都，是印度的政治中心，孟买是经济中心，其市场类型也属于典型的集散型模式。无论从市场的潜力、重要性，还是从市场本身的属性来看，印度无疑都是雷柏公司进军亚太市场的首选之地。拿下印度市场就等于攻下了半个亚太市场，其重要性不言而喻。

如何将雷柏公司在中国区的成功经验移植到印度市场呢？在印度现存产品进入渠道中，唯有选择合适的产品代理，才能更好地规避印度法律对雷柏公司的种种限制，因此，委托代理成为雷柏公司进入印度市场的唯一捷径。历来得渠道者得天下，雷柏公司在中国市场依托具有高性价比的产品和强有力的渠道合作模式，长期与有发展潜力、有能力挖掘市场、有期待长期合作的核心代理商联合，已经成功超越微软（Microsoft），市场份额已连续多年稳坐前3的宝座。印度市场状况和中国区有一定的相似性，人口基数庞大，地域广阔。Oliver首先确定了与代理商强强联手、双赢的战略布局，逐步将雷柏品牌植入印度市场，随后精耕细作，扎根市场。

自2012年开始，雷柏公司一直在印度当地物色有实力的合作伙伴和搭建当地销售团队，期望通过代理商分销模式，打开雷柏品牌在印度的市场入口，进一步抢占市场份额，从而实现扎根印度市场的目标。经与印度当地销售团队沟通，印度本土排名前五名的IT代理商RASHI公司表达了初步的合作意向。RASHI公司成立于1989年，是印度前五大综合资讯科技服务代理商之一，在印度超过750个城市里有超过9000家合作伙伴。为了服务巨大的客户网络，RASHI公司在印度设有50多个分公司，员工超过1500人。成立后的15年，RASHI公司每年以超过25%的复合增长率成为印度增长最快的科技公司之一。RASHI公司主要代理的品牌有联想（Lenovo）、苹果（Apple）、惠普（HP）、罗技（Logitech）、英特尔（Intel）等，还有其他一些国际知名品牌，其中，罗技是雷柏的竞争品牌。众多光环照耀下的RASHI公司对雷柏品牌无疑有着巨大的吸引力。在经过简单沟通后，2012年6月雷柏公司迅速地与代理商RASHI公司联姻成功，RASHI公司正式签约成为雷柏公司在印度市场的独家总代理。雷柏公司希望依托RASHI公司强大的渠道网络以及对电脑外设产品的专业能力，迅速在印度市场铺开，带领雷柏品牌在印度市场大展拳脚。

在匆忙地与代理商RASHI签约后，雷柏公司发现印度市场的业务进展并没有预期得那么顺利，从2012年6月签约开始至2013年6月底整整1年时间，RASHI公司进货共计97万美元（合计约600万元人民币），大约占2011年雷柏公司营收的0.9%，相比给亚太销售团队下达的公司整体营收占比15%的任务，差距甚远。印度市场份额占比方面也是难以让人接受，2013年第一季度和第二季度，雷柏品牌印度市场占有率分别为0.35%和0.28%，几乎可以说是毫无建树。代理商库存居高不下，核心二级分销商数量不增反减，进货金额持续下降且不稳定。各种数据表明，雷柏品牌在印度市场的经营出现了问题。如果照此情形发展，前途堪忧，雷柏品牌面临退出印度市场的危险。

到底哪里出了问题呢？2013年7月10日，雷柏公司总经理Oliver先生针对印度区域市场业务进展缓慢问题召开了内部紧急会议。经过会议讨论，大家一致认为雷柏公司印度市场营销失败的关键性原因包括以下几点。

①代理商对雷柏产品推广专注度不足。由于RASHI公司同时代理罗技，且罗技占RASHI公司营业额比重较大，雷柏品牌根本不是焦点。RASHI公司的销售团队考核的是所有品牌的营业额，为达成业绩考核他们只会推动那些比较容易卖的品牌，根本不关注雷柏品牌的成长。RASHI公司的销售人员比较适应的是成熟产品和有市场需求的产

品，对于需要提升品牌影响力的产品销售能力不足。另外，经常碰到二级分销商有提货需求的时候，却发现他们的信用额度已经被销售人员推销其他产品而占满。雷柏品牌在RASHI公司得不到重视，是销售推广非常缓慢的重要原因。

②代理商对雷柏产品市场推广策划不足。根据营销推广活动的统计分析，大家一致认为，市场策划不足也是雷柏产品在印度市场推销失败的主要问题之一。根据营销经验，产品在终端渠道的曝光率基本上与市场份额持平。虽然在前期策划过程中，雷柏公司制订了一系列店面陈列和店内促销计划，可代理商的营销推广活动没有按照营销计划实施，导致在雷柏产品推广过程中，执行层面上发生了偏差。细节决定成败，代理商的市场推广部在这一方面严重拖延进度。

③代理商对雷柏公司合作意愿热情不足。在雷柏公司与RASHI公司的合作过程中，雷柏公司受限于急切拓展印度市场的愿望和战略规划，谈判筹码有限，合作积极性较为强烈，但RASHI公司代理多家知名品牌，在代理合作过程中，对与雷柏公司的合作意愿不足、不够热情。这导致协议条款缺乏对等性，合同对雷柏公司的约束条件较为苛刻，而且代理商针对雷柏产品的代理合作承诺有限。

④雷柏公司对代理商合作目的存在严重的信息不匮乏。雷柏公司在印度代理商的选择过程中，没有进行市场调研，缺乏较为全面的前期调查报告，尤其缺乏反向的风险调查与预测，最终导致严重的信息匮乏，不能明确代理商签订代理合同的真正目的和意图，最终导致出现严重经营性问题。

⑤雷柏公司对印度市场代理渠道的管理权限不足。在对这一问题的讨论过程中，大家一致认为：二级分销渠道是重中之重，品牌方需要牢牢把握渠道分销商的管理权限，只要二级分销商在自己的掌握中，营销策划就不会处于被动。但RASHI公司销售人员以公司机密为由，始终拒绝提供二级分销商名单，导致雷柏公司印度销售团队无法对二级分销商进行管理和激励，针对二级分销渠道的促销推广计划迟迟无法执行，核心二级分销商数量不增反减，进货金额持续下降且不稳定。

通过以上分析，我们可以较为清晰地认识到雷柏公司在印度市场经营失败的主要原因。其中既有代理商层面的原因，也有雷柏公司层面的问题。如何系统讨论分析这些问题的深层次原因，给出一套切实可行的解决方案，帮助雷柏公司完成印度市场营销推广的战略规划，是摆在雷柏公司管理层面前亟须解决的关键问题。

资料来源：

张业新．雷柏公司印度市场代理商选择与管理的案例研究 [D]. 兰州大学硕士毕业论文，2018.

思考：

1. 雷柏公司对代理商的选择有问题吗？有什么问题？
2. 你认为应当怎样处理与代理商之间的关系？

项目四 渠道成员选择

学习目标

➢ 知识目标：了解渠道成员的构成；了解渠道成员选择原则；掌握渠道成员选择时应考虑的因素；了解渠道成员选择的方法；清楚在寻找合作伙伴时会遇到的困难；清楚渠道成员选择的步骤；掌握加权平均法在选择渠道成员中的运用。

➢ 能力目标：通过学习训练，学生能解决寻找合作时遇到的各种困难；能运用有效途径找到潜在合作对象；能按照正确的步骤和方法准确选择渠道成员。

➢ 素质目标：引导学生在企业渠道开拓工作中创新创造、精耕细作；引导学生坚定的爱国主义；增进学生对民族、对社会主义的认同；培养学生在渠道成员的选择过程中发现营销职业道德和营销伦理问题的能力；培养学生与人合作、自我学习的能力。

任务一 渠道成员选择原则和标准

导入案例

格力电器的分销渠道建设

格力电器的渠道呈现多样化发展的态势，截至2018年年底，公司在全国拥有26家区域性销售公司，4万多家网点，与阿里、京东、苏宁和国美等电商及KA均保持良好的合作伙伴关系。目前公司销售主要依赖于专卖店模式，专卖店销量占总销量的80%左右。格力线下专卖店可以分为销售公司直营专卖店、代理商直营专卖店及经销商专卖店三种。公司销售由区域性销售公司负责，区域性销售公司负责区域内代理商及经销商的对接与管理，从销售层级来看，经销商门店层级最长，需要经过“格力电器—区域性销售公司—代理商—经销商”多个层级，而电商渠道相对较短，只需经过“格力电器—电商”或者“格力电器—区域性销售公司—电商”，层级明显缩减。

1996 年，格力在湖北的 4 家空调经销商为抢占市场份额竞相降价、窜货、恶性竞争，使得格力空调的市场价格混乱，公司利益受损。基于此，格力第一家区域性销售公司由此诞生，当时格力和湖北经销商联合，成立以资产为纽带，以格力品牌为旗帜，互利双赢的经济联合体 —— 湖北格力空调销售公司。区域性销售公司联合了每个区域的大型经销商，共同出资参股组建销售公司，格力输出品牌和管理，统一了渠道、网络、市场和服务，产权清晰，激励机制明确，有助于将制造商与经销商组成利益共同体。与传统经销商的模式相比，股份制区域性销售公司优势明显：（1）集中区域内优质经销商资源，形成利益共同体，统一网络、统一渠道和服务，有利于优质资源共享；（2）增强渠道把控力，有效平衡经销商的竞合关系，避免区域内经销商因为自身利益而使得公司利益受损；（3）绑定经销商利益，实现公司与经销商的共赢。

格力自创“淡季返利”的销售政策，鼓励客户在淡季投入资金，依据经销商淡季投入资金数量，给予相应价格优惠或补偿等，既解决了公司淡季生产资金短缺，又缓解了旺季供货压力。

当互联网时代逐步从流量进入存量阶段，获客成本不断攀升，私域流量概念兴起。公域与私域概念相对，公域如同流动的河水，在公共范围内每个企业都可以触达；而私域如同蓄水池，相对私密，私域内的用户可反复利用触达，相较之下私域具备稳定、成本低且可重复利用等多重优势。

从公域与私域的角度来看待现在家电的渠道：KA 和第三方电商平台（如京东、天猫等）类比于公域流量的概念，平台销售的家电品牌众多，而家电公司自有的专卖店渠道类似私域流量的概念，品牌家电专卖店只能销售自身品牌的产品，具有明显的排他性。在线上流量红利消退下，互联网运营越发重视线下市场，并且开始充分挖掘私域流量的可利用性。

《2018 年中国家电行业年度报告》显示，2018 年线下市场渠道格局中除去苏宁、国美、五星以外其他渠道占比高达 71.5%，这部分中家电企业的自有渠道贡献了较大比例。家电企业探索自建渠道与当年 KA 的强势不无关系。2004 年成都国美对空调品类大幅促销，格力被动卷入价格战交涉无果后选择退出国美，加速自建渠道的进程。2005 年众多家电制造企业为增强自身对渠道的控制力，摆脱对 KA 的高度依赖，纷纷加入自建渠道的热潮中。

目前国内几大白电龙头企业中，美的取消二级经销商，线上对天猫和京东等第三方电商平台的依赖性相对较高，自有渠道销售占比相对较低；海尔智家此前改革经销体系，将原有体系内的工贸公司变革为小微公司，划分至体系外，由小微公司自负盈亏，2018 年自有渠道涵盖 8000 多家县级专卖店、3 万余家乡镇网络；格力电器通过区域性销售公司、返利政策及将经销商引入股权结构等方式深度绑定了公司与经销商的利益，具备对渠道的高度话语权，2018 年年底公司在国内拥有 26 家区域性销售公司和 4 万多家网点。

格力通过区域性销售公司和返利政策筑就了强大的线下渠道体系，线上渠道布局相对较少，格力已意识到自身在线上渠道的弱势，正在逐步布局发力，2019 年 3 月格力与天猫签署了物联网的合作协议，双方将从技术，售货渠道等层面展开深度合作；4 月为进一步完善销售渠道，促进线上销售，公司在经营范围中增加电子商务业务，日益优化渠道模式。

资料来源：

http://www.cb.com.cn/index/show/zj/cv/cv13448261266/p/s.html.

思考：

通过格力公司对经销商管理变化思考渠道建设成功的原因？

一、渠道成员选择原则

在渠道中起到连接生产者与消费者作用的中间商，在现实运用中通常以渠道成员来称呼。

渠道成员由具有独立地位并且追求个体利益最大化的经济组织构成。渠道成员是担任中间商角色的企业或者个人，可能是批发商，也有可能是零售商。

渠道成员的选择，就是从众多的相同类型的目标成员中选出适合公司渠道结构，能有效帮助完成分销目标的合作伙伴的过程。

渠道成员的选择是非常重要的。因为选择和渠道成员共事，不是为了一笔生意或一桩买卖，而是要“联姻结亲”，长期携手合作。时下，越来越多的公司重视与渠道成员的关系，有的甚至结成战略伙伴关系，这愈加说明我们需要对渠道成员的选择慎重认真。渠道成员选择将决定消费者需要的产品能否及时、准确地转移到消费者手中，从而影响分销的成本和顾客服务。因此，从这一点来讲，对一个将成为企业战略伙伴的渠道成员的选择，意义相当重大。如果选择不当，可能会引起巨大的资源投资失误；如果选择得好，则可以锦上添花。

一般来说，渠道成员选择应遵循的原则包括以下几个方面。

（一）目标市场原则

这是建立分销渠道的基本原则，也是渠道成员选择的基本原则。企业选择渠道成员，建立分销渠道，就是要把自己的产品打入目标市场，让那些需要企业产品的最终用户或消费者能够就近、方便购买，随意消费。根据这个原则，设计者应当注意所选择的渠道成员是否在目标市场拥有渠道，如是否有分店、子企业、会员单位或忠诚的二级经销商；是否在区域市场拥有销售场所，如店铺、营业机构；营业场所是否处于重要的商品集散地，如批发市场等。

（二）经营理念一致性原则

经营理念一致性原则要求选择渠道成员不仅要考虑目标成员是否有实力，更重要的是要看目标成员是否能与企业共担风险、共同成长。企业在发展选择上有短期利益和长期市场两种战略选择，中间商属于独立个体，如果在经营手段上很可能与企业战略发展背道而驰，伤害的会是整个市场，例如，许多中间商低价抢市场的行为，从表面来看确实提高了销量，但长远会动摇市场价格体现，缩短产品生命周期。因此，要从战略的高度选择那些和企业经营理念相一致或基本一致的渠道成员。

（三）分工合作原则

分工合作原则是指渠道成员应当在经营方向和专业能力方面符合所建立的分销渠道功能的要求，能够弥补生产企业在产品终端的销售劣势。尤其在建立短分销渠道时，企业需要对渠道成员的经营特点及其能够承担的营销功能严格掌握。例如，某些商品在销售过程中需要专门的知识和经验，那些不具备相应知识和经验的经销商就不能被选择为渠道成员。如果勉强选用他们，不但会降低分销渠道的运行效率，还可能损害最终消费者的利益。

（四）抗冲击力原则

抗冲击力原则是指渠道成员选择匹配的问题，包括渠道成员的抗冲击力和可变性。当外部环境发生变化时，所选择的渠道成员应该能够抵御外来的冲击，并保持市场销售和价格的基本均衡；当生产企业调整总体销售战略时，所选择的渠道成员应该能快速灵活地进行调整，以适应新政策和市场变化。

（五）形象匹配原则

商品分销渠道或销售地点不仅是现有商品的销售出口，也是生产企业建立企业形象和商品形象，并让消费者产生欲望的信息载体。因此，渠道成员的形象也是设计者要重点考虑的问题之一。对于拥有卓越品牌的生产企业来说，这一点尤为重要。一般情况下，知名生产企业总是与实力雄厚、信誉良好的渠道成员结为合作伙伴或战略合作伙伴。形象起点不是很高的企业如果能与享有盛名的渠道成员合作，自然可以提升企业形象和产品的品牌形象，也比较容易得到消费者的认同和青睐。

（六）提高效率原则

分销渠道的运行效率是指通过某个分销渠道的商品流量与该渠道的流通费用之比。在流通费用一定的情况下，商品流量越大，则该分销渠道的运行效率越高。事实上，一个间接分销渠道运行效率的高低，在很大程度上取决于渠道成员的经营管理水平、对商品的推销努力程度及其所在商圈的大小。

渠道成员的经营管理水平直接关系到他的资源利用率和员工士气，进而会影响工作效率。如果企业所选择的经销商经营管理水平不高，往往会影响整个营销系统的效率。比如，进货管理失去控制的渠道成员不是出现库满为患的现象，就是出现货物短缺的情况，这样的渠道成员在具体销售过程中，往往会显得力不从心。

（七）安全可控原则

目前，我国还没有建立起良好、完善的商业信用。由于成本和信息不对称，企业单靠自己无法很好地对渠道成员的信誉进行评估，进而很难选择到信誉度很高的渠道成员。因而，企业要制定一系列的成员选择方面的风险回避制度，或者是正式成员的管理制度来减少风险，确保企业的资产安全。

（八）同舟共济原则

生产企业与渠道成员之间的合作前提，在于生产企业与渠道成员之间的相互认同。只有所有成员具有共同的愿望、共同的抱负，具有良好的团队协作精神，才能真正建立一个高效且具有持续竞争力的分销渠道。因此，设计者在选择渠道成员时，要准确分析渠道成员参与有关商品分销的意愿、与其他渠道成员合作的态度，以便能够选择最佳的合作者。一般来说，渠道成员的合作态度可以从接待联系人的热情程度、愿意承担的分销职能、利益的分割条件以及商业信誉等方面作出判断。

上述原则是基于实现建立分销渠道的目标而提出的。它们是一个有机整体，反映了建立商品分销系统时，企业与渠道成员共同合作、共享繁荣的要求。设计者在具体选择渠道成员之前，要根据上述原则对各个可供选择的渠道成员进行考察，尤其是对长期合作的伙伴，对其各种信息一定要了解清楚，只有这样，才能防患于未然，也才能真正建立起具有持续竞争力的分销渠道。

【课堂互动案例 4-1】

互动内容：

渠道成员的挑选原则不必那么严格，这种说法对吗？

互动要求：

1. 结合有关选择渠道成员原则的知识发表个人见解，也可以和你的同伴简单沟通后回答。

2. 教师对学生的回答进行点评。

二、渠道成员选择考虑的因素

在明确了渠道成员选择的目标和原则之后，企业要进行一系列定性和定量相结合的评估标准，才能确保找到合适的分销渠道成员。企业对于渠道成员的评判标准，既要照顾渠道目标，又要考虑渠道策略的需要，综合进行考虑。一般而言，渠道成员选择考虑的因素包括以下几个方面。

（一）市场覆盖率

市场覆盖率选择渠道成员最关键的原因。首先要考虑中间商的经营范围所包括的地区与产品的预计销售地区是否一致，比如，产品在东北地区，渠道成员的经营范围就必须包括这个地区。其次，渠道成员的销售对象是不是生产商所希望的潜在顾客，这是最根本的条件。因为生产商都希望渠道成员能打入自己已确定的目标市场，并最终说服消费者购买自己的产品。

（二）中间商的历史经验

许多企业在决定某分销商是否可以承担分销商品的重任时，往往会考察该分销商的一贯表现和盈利记录。若分销过往经营状况不佳，则将其纳入渠道的风险较大。经营某种商品的历史和成功经验，是分销商自身优势来源。首先，长期从事某种商品的经营，通常会积累比较丰富的专业知识和经验。因而在行情变动中，能够掌握经营主动权，保持销售稳定或乘机扩大销售量。此外，经营历史较长的分销商早已为周围的顾客或消费者所熟知，有一定的市场影响和一批忠实的顾客，大多成为周围顾客或消费者光顾购物的首选之地。许多分销商得到规模巨大、有名牌产品企业的青睐，往往是因为他们对销售某种产品很有经验。选择对产品销售很有经验的分销商就会很快打开销路，因此生产企业应根据产品的特征选择有经验的分销商。

（三）合作意愿

如果分销商不愿销售你的产品，即便它再有实力，声誉再好，对企业都没有任何意义。因此，合作意愿是选择分销商时最先考虑的因素。分销商与企业合作得好会积极主动推销企业的产品，这对双方都有利。有些分销商希望生产企业也参与促销，以扩大市场需求，他们认为这样会获得更高的利益。因此，生产企业根据产品销售的需要，确定与分销商合作的具体方式，考察分销商对企业产品的重视程度和合作态度，然后再选择最理想的分销商进行合作。

（四）信誉

信誉是企业与公众交往的前提，人们愿意与自己信任的企业打交道。当企业经营出问题时，它的信誉就会受到损失，企业可能因此陷入无穷的困境，也许是银行不予放款、供应商不供货、零售商不结款等。作为渠道的中间环节，如果中间商中途有变，制造企业就会卡在渠道中，进退不得，市场停顿，甚至不得不放弃已经开发的市场，造成巨大损失。重新找分销商开发市场要付出比开发空白市场更大的代价。

在多数情况下企业通常会回避与当地没有良好信誉的分销商建立关系，固特异轮胎公司提出：分销商的经验和财务能力通常可以退而求其次，但是这些分销商的品质是绝对重要的和不容商量的。分销商的信誉可以通过对经营者法律纠纷、银行信贷、员工待遇等进行考量，也可以通过对其个性、品德、合作伙伴、社会关系、教育程度等方面的调查，侧面了解。

（五）产品组合情况

市场上现有的产品中间商往往不只代理一个公司的产品，而大多数企业希望分销商销售自己一家的产品，集中精力以重拳出击。但对于中间商而言，仅运作一家企业的产品必然意味着固定成本分摊的增加，因此中间商不会选择仅代理一家企业产品。生产企业在选择中间商时，不可回避中间商多品牌运作的现实需求，这就要求企业要考虑中间商的产品组合情况，尽量选择差异化定位的产品中间商。如高端产品可以接洽已经代理中端产品的中间商，男士产品可以接洽已经代理女性产品的中间商等。

（六）渠道成员的地理区位

区位优势即位置优势。选择零售渠道成员最理想的区位应该是顾客流量较大的地点。批发中间商的选择则要考虑它所处的位置是否利于产品的批量储存与运输。通常以交通枢纽为宜。

（七）中间商的财务状况及管理水平

中间商能否按时结算包括在必要时预付货款，取决于财力的大小。整个企业销售管理是否规范、高效，关系着中间商营销的成败，而这些都与生产企业的发展休戚相关，因此，这两方面的条件也必须考虑。

（八）中间商的促销政策和技术

采用何种方式推销商品及运用选定的促销手段的能力直接影响销售规模。有些产品广告促销比较合适，而有些产品则适合通过销售人员推销。有的产品需要有效地储存，有的则应快速运输。要考虑到中间商是否愿意承担一定的促销费用以及有没有必要物质、技术基础和相应的人才。选择中间商前必须对其所能完成某种产品销售的市场营销政策和技术的现实可能程度做全面评价。

【课堂互动案例 4-2】

互动内容：

手机市场进行渠道成员的选择主要考虑哪些因素？

互动要求：

1. 结合有关渠道成员选择标准的知识发表个人见解，也可以和你的同伴简单沟通后回答。注意渠道成员选择标准的适用性。

2. 教师对学生的回答进行点评。

【案例 4–1】

大经销商？小经销商？你选谁？

某建材品牌推向市场已经一年多了，目前经销商数量有 100 多个，但忠诚的、优质的经销商却不多。由于是新品牌，销售人员为了快出业绩，会去找一些市场上比较成功的大经销商，经过努力，也说服了一些代理大品牌的“大客”。但一年下来，大经销商对新品牌不够重视，因此，该建材品牌企业并未完成预期的业绩。“经销商都是人家的好”“好经销商太稀缺了”，很多厂家都发出这样的感叹。

而该企业开发的一些规模稍小的经销商，3 个月才发一批货，业绩极不理想，于是销售人员砍掉了第一批发货少的经销商，又开发了一批。一年下来，大部分地区的经销商都换了一次，企业陷入“开发新经销商—发货—销量低—配合差—淘汰经销商—再找新经销商”的恶性循环，并且问题重重：

（1）七成的经销商是新开发，经销商开发、维护成本增大；

（2）经销商与厂家的磨合不够，理念与行动难以同步；

（3）品牌口碑不佳，经销商对厂家的信心严重不足。

资料来源：

https://weku.baidu.com/view/55b558821a37flll£0855611.html.

思考：

1. 假设你是该企业的营销人员，你该如何进行渠道商的选择和管理呢？

2. 该案例的处理对你认识渠道成员选择有何启发？

【案例 4–2】

茅台酒渠道经理李某受贿入狱

根据贵州省三穗县人民法院刑事判决书，2006 年至 2018 年，李某在担任贵州茅台酒销售有限公司广东片区经理见习助理、副经理、专卖店管理部副经理、经理、品牌事业部副经理、渠道管理部经理期间，利用审核茅台酒经销权、调剂茅台酒计划增量、审批茅台酒团购奖励经销权等职务便利，受贿金额巨大。

李某受贿后，帮助某公司的茅台酒经销合同指标不被核减；帮助某公司得到汉酱酒经销权；让某公司成为茅台酒体验馆试点单位；甚至在违规跨区域销售茅台酒问题、办理茅台酒调剂增量、恢复茅台酒经销业务等事务上给予行贿人帮助。这些行为造成了茅台集团大量利益的损失，甚至损坏了企业在社会上的形象。

资料来源：

https://baijiahao.baidu.com/s?id=1692741772428565375&wfr.

思考：

渠道成员选择过程中，经办人要注重职业道德营销伦理，莫伸手，伸手必被抓。

任务二　渠道成员选择的方法

导入案例

好的渠道成员太难找

某品牌建材进入市场已经1年多。在渠道开发方面，营销部认真制定了几条渠道开发途径。

途径一：通过大量招商广告宣传，吸引意向客户咨询。意向客户咨询—企业作项目介绍—预约考察（意向客户参观总部）—现场初审（业务人员走访了项目现场，收集了项目周边消费水平和开发潜力评价、收入估算、工程改造建议等综合信息，与加盟商面对面沟通）—合作达成。

途径二：安排业务人员赴目标市场，开发客户。为了快出业绩，业务人员找目标市场上比较成功的大经销商，经过努力，也说服了一些代理其他品牌的商家成为该品牌渠道成员。

途径三：通过专业的商业展览会。公司每年均会在国内外选择较专业的商业展览会参展，参展目的一方面是展示公司良好的商业形象，增强现有用户和中间商对公司的信心，帮助现有中间商扩大宣传；另一方面就是吸引新的用户和中间商，寻找合作机会。

途径四：公司业务人员通过网络查询寻找中间商信息，先与中间商建立联系，后期通过邮件交流或相互拜访增进相互间的了解，取得相互信任和认可，以达到合作的目的。

目前，经销商数量有100多个，但忠诚的、优质的经销商却不多。途径一的渠道成员大多数没有相关经营经验，在经营一段时间后因业绩不理想会退出渠道系统。途径二开发的客户对新品牌不够重视，并未完成预期的业绩。其他两个途径开发的成员数量少，每个成员的业绩也不理想。

思考：

1. 该公司选择中间商的方法是什么？

2. 你认为其步骤和流程是否可以进行补充与完善？

一、选择渠道成员的常见问题

企业寻找合适的经销商是一个艰难的过程，因为尽管希望双方是合作伙伴，但毕竟是买卖关系，因此确定和选择正确的经销商，做好企业的营销，肯定离不开一支通路能力强、终端运作扎实的经销商队伍。一般来说企业在选择经销商方面，会有以下几点困难。

（一）寻找并联系到中间商难度大

企业开拓市场阶段倾向于与中间商合作，选择经销商共同操作市场可以减少机构的重复设置；利用经销商的销售网络，减少渠道建设费。寻找中间商是渠道开拓的第一，中间商主要集中在什么地方、中间商的联系方式、中间商负责人的兴趣爱好、中间商的信誉等许多问题都需要业务人员一一解决。

（二）中间商合作顾虑多

中间商在与企业签订合作意向之前会有很多顾虑，如资金压力、产品畅销程度、仓库容量、人员工作强度、产品质量、销售区域保护等多个方面。甚至签订合同之后，成为分销商，还会有各种各样的顾忌。如何打消中间商的这些顾虑，更多需要的是前期详尽的分销商管理方案、销售政策等。

（三）战略协同难度大

厂家希望经销商多打款进货，加强渠道建设、少向厂家要费用；而经销商则希望产品质量要最好、供货价格要最低、利润要高、支持要大、风险要低。有的经销商由于实力不够、对厂家不忠诚或者对厂家投入的精力不够，从而不执行厂家的销售政策或者双方的思路出现分歧。

（四）利润分配空间不足

厂家和经销商是一个利益共同体，进场费、终端建设费、促销费、导购员工资等其他销售费用，厂家可以和经销商进行分摊，以减少自身的市场开发费用。但厂家和经销商都是独立的经济个体，都在追求自身的利润最大化，随着市场竞争激烈和渠道格局的改变，市场开发费用增加，利润空间缩小，从而导致利润分配空间不足，双方矛盾重重。

【课堂互动案例 4-3】

互动内容：

你如何看待厂家寻找经销商的困难？

互动要求：

1. 结合渠道成员选择的常见问题，尤其是对双方利益和目标的评价，发表个人见解，也可以和你的同伴简单沟通后回答。

2. 教师对学生的回答进行点评。

二、寻找渠道成员的步骤

分销渠道成员的主体是经销商，生产企业利用经销商的原因就是经销商能够更有效地将生产企业的产品推向目标市场。企业可通过一定的步骤来寻找经销商。合适的步骤和程序，可以使企业在获取经销商时，更具有针对性、计划性和目的性。选择经销商时可按以下程序进行。

（一）收集了解目标市场的概况

在确定开拓某个新市场时，企业首先要针对市场的经济、地理概况进行全面、细致的了解。这方面的信息有人口规模、人均收入、消费形态和消费习惯等。在对目标市场的经济、地理概况进行了解分析后，还要大致对进入该市场的预期目标销售额和推广成本进行初步的评估，以便在选择经销商和与经销商进行谈判时，做到心中有数。

（二）把握经销商的要求

对企业来说，找到适合的经销商是比较困难的事。经销商不愿意为一个知名度低的品牌承担开拓市场的风险。

1. 经销商是一个独立的、以实现自己的目标为最高职能、可以自由地制定政策而不受他人干涉的市场营销机构，而不是企业绝对控制的销售链中的一环。企业的政策和要求如果符合其利益，经销商就会积极地去执行；如果对其没有利益，经销商就不会积极去地执行。

2. 经销商首先根据市场的需求进行营销活动，然后顾及企业的要求。经销商积极卖的产品一定是顾客愿意买的产品，而不是企业要他卖的产品。

3. 经销商不仅仅经营一个企业的产品，所以他不能把所有的资源和精力放在一方那里。

4. 经销商的资源、实力和经营管理能力有限，所以有些行为会达不到企业的要求。

经销商的目的当然是追求利润的最大化。可经销商关心的并不仅仅是利润，其更为关注的是企业的综合实力、企业产品力的强弱、企业的市场推广配合、付款方式、售后服务等。企业在与经销商接触时，要准确掌握经销商的实际需要，最好向对方提供可供借鉴的样板市场的经营情况，帮助经销商树立经营信心。

（三）了解企业自身资源及能力

1. 了解企业战略

销售人员只有在了解企业的战略、企业的背景和资金实力的情况下，才对企业有归属感，才能富有激情地把企业背景和销售政策传达给经销商。经销商被企业的热情感染，其代理企业的产品才会心里有底。

2. 销售人员要了解产品知识、市场定位及市场开发思路

具体来说，销售人员要知道企业开发市场的思路、市场定位，产品档次、性价比，产品的生产工艺、性能配置、使用方法等，以免和经销商交谈时出现尴尬。

3. 销售人员要了解企业销售政策

销售人员只有了解了企业的销售政策才能做好市场的布局，合理地确定销售区域和任务。在与经销商接触时，企业应当对可向经销商提供哪些资源有清晰的认识，比如产品供应、价格体系、业务发展支持的内容、推广物质的支持、管理支持、销售奖励支持等。销售人员要了解企业的资源，全面展示企业的形象和实力，给经销商增强信心；同时避免向经销商轻易许诺，以免将来为此而发生纠纷，影响双方的合作。

（四）制定选择经销商的原则和标准

在选择渠道成员时，企业要遵循一定的原则和标准，不能为了眼前利益而忽视了长远的发展。制定原则的目的就是使企业所选择的经销商更符合长远规划。企业在选择经销商前，要制定出详细的经销商选择标准，利用该标准来衡量、选择经销商。

（五）准备合作协议的框架

在与经销商进行接触前，企业要准备好与经销商谈判的合作协议框架，以争取在谈判中将经销商引入企业所期望的合作模式中，占据谈判的主动权。合作协议框架的主要内容应包括以下几个方面：销售区域的范围界定，合作协议的有效期，销售量指标，经销商的责任、义务（如提供销售的存货信息、遵守企业的价格体系、执行企业的销售政策等），市场推广支持方式，货款支付条件，违约的处罚措施等。

（六）运用科学的方法选择经销商

运用得当的方法，可以使企业对经销商的选择更加科学。选择经销商的方法有强制评分选择法、销售量分析法、销售费用分析法。其中，销售费用分析法又可分为总销售费用比较法、单位商品销售费用比较法和费用效率分析法。

（七）谈判并签订合同

这是选择经销商的最后一个步骤，也是关键的一个步骤。不过，渠道成员与企业之间一般是一种合作的关系，只要彼此都能给对方带来一定的经济利益或其他利益，合

作自然就会水到渠成。谈判一般围绕谁享有多少权利和尽多少义务来展开。签订合同一定要慎重。因为合同一旦达成，便具有了法律约束力，对合同双方都具有强制性。

三、选择渠道成员的途径

事实上，许多公司是通过现有销售人员寻找渠道成员的，因为对于拥有独立销售队伍的企业来讲，获得丰富的潜在渠道成员名单是一件容易的事情。原因很简单，通过长期在销售现场的经常性交往和接触，业务员可以掌握有关地区的大部分分销商的基本信息，也可以通过现有客户的介绍找到合适的渠道成员。然而对于很多新创立的企业来说，寻找可能的渠道成员既是一项重要的工作，也是一项困难的工作，需要找到最有效的途径来实现目标。企业大致可以通过以下几种途径寻找到合适的经销商。

（一）专业性批发市场

许多城市都有各个行业的专业批发市场或者小商品市场。大的经销商往往会在这些批发市场设置门面来销售产品或者扩大影响。在这里，企业可以尝试寻找合适的经销商。

（二）媒体广告

到达一个新的市场，可以先买几份当地的报纸，看看当地的电视节目、听听广播或者到街上走走，或许就能发现同类商品的经销商的名称。

（三）工具书

这里所说的工具书，包括当地的电话簿、工商企业名录、地图册、手册、消费指南和专业杂志等。尤其是电话簿含有许多企业信息，一般情况下，当地比较有经验、有实力的经销商都有可能在电话簿上查到。

（四）广告公司

当地的广告公司对当地的媒体、市场情况比较了解，为了争取成为企业的广告代理商，它们就必然会详细地告诉该企业本地经销商的情况。因此，企业可以先找当地广告公司洽谈广告代理，再通过广告公司介绍合适的经销商。

此外，企业还可以通过刊登招商广告，参加产品展销会、订货会，顾客和中间商介绍，网上查询等方式找到合适的经销商。

【案例 4-3】

京东牵手便利店O2O，前景如何

2018 年 3 月 17 日京东召开了 O2O 签约会，要与便利店合作，让顾客线上订购京东商品，配送到便利店，顾客到门店提货。也可让顾客在京东平台（PC 和移动端）查看附近的便利店，订购便利店库存商品，门店快速送货上门。

京东联合主要零售 ERP（企业资源计划软件）商，打通京东和便利店系统，京东平台可展示便利店门店商品及库存。

这两种服务可分别称为“网订店取”和“网订店送”。这两种服务对便利店和京东都有价值：“网订店取”，顾客到便利店提取京东订单，便利店有相应收入；“网订店送”，京东为便利店提供了网订系统和订单流量。

京东一是可以把便利店的顾客发展成自己的会员，降低新客引入成本；二是为京东会员提供网订店取服务，建立差异化竞争力；三是为搞生鲜、社区 O2O、大数据打下基础。

1. 聪明的大佬都在围绕小店转

这几年，各种背景的创业团队都看好社区小店在互联网时代的商业价值，聪明的大佬们围绕小店进行各种试错，京东 O2O 项目如果不借鉴“先烈们”的经验，必将走同样的弯路，甚至可能“荣升”成“先烈”中的一员。

2. 京东 O2O 或面临两难

京东要做成“网订店送”这事很难，而且京东对接便利店 ERP，库存不准和资料维护成本又是新的问题。

京东的合作便利店中好几家都有不少加盟店，加盟店管理粗放、松散，怎能保证库存准确?

京东一定要通过线上渠道订货，就注定在便利性上不如小超市们。结果很可能是：在小超市都不送货上门的鸡肋地区，遭遇没有订单和送货高成本问题；在有需求的地方不能和灵活小超市竞争，毕竟“便利”才是便利店的核心竞争力。

资料来源：

https://wenku.baidu.com_view_fl09dld6b8d528ea81c758£5f61fb7360b4c2bc5.html.

思考：

1. 你如何看待京东“网订店送”，牵手便利店这种与传统渠道的结合?
2. 根据案例材料，分析京东线下发展的渠道策略。

四、选择渠道成员的方法

（一）渠道成员的定量确定法

渠道成员的定量确定法，是基于前面对渠道成员的量化评估，经过排序得出的。企业可根据某种产品的销售量和销售增长率以及销售成本将中间商排序（见表 4-1）。

表 4-1 中间商的销售成本分析法

分析方法	具体操作
总销售成本比较法	在分析有关“中间商”的合作态度、营销战略、市场声望、顾客流量、销售记录的基础上，预估各个“候选人”作为分销渠道成员，在执行企业渠道功能过程中的总费用。然后，选择其中费用最低的渠道成员
单位商品销售成本比较法	当销售费用一定时，产品销量越大，则单位商品的销售成本越低，渠道成员的效率就越高。因此，企业在评价有关渠道成员的优劣时，需要把销售量与销售成本两个因素联系起来综合评价计算出单位商品的销售成本，选择比值最低者作为渠道成员
成本效率分析法	以销售业绩与销售费用的比值作为评价依据，选择渠道成员。此方法采用的比值是某渠道成员能够实现的销售业绩（销售额）除以该渠道成员总的销售费用，称为成本效率。成本效率的计算公式是成本效率 = 某渠道成员的总销售额 / 该渠道成员的总销售成本

加权评分法：就是对拟选择作为合作伙伴的每位渠道成员，根据其经营能力和条件进行打分，然后按照分数高低做出选择。加权评分法的步骤如下。

第一，根据不同因素对完成企业渠道目标和渠道策略的重要程度，分别赋予一定的权数；

第二，在渠道成员评估阶段，根据对每一个渠道成员在每一个因素上所进行的评估，打出相应的分数；

第三，将每一成员在每一因素上的得分与该因素的权数相乘，得出每一成员在每一因素的加权分；

第四，将每一成员在所有因素上的加权数相加，得出该渠道成员的总分；

第五，按照总分由高到低选取渠道成员。

表 4-2 为中间商的加权评分法示意。

表 4-2　中间商的加权评分法示意

评价因素	权数	中间商 1		中间商 2		中间商 3	
		打分	加权分	打分	加权分	打分	加权分
地理位置	0.20	85	17.00	70	14.00	80	16.00
经营规模	0.15	70	10.50	80	12.00	85	12.75
顾客流量	0.15	90	13.50	85	12.75	90	13.50
市场声望	0.10	75	7.50	80	8.00	85	8.50
合作精神	0.15	80	12.00	90	13.50	75	11.25
信息沟通	0.05	80	4.00	60	3.00	75	3.75
货款结算	0.20	65	13.00	75	15.00	60	12.00
总分	1.00	545	77.50	540	78.25	550	77.75

【课堂互动案例 4-4】

互动内容：

渠道成员选择方法中的加权平均法在实际操作过程中有什么优缺点？

互动要求：

1. 结合有关渠道成员选择标准的知识发表个人见解，也可以和你的同伴简单沟通后回答。注意渠道成员选择标准的适用性。

2. 教师对学生的回答进行点评。

（二）渠道成员的定性确定法

如果能够掌握较为准确的数据，企业对渠道成员的选择会比较客观，会较少受到渠道管理人员个人好恶的影响。但是，现实的情况往往是：第一，有很多因素是很难量化的；第二，花费较大；第三，时间较长。

正是因为定量确定法有这么多的缺点，所以在实践中，企业在选择渠道成员时大多采用定性确定法。定性确定法的主要步骤和特点如图 4-1 所示。

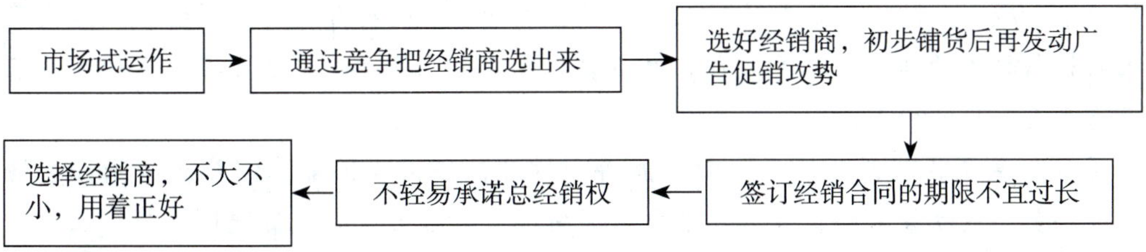

图 4-1　定性确定法的主要步骤和特点

【案例 4-4】

格力电器渠道战略的"珍珑棋局"

引子：棋行天下，厂商联营体独树一帜。

格力电器渠道因为独树一帜的厂商股份联合经营销售模式（以下简称厂商联营体）独行江湖。格力的这种模式从诞生以来就一直饱受各界争议和讨伐，然而其却异常顽强而稳固，"活得很好"。格力厂商联营体模式产生于混乱的空调行业"战国时代"，其在武汉率先联合业内大户合股成立股份制联合销售公司，把品牌及销售的双方利益捆绑到一起，成功地破解了当时千篇一律的价格战，赢得终端认同；在 2003 年发生的大家所熟知的格力退出国美卖场事件后，更是将这种模式升华到学术研讨的范畴。如今，格力数千家专卖店遍及全国，星罗棋布，国内渠道销售比重惊人地达到 85% 以上，呈现燎原之势。格力厂商渠道联营体模式因此横行天下，连续 9 年国内市场销售第 1，无人能敌，有颇具浓厚江湖特征的"珍珑棋局"之美誉。

联营体的核心在于利益捆绑共进退。

格力渠道联营体的由来：早在 1997 年，格力在湖北的 4 个经销大户，在当年整个行业空调大战中，为了抢占地盘、追求利润，搞竞相降价游戏，结果格力在湖北的市场价格体系被冲得七零八落，格力和经销商两败俱伤。

为此，时任格力销售总经理的董明珠头脑中涌现出一个大胆的想法，她几度赶赴湖北，促进当地的大经销商和格力厂家抱成一团，并肩作战。不久，董明珠的想法得以实现，一家以利益为纽带，以格力品牌为旗帜，互利双赢的联合经营实体——湖北格力空调销售公司诞生。其由厂商共同出资组建、各占股份，并实施年底共同分红。它的核心理念是渠道、网络、市场、服务全部实现统一，共同做市场，共同谋发展。其实格力只输出了品牌和管理，在销售分公司中占有少许股份。湖北格力空调销售公司在成立后的第二年就使销售上了一个新台阶，增长幅度达 45%，销售额突破 5 亿元。

格力在联营体出现前后，其合资销售公司的财务管理也出现了一些不同，格力联营体更加注重在品牌以及服务方面的投入，而这两块的投入按照销售额的比例可以迅速在货款中扣减。品牌以及服务的投入推动了其质量水准的提升，大大增强了代理商层面投入品牌与服务的动力；对于格力品牌而言，更是良性推动，而这在传统代理商看来是最不愿意去冒险的投入范围。

再者，原先代理商必须先打款才能得到货品，任何地区都不例外，这保证了格力的财务安全。成立渠道联营体后，格力总部向联营体派出财务人员进行监督，在对区域市场供货后，当联营机构分销到下一经销商取得货款后再将货款打回总部，极大地缓解了区域联营体的运作压力，可以把更多的现金投入市场建设以及营销推广。

随后，格力迅速迈开步伐，将这一模式向全国其他地区全面推广，先后在重庆、湖南、河北等全国多数省、区、市成立了区域性销售公司，由这么多分支机构开拓的数千家专卖店以及其他销售渠道形态形成了格力空调破解激烈竞争、奠定国内销售桂冠的“格力厂商渠道联营体”。

资料来源：

https://wenku.baidu.com/view/4a700e279fc3d5bbfd0a79563c1ec5da51e2d606. html.

思考：

1. 你如何解读格力电器集团渠道选择的方法？
2. 根据案例材料，评价格力电器集团选择渠道成员的方法。

项目检测

一、单项选择题

1. 以下哪种评估可以使制造商了解渠道成员的库存水平和自身产品在渠道成员存货中的比例关系？（　）

A. 渠道绩效评估　　B. 渠道发展评估

C. 其他辅助评估　　D. 库存管理评估

2. 同一层次的企业为了争夺同一目标的销售而进行的竞争称为（　）。

A. 水平渠道竞争　　B. 水平渠道冲突

C. 垂直渠道冲突　　D. 渠道系统竞争

3. 营销渠道成员的评价标准不包括（　）。

A. 成员的文化水平　　B. 中间商的综合实力

C. 中间商的信誉　　D. 中间商的预期合作程度

4. 哪一个不是渠道冲突的原因？（　）

A. 认知差异　　B. 管理缺位

C. 目标不一致　　D. 角色不一致

5. 下列不是企业用来分析以寻求合适的渠道的是（　）。

A. 潜在销量比较　　B. 分销成本比较

C. 分销报酬比较　　D. 经济优势比较

二、多项选择题

1. 直接激励渠道成员的方式有（　）。

A. 返利政策　　B. 价格折扣
C. 促销活动　　D. 实施伙伴关系

2. 对渠道成员进行评估时，常用的标准有（　）。

A. 渠道通畅标准　　B. 经济性标准
C. 企业对渠道成员的控制性标准　　D. 渠道成员的适应性标准

3. 厂家控制代理商一般在（　）。

A. 订立代理合同之前　　B. 订立代理合同之时
C. 订立代理合同之后　　D. 交付货款之时

4. 企业可以通过以下哪几种途径寻找到合适的经销商？（　）

A. 专业性批发市场　　B. 媒体广告
C. 工具书　　D. 广告公司

5. 按渠道成员的关系划分，渠道冲突包括（　）。

A. 潜在冲突　　B. 水平冲突　　C. 垂直冲突　　D. 多渠道冲突

三、判断题（正确的打“√”，错误的打“×”）

1. 渠道权力与渠道权力的运用是一回事，因此渠道权力的来源就是渠道的影响策略。（　）
2. 在评估渠道方案时，需考虑的因素是经济性。（　）
3. 渠道关系管理有利于克服过去厂商关系的随意性。（　）
4. 渠道冲突的原因包括目标不相容和角色不一致以及认知差异。（　）
5. 在冲突与渠道效率的关系中，所有的冲突都会对渠道产生不利的影响。（　）

四、案例分析题

适应时代，不断变革的华为手机渠道设计

华为手机业务自 2004 年成立，2005 年开始生产手机并向市场销售。2009 年前，这段时间，华为一直是按照运营商定制需求制造手机，由运营商在自己的营销网点销售，不面向个人消费者。华为手机品牌在手机市场几乎没有知名度，到 2010 年底华为手机的全年销量也只有 300 万台。

2010 年起，华为开始进行渠道变革，在维持运营商渠道基础上积极推行各级代理，建立线下密集分销渠道。

2013 年推出副品牌荣耀系列手机，对市场进行品牌差异竞争。线下渠道以销售华为品牌为主，线上渠道以荣耀为主。在线下渠道减少中间商数量和层级，加大了线下渠

道的布局，进行渠道下沉，覆盖各线城市。这一阶段采取的是授权加盟模式，以实现快速的市场覆盖，渠道成员没有自营性质。直到2018年华为的线下渠道都是通过授权合作，已经有了6万多个销售点。

2019年初，华为建立了自营的渠道管理团队，大规模地投入线下。到了2019年，大中华区包括直营店和授权店在内的门店已经达到7500家，虽然与2018年相比终端网点数量减少了，但华为手机的销售同比增长21%，出货超过两亿台，收入超过500亿美元，已经超过运营商业务，成为华为的主要业务。

2020年在智能手机高端市场上，华为今年份额继续提升。2020年第一季度中国智能手机市场，售价在600 ~ 800美元价格区间（约合人民币4100元~ 5500元），华为的市场份额达到了48%，超过了苹果的37%。

2020年9月，美国对华为的一纸禁令正式生效。10月华为手机就慢慢开始缺货了。华为在2021年第一季度全球手机出货量的市场份额已经跌出全球前五，而在最巅峰时期的华为手机在中国市场份额超过了40%，缺芯之困给华为造成的影响巨大。

2020年11月17日，华为官方发声明称，整体出售荣耀业务资产，由深圳智信以及30多家供应链共同来接盘。华为剥离荣耀业务，让荣耀可以不受禁令限制，采购相应零部件和芯片，供应链不会断。为中国电子行业发展保留力量，也让大量华为员工不至于失去工作岗位。在正式出售前，荣耀得到了华为的不少帮助，就像临行前的孩子，行李被母亲塞得鼓鼓囊囊。多位华为管理层调到荣耀，超过6000的华为供应链员工加入了新的荣耀。离开华为之后，荣耀开始积极地与众多美系供应商进行沟通，以推动手机业务的正常发展。

剥离荣耀后，华为又对渠道进行改革，创新了MSC模式，即华为与渠道商联营的合作模式，经销商提供资金与场地，华为负责门店主要人员和运营管理，双方风险共担。华为直接通过总部给门店统一供货，不再经过地方分公司进行二次分配。华为手机通过变革稳定了销售渠道，被制裁多年的华为手机越挫越勇，守住了渠道也守住了市场，2024年一季度华为在所有手机品牌厂商中脱颖而出，同比增长69.7%，向世界证明中国企业中国产品的优越。

资料来源：

编者根据网络资源整理。

思考：

1. 渠道改革的内容在这个案例中都有哪些体现？
2. MSC模式相对于传统渠道的渠道变革有什么利弊？

项目五 渠道激励

学习目标

➢ **知识目标**：了解渠道激励的概念与内涵；认识渠道激励的地位和作用；领会渠道激励的原则和内容；了解各种激励方法；清楚返利的目的；了解返利的分类。

➢ **能力目标**：通过学习，学生能对渠道中的激励行为进行分类；能正确运用渠道激励的策略与方法；能有针对性地设计返利策略；能回避返利设计中的风险；培养学生的综合分析能力，设计符合市场综合要求的激励及返利政策。

➢ **素质目标**：引导学生在设计渠道激励策略时创新创造；引导学生坚持正确的经营观念；加强学生在渠道返利中坚持职业操守；加强学生职业道德的培养，立足企业、维护企业利益。

任务一 激励与渠道激励

导入案例

华为公司的激励政策

华为手机从多个维度对渠道成员进行激励，主要有以下政策。

销售返点：华为给渠道合作伙伴设定了不同级别返点政策，针对不同级别的合作伙伴，返点金额不同。

服务销售激励：华为将服务销售额计入渠道总业绩，并给予合作伙伴与设备相同的返点激励。对于高级维保服务，华为会给予合作伙伴 10% 的返点，年度超过 30 万元再返点 2%。

优选 CSP 计划：该计划旨在通过精选合作伙伴，为他们提供更高层次的激励。这一计划只对特定级别的合作伙伴开放，如 4 钻以上的 CSP，并要求合作伙伴具有一定的全国覆盖能力，并经过华为的认证和签署优选 CSP 协议。

工程服务授权：华为会根据产品技术复杂度对合作伙伴进行分类，并匹配相应的工程服务授权。

华为手机渠道激励政策还包括基本利润（进销差价、现金折扣）和市场营销支持（培训支持、样机折扣优惠、市场发展费用）等。这些激励政策旨在促进合作伙伴的销售业绩，提高华为品牌的知名度和市场份额。

思考：

华为各种激励政策的目的是什么？

一、激励理论

激励就是组织及其个人通过设计适当的奖酬形式和工作环境，以一定的行为规范和惩罚性措施，借助信息沟通，来激发、引导、保持和规范组织及其个人的行为，以有效地实现组织及其个人目标。

激励是一种管理艺术，能够调动积极性，挖掘潜力。渠道成员需要激励。

多年来，心理学家和管理学家一直在研究激励问题，许多有关激励销售人员的理论由此应运而生。主要代表性的激励理论有胡萝卜加大棒理论、马斯洛的需求层次理论、弗鲁姆的期望理论、亚当斯的不平等理论、丘吉尔等人的销售激励模型等。

（一）胡萝卜加大棒理论

胡萝卜加大棒理论是管理学家根据农村骡子拉磨现象总结出来的一种管理激励理论，其中，“胡萝卜”代表奖励，“大棒”代表惩罚。企业需要用“胡萝卜”来调动渠道成员的工作积极性，同时需要“大棒”来规范市场行为。

（二）马斯洛的需求层次理论

马斯洛的需求层次理论认为，人们普遍具有五种基本的需求，包括生理的需求、安全的需求、归属和爱的需求、自尊和地位的需求以及自我实现的需求，五种基本需求呈阶梯形排列，逐级上升，如表 5-1 所示。

表 5-1　马斯洛的需求层次

类别	种类	特点
物理性	生理的需求	生存的需求，如饥饿、口渴、穿衣避寒等
	安全的需求	预防生活中的事故发生，如车祸、生病等
社会性	归属和爱的需求	争取被周围的人接受，并成为他们身边重要的人
	自尊和地位的需求	努力争取身居高位、享有荣誉的欲望
自我性	自我实现的需求	实现自身价值和潜力

马斯洛认为，这些需求呈阶梯形排列，只有当低级的需求得到满足以后才会产生更高层次的需求。从某种意义上说，当需求没有被满足时，一个人便将注意力集中在自己的生理需求上。当这些需求被满足之后，安全需求成了决定行为的重要因素。这些需求也被满足之后，归属感便显得尤为重要……以此类推。

根据该理论，渠道管理人员需要对渠道成员的需求进行正确的判断和评估，才能有的放矢，采用针对性的策略有效促进行动、实现渠道目标。

（三）弗鲁姆的期望理论

期望理论认为，人的积极性被调动的大小与成功期望值和回报的价值（效价）有关。激励力 = 期望值 × 效价，组织对目标的把握越大，回报价值越高，能激发起的行动力就越强烈，积极性也就越大。依据期望理论，渠道成员如果认为销售目标合理且可以达成，回报也能符合心理预期，则渠道成员完成某市场任务的积极性较高。

（四）亚当斯的不平等理论

不平等理论又叫公平理论。当人们感到在工作中的努力和业绩超过他们所得到的回报时，他们会感到不公平，产生挫折感。那些认为自己对整个组织的贡献多于他人的销售人员希望能得到多于一般人的相应回报。这就是亚当斯的不平等理论（Inequity Theory）的主张。比如，在金钱上的回报、工作负担、晋升、得到认可的程度、监管行为、目标、任务领域，销售人员就可能会产生不平等的心理感受。

渠道成员会衡量付出与收益之间的关系，如果渠道管理者要求渠道成员付出的代价无法得到足够的回报，渠道成员会感到不公平，并在未来的渠道工作中消极倦怠。或者渠道利益无法公正分配时也会打击渠道成员的积极性。

（五）丘吉尔等人的销售激励模型

销售激励模型认为高昂的斗志、巨大的努力能够带来更好的销售业绩。良好的业绩能带来更多回报，从而增加对工作的满意度。工作满意度又成为一个更强的激励因素，如此构成了一个循环，促进销售工作的开展，如图 5-1 所示。

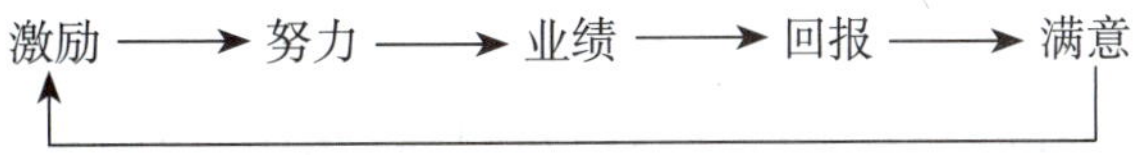

图 5-1 销售激励循环图

通过考察这个模型，渠道管理者能够从中得到以下启发。

（1）应该使渠道成员相信努力工作和接受培训可以增加销售（如获得更有效的访问计划、能够提高销售技巧等）。

（2）应该让渠道成员相信“一分耕耘，一分收获”。也就是说，应该对有价值的事情进行奖励，并且将这种价值“传达”给渠道成员。比如，强调不跨区域内销售是有价值的，并对此行为给予奖励。

【案例 5-1】

一代神器快播落寞离场

相信不少人用过快播，并被它强大的功能深深吸引，但就是这样一款长期稳居市场占有率第一的“神器”，却在 2022 年 5 月 5 日惨遭各大平台下架，甚至快播及旗下 6 家公司都被吊销执照。

快播于 2007 年创立，当时互联网上已经有多种播放器牢牢占据了所有市场，快播创立之时市场覆盖率为 0，然而到 2012 年，快播的下载总量便突破了 3 亿次。要知道，当时的中国网民也不过才 5.38 亿人。所以说，当时几乎每个男性的手机或电脑里都会见到快播的身影。是什么让快播在短短的几年内快速崛起，一跃成为市场龙头，且长期稳居第一宝座。

快播的快速发展和倒台都离不开以下两个原因：首先是盗版视频泛滥。快播虽然是一个视频播放软件，并且对所有的视频软件来者不拒，在提供下载和上传服务的同时，就已经侵犯了正版影视作品的著作权，并且快播的一些功能更加剧了这一过程。

其次是小电影的诱惑。2014 年 4 月，快播被查封。同年 8 月，快播创始人王欣被捕，原因是快播涉嫌传播淫秽视频。其实想想也非常简单，淫秽视频和盗版视频一样，都是视频，都在快播上传播，而快播采取放任不管的态度。只不过，传播盗版最多是商业纠纷，传播淫秽物品就是不折不扣的刑事案件了。最后，快播的创始人王欣被判入狱，快播最终破产。

为了快速抢占市场，快播所有者及管理者放任这两种违法内容应用快播技术进行传播，市场是抢到了，但这个抢来的市场是经不起检验的。

资料来源：

https://baijiahao.baidu.com/s?id=1733324645017616258&wfr

思考：

快播的发展经历，对你在设置渠道激励时有哪些触动？

二、渠道激励

（一）渠道激励

渠道激励一般是指制造商通过持续的激励举措来刺激中间渠道成员，以激发分销商的销售热情、提高分销效率的企业行为。渠道管理者通过一系列的物质或精神的激励手段强化渠道成员的需要或影响渠道成员的行为，以增强渠道成员间的竞争精神，提升其工作积极性与经营效率，最终实现企业目标的过程。

在渠道成员选择确定下来之后，渠道管理者应努力培养与提倡成员间建立良好的合作伙伴关系，以提高整体渠道的经营效率，这些都离不开日常工作中的监督和激励，同时，对中间商的日常监督和激励也是及时消除渠道中的冲突与矛盾的行之有效的方法之一。因此，研究对渠道成员的激励与控制在整个渠道的管理过程中有着非常重要的地位。

有效的激励措施是渠道良性运转的催化剂，激励目的是刺激经销商、批发商以及零售商等能更多地提货、更早回款、更加积极主动地进行市场的开拓，从而降低厂商的运作风险。在制定激励措施之前要对市场进行分析。

1. 了解中间商的需求

要搞好渠道激励，了解需求只是激励的第一步，随后应该做的是采取有效的激励措施。中间商作为重要的渠道成员之一，其销售商品的积极性主要来自哪里呢？一般来讲，要有效地调动中间商的销售积极性，必须了解他们的需求。中间商的需求主要包括畅销的产品、优惠的价格、丰厚的利润回报、一定量的前期铺货、广告及通路费用支持、市场业务工作指导、销售技巧方面的培训、及时准确地供货等内容。

2. 了解渠道激励方式

制造商是渠道主要倡导者，渠道激励措施一般指制造商给予中间商的各种物质和精神奖励，以激发渠道成员的销售积极性，同时实现对渠道的控制，并达成企业的分销目标。制造商采取的主要激励举措包括金钱奖励、授予经营权、提供促销政策、公开表彰、扩大经营地盘、提供培训、参与决策、独立项目责任、评奖评优等内容。

（二）渠道激励的作用

通过激励可以激发中间商的销售热情，挖掘其潜能。一般来说，中间商并不会天然与制造商同心同德、保持一致，他们多少会有各自不同的需求与愿望，因此需要有的放矢地推行渠道激励政策，保持渠道具有足够的动力推动。中间商需要激励，否则难以充分发挥。

渠道系统是由两种不同利益目标和思考模式的利益主体构成的，中间商和制造商的关系不是上令下行的关系，维系相互之间合作关系的纽带是对利益的追求。因此，对制造商而言，为了使整个系统有效地运作，渠道管理工作中很重要的一部分就是不断地增加维系双方关系的利益纽带，针对渠道成员的需求持续提供激励以及经常性地进行渠道促销以增强渠道活力。渠道激励的主要作用体现在以下几个方面。

（1）通过渠道激励，制造商获得更为理想的销售业绩

通过激励中间商，使产品从生产企业转移到中间商之后，中间商积极主动地进行商品陈列、商品展示和各种促销努力，促使消费者作出购买决策，从而加大产品的销售力度。

（2）通过渠道激励，中间商成为制造商与消费者之间信息沟通的桥梁

通过激励中间商，使他们积极地为制造企业提供顾客的需求和市场的变化趋势，同时使中间商成为企业信息的传播者、企业信誉的建立者和产品形象的维护者。

（3）通过渠道激励，整个渠道成员共同受益

通过渠道激励，制造商实现了营销目标，中间商获得了物质或精神上的利益提升，进一步拓展了生存空间；消费者则通过更有效率和活力的物流通道得到了更大的优惠与便利（见案例 5-2）。

【案例 5-2】

某保健酒厂抢滩贵州市场

某保健酒厂在抢滩贵州市场时，曾经选择了 68 家中间商，分布在贵州全省各地，为调动中间商的积极性，该酒厂规定，凡年度完成 300 吨销售任务者，奖励带有广告宣传厢体的送货车一辆，另外，厂家还赞助中间商 3 万～5 万元的促销费用。这一举措大大调动了中间商的积极性，使得这一名不见经传的新品牌在名酒云集的贵州市场抢得一席之地。

资料来源：

编者整理。

思考：

1. 该酒厂进行渠道激励的目的是什么？
2. 如果以每吨酒 2000 瓶为假设，你认为该酒厂的激励力度是否有足够吸引力？

任务二　渠道激励原则和方法

导入案例

自2002年公司成立，东风悦达起亚已经经历了20载，过去的20年间，起亚汽车随着中国汽车市场一直保持高速增长，2014年年销量为65万台。而到了2015年之后，汽车行业的增长进入低毛利、精细化运作的阶段，而市场的相关参与方无论是厂商还是经销商，都没有调整好自己的权责以及在市场变动时相应的行为。2015年开始起东风悦达亚制造商因无法对经销商进行有效激励，部分东风悦达起亚的经销商就曾因车辆利润过低的问题而退网。

2021年东风悦达起亚的销量仍不甚理想，尽管依靠新车的推出及采取“价格一步到位”的营销策略企图低价救市，恐怕也无济于事。毕竟产品经得住市场考验，对于消费者来讲才是最根本的关键。如此看来，东风悦达起亚沦落到如今这种地步，产品质量问题、经销商大面积退网等才是真正令东风悦达起亚深陷困境的主要原因所在。

早在2015年9月，各大主流媒体就报道过东风悦达起亚经销商经营困难，之后有关于东风悦达起亚经销商经营困难、受困利润危机、大量退网等报道层出不穷。据不确切消息，仅2017年一年，东风悦达起亚就退网100多家店，其余在网的经销商有85%处于亏损状态。

2016年年底，湖南、江苏以及河北等地200多家经销商曾“联合上书”东风悦达起亚，要求厂家赔偿2016年损失、取消捆绑销售和阶梯返利等不正当的商务政策。2017年1月，数十家东风悦达起亚经销商联合起来成立工委会，联名抗议东风悦达起亚厂家对经销商的压迫。某偏远地区4S店总经理在写给东风悦达起亚年终大会组委会及三方股东的信中同样道出了经销商在面对厂家经营策略时的无力和生存困境。

“经营策略有问题，经销商看不到希望。”在经销商看来，这是导致东风悦达起亚销售量急剧下滑的主要原因。每年东风悦达起亚会给出高强度任务，要求当月跑车跑量，否则下个月就无法进新车。而一个季度内又各月捆绑，如若1个月完成不了任务，则不但扣除此前的返利，还要另扣承兑逾期利息，新经销商叫苦连天。新经销商始终享受不上大宗业务，而个别商家利用大宗业务拿到优惠跨区域销售，部分车型跨区域销售价格比正常进价低1万多元/辆。与此同时，二网销售商卖出的却是跨区域的车。

东风悦达起亚每月最后一天开始发租赁车，要求经销商50辆起租。同时每月最后一天，经销商为了完成业绩，采取买量（3000 ~ 5000元/辆）来弥补辖区没有完成的任务。买量和拿到租赁车的经销商立马抛售给全国的黄牛，因东风悦达起亚采取跨区报备制度，要求客户本人到店，故催生黄牛收取300元报备费，联合4S店做假的身份证明给厂家。价格双轨制度是击垮这些抗议经销商的稻草，同样是提车的经销商，买量的加上特价车，4S 店之间每辆车的差价就上万元。

对于厂家政策及举措的不满及盈利无望，经销商大面积申请退网进而成为“新常态”，东风悦达起亚却接连多次召开经销商招募大会，意欲继续扩充渠道规模。“同一省份同一品牌 4S 店多则 30 家，少则 10 多家”，厂家疯狂建店，全然不顾经销商死活，自然导致售后服务差、用户与经销商矛盾进一步加剧，根本原因在于东风悦达起亚只管自己碗中“有肉吃”，而不管不问经销商是否“有汤喝”。

东风悦达起亚能否重回赛道，重拾当年的辉煌？中国市场发生的巨大变化，消费者购车的成熟和专业，在很大程度上让东风悦达起亚的过时经销商商务政策变得不堪一击，没有正确的激励政策，即便更换更多的公司总经理或更换新的公关部部长等中高层人员都于事无补。

资料来源：

https://www.yoojia.com/article/9559311111571253501.html.

思考：

1. 东风悦达起亚汽车渠道激励的问题有哪些？
2. 如果你是东风悦达起亚总经理，会如何进行经销商管理？

一、渠道激励的指导原则

渠道激励，作为调动渠道成员积极性的一种手段，需要遵循一定的规矩或原则。否则，轻者起不到激励的作用，重者还可能引起渠道成员的不满、渠道领袖和渠道成员之间的矛盾、渠道成员之间的争斗，以及一个企业不同渠道之间的混乱。

（一）有的放矢原则

渠道激励的起点是满足渠道成员的需要。但是，不同渠道成员的需要存在差异性和动态性，因人而异，因时而异。因此，渠道领袖在进行激励时要有的放矢，深入了解各个渠道成员的实际需要。只有在调查研究的基础上，根据大多数渠道成员的需求层次和需求结构，有针对性地采取激励措施，才能收到实效。

（二）及时激励原则

及时激励的原则，是指在激励过程中应该注意时机的把握。如果时机把握不当，应奖励时不奖励，则会使渠道成员丧失工作的积极性，甚至产生不满和消极情绪。如果导向错误，如过分重视短期效应的激励措施，则会使渠道成员产生错误的营销理念，只顾眼前，采用不道德的手段销货，损害企业形象，酿成恶果。因此，激励要及时，要注意长期效果。

（三）兼顾公平原则

人们通常用两种方法来判断自己所得报酬是否公平，即横向比较和纵向比较。横向比较，是指将自己与别人相比较来判断自己所获报酬是否公平；纵向比较，是指将自己目前的状况与过去进行比较。一个人对所获得的报酬、奖励是否满意，是通过纵横比较看其相对值。如果经过比较认为自己的所得偏低就会感到不公平、不合理，从而影响工作热情。因此，渠道领袖在激励渠道成员时可以让渠道成员适当拉开差距，但要遵循兼顾公平原则，只有这样，才能充分调动整个渠道大多数成员的积极性。

（四）目标一致原则

在激励机制中，设置目标是一个关键环节。目标设置必须体现组织的目标要求，并兼顾个体目标，力求使个人目标与组织目标一致，力求使渠道中各成员之间的目标相辅相成，以激励共同的目标取向。当渠道目标与某些渠道成员的目标相左时，渠道领袖应设法激励符合组织利益的目标。

（五）多样性原则

渠道激励的多样性原则是指针对渠道成员的不同需要及愿望，结合不同的时机和环境，将激励的一般法则灵活地加以运用，以期达到最好的激励效果。如激励对象除了将渠道成员作为整体进行奖励以外，还可以对具体的销售人员进行奖励，而激励形式则包含了物质激励、培训激励、参与性激励等多种方式，必须根据激励对象的不同有重点地结合使用。

（六）奖惩结合原则

奖励与惩罚相结合，才能收到最大的激励效果。奖励是一种正激励，处罚是一种负激励，两者都是必要的。只奖不惩，领袖没有威严；只惩不奖，渠道成员没有积极性。渠道领袖在激励时要善于正负结合，以正为主，以负为辅，鼓舞士气。

二、渠道激励方法

从本质上来讲，渠道激励是渠道利益的重新分配。如果分配得好，渠道各层次、各渠道成员都能获得相应的利益，渠道就能够协调平衡、共同发展；相反，如果分配得不好，渠道各层次、各渠道成员之间利益不均，就会产生渠道冲突，破坏渠道，影响渠道的正常发展。因此，要搞好渠道激励，必须掌握渠道激励的辩证法：因时因行业因地制宜、物质激励与精神激励相结合、成员愿望与渠道目标相一致、激励的重点性与全面性相结合、激励的及时性与长期性相结合、激励的投入与产出相匹配。

渠道激励的内容尽管丰富多彩，激励中间商的形式哪怕多种多样，但归根结底不外乎物质激励与精神激励两个方面。

（一）物质激励

渠道物质激励是以提供物质产品为奖励手段的激励形式，比如，提供价格优惠、提供奖金、提供独家经营权、提供市场费用补贴等。物质激励的实质是向渠道成员提供金钱（money）的刺激，物质激励永远不失为一种有效的激励形式。

追求利益是渠道的天性，中间商作为独立运营的企业，获取利润是其进行经营活动的根本目标，如果运用得当，物质奖励往往会起到非常好的激励效果。因此，制造商可以根据中间商的经营目标和需要，在谈判与合作时提出一些商业利益上的优惠条件来实现对中间商的鼓励，具体包括以下策略。

1. 对中间商返利

返利是指厂家根据一定的评判标准，以现金或实物的形式对中间商进行的滞后奖励。其特点是滞后兑现，而不是当场兑现。从兑现时间上来分类，返利一般分为月返、季返和年返三种；从兑现方式上来分类，返利一般分为明返、暗返两种；从评判标准上来分类，返利可以分为过程返利和销量返利两种。

2. 给予中间商价格折扣

制定各种价格折扣政策，给予中间商最优惠的价格，实质上是变相地让利给中间商，这是渠道利润分配的一种手段，体现了厂家和中间商“利益共享”的渠道激励思想。

3. 放宽信用条件

通常，相对于制造商而言，许多中间商的资金实力非常有限，他们对付款条件也会较为关注。因此，企业应针对此类渠道成员的特定需要，通过对其诚信度的调查，适当地放宽付款方式的限制，甚至可以在安全范围内为其提供信用贷款，帮助其克服资金困难，如此也能达到较好的激励效果。

4. 各种额外补贴

针对中间商在市场推广过程中所付出的种种努力，带有奖励性质地对其中一些活动加以补贴，如广告费用的补贴、通路费用的补贴、商铺陈列的补贴等，这样既加大了产品的市场推广力度，也能提升渠道成员的工作积极性。

概括地说，物质激励作为渠道成员激励的一种重要手段，能最大限度地满足中间商的利益保障需要，激发其工作热情，但过度使用也可能会导致渠道出现价格失控、管理失控的混乱局面，同时需要承担企业利益损失的风险。因此，企业应在了解中间商实际需要的前提下，以建立长远稳定的发展渠道为目标，有针对性地适度使用物质激励政策。

（二）精神激励

物质激励非常重要，但它并非对所有的中间商都能产生激励力量，还必须配合精神激励才能达到理想的效果。渠道精神激励是指通过满足客户某些方面的精神需求以调动其销售积极性的激励形式，如果能使中间商感觉到自己受到了重视，在渠道中有较大的发言权和自主权，那么必然会形成较强的凝聚力和渠道忠诚。满足中间商的精神需求也是一种有效的激励方式。

1. 参与决策

通过协商、咨询等方式使中间商参与企业的战略制定及业务管理工作，一方面能帮助企业直接获取目标客户的信息反馈；另一方面也可以满足渠道成员归属的需要和被认可的需要，最大限度地提升其工作积极性。比如，金龙鱼在上马面粉、大米项目前就曾经召集全国 20 多家优秀经销商到佛山西樵山风景名胜区集中开会讨论可行性，听取经销商代表的意见，以提供决策支持。参会的经销商也受到鼓舞，感觉自己得到了公司的信任。

2. 授权激励

企业在管理过程中适当授权给中间商，如赋予其独家经营权或者其他一些特许权，对中间商来说也是一种很好的激励方法，可以满足其地位提升的需要，使其产生较强的成就感和责任感，从而达到较好的激励效果。

3. 合作开发

加强与中间商的合作范围与力度。将渠道成员间单纯的产品供销合作拓展到共同进行产品的研发与改进、市场开发与推广、售后服务活动等领域，以进一步扩大产品品牌的知名度。全面合作不仅加强了渠道成员间的沟通、增进了渠道成员间的感情，维持了较好的渠道稳定性，同时，不断提升的品牌效应也可以使渠道成员长期受益，成为对其最好的激励。

4. 提供培训

在专业性上对渠道成员进行全方位的培训与提升也是一种激励手段。如产品培训、行业培训、销售及维修人员培训，甚至市场营销培训等，对渠道成员将产生一定的吸引力和号召力，在渠道整体经营能力不断提升的同时，也减少了渠道的冲突和摩擦。

5. 市场服务支持

及时了解渠道成员的实际困难并帮助其解决。例如，当中间商出现较大的人员变动、组织结构不清晰或信息通路不畅等问题时，企业可以在控制自身风险的前提下尽力为其提供帮助，提供服务支持，以维持渠道的稳定性和凝聚力。

总之，对渠道成员的激励必须从不同企业的实际需要入手，结合多种方式对其进行帮助和鼓励，物质激励与精神激励相结合，才能达到理想的激励效果。

任务三 渠道返利

导入案例

某纸业公司的返利政策

某纸业公司为提高渠道成员销量、增强渠道合作和提高忠诚度，制定了全面的返利政策。主要包括以下几种。

推广返利：为推广产品的经销商提供额外的返利。例如，如果经销商能够引入新的客户或者增加对产品的宣传力度，会给予相应的返利。这种政策能够鼓励经销商更积极地推广产品。针对不同渠道和产品线，制定了不同的返利政策。例如，针对不同的产品线，代理商每销售100元，可获得1～5元的返利；终端商每销售100元，可获得0.5～1元的返利；而消费者购买产品满一定金额，也可获得一定的折扣或赠品。

季度返利：该公司在每个季度末，根据经销商本季度的销售数量或销售额，按照一定的返利比例向经销商返还利润。这种返利政策旨在激发经销商在短期内销售的积极性，有助于提升销售业绩。

年度返利：该公司会在每年年底，根据经销商本年度的销售数量或销售额，按照一定的返利比例向经销商返还利润。这种返利政策与季度返利相结合的方式，能够鼓励经销商在一年内保持持续的销售积极性。

销售竞赛返利：企业会不定期举办销售竞赛，鼓励经销商之间进行竞争。在销售竞赛中表现优异的经销商可以获得额外的返利奖励，这种返利政策能够激发经销商之间的竞争性，有助于提升销售业绩。

阶梯返利：公司会设定不同的销售层次，根据渠道商或终端商的购买量或销售额，给予不同的返利比例或奖励。例如，销售额在10万元以下，返利比例为1%；销售额在10万～20万元，返利比例为1.5%。

需要注意的是，不同的市场和产品线可能会有不同的返利政策。公司会根据具体情况制定相应的返利政策，以确保其能够有效地激励经销商，并提高市场占有率。

思考：

各种返利政策的对象是谁，目的又是什么？

企业可以采用各种各样的方式对其中间商、分销商进行激励，但从目前的营销实践来看，最直接、使用频率最高、激励效果最明显的是渠道返利措施。

一、返利的概念

返利是指厂家或商家以一定时期的销量（回款）为依据，根据一定的标准，以现金或实物的形式对下游分销机构的利润返还或补贴。返利对生产厂家来说，是希望最大限度地刺激经销商销售自己产品的积极性，通过经销商的资金、网络，加速产品的销售，以期在品牌、渠道、利润等诸多方面取得更高的回报。返利对经销商来说，则是厂家对自己努力经营其产品给予的奖励，是其经营利润的主要来源之一。

然而，返利是一把双刃剑。如果运用得当，可以起到激励经销商的作用，有不少生产厂家也正是借此在市场上获得了巨大的成功。但值得注意的是，经销商往往会将企业的返利当成降价倾销的资本，而其倾销又是为了获得更多的返利。这种恶性循环很容易破坏整个市场的价格体系，导致卖低甚至卖穿市场价格，拉低整体行业利润。当初健力宝、旭日升就是利用高额返利吸引经销商，最后又是因为高额返利搞乱了价格体系，最终导致企业失去活力。因此，在制定返利政策时，一定要考虑它的连锁反应和副作用。

二、返利的功能

返利具有两种特殊功能，即激励和控制。这两种功能是相辅相成的，两者之间是一种相互影响、相互作用的关系。

（一）激励功能

返利首先是一种激励手段，它能刺激分销商按时、提前或超额完成之前制定的销售目标。返利对经销商而言是一种额外收入，而且门槛不高，只要实现了销售目标就会有相应的返利回报，因此，它能够起到激励经销商销售的作用。

（二）控制功能

返利也是一种控制手段，厂家利用经济杠杆对分销商实施控制。但返利是有一定的要求和标准的，达不到要求（如销量目标、回款率、退货率等）不能获得返利，因此，获得返利并不是一件轻而易举的事情，特别是高比例的返利，除了对经销商有销量方面的要求之外，企业一般还会要求经销商不能有严重市场违规行为等诸多限制，否则将受到扣减返利甚至取消返利的处罚。

三、返利的目的

企业常常通过给予物质或现金奖励来肯定经销商在销售量和市场规范操作方面的成绩，刺激经销商努力达到销售目标和努力开拓市场。在企业高返利政策的诱导下，经销商会尽一切努力把销量冲上去，争取把高的返利拿下来。我们说，追求利润是渠道的天性，这对于厂、商双方来讲都是有利的。不过，企业不同，其制定返利政策的指导思想也不一样。

（一）以提升整体销量为目的

促使经销商提高整体销量是返利最主要的目的。返利也因此常常与销量挂钩，实行梯级返利政策，经销商随着销量的提高而享受更高比例的返利。

（二）以完善市场为目的

实际上，这是返利发挥其控制功能的一种形式。除与销量挂钩之外，返利还将与提高市场占有率、完善网络建设、改善销售管理等市场目标相结合。

（三）以加速回款为目的

将返利直接与回款总额挂钩的返利方式，可以有效加快资金回笼的速度和进程。

（四）以扩大提货量为目的

这种返利往往采取现金返利的方式，类似价格补贴。大多数时候，此类返利分为两部分，一部分采用现金返利方式兑现，另一部分则是一段时期之后根据这段时期总的销量再进行返利，即累计销量返利。

（五）以品牌推广为目的

此类返利有时候也被称为“广告补贴”，与销量挂钩，并参照补贴市场的实际广告需求确定返利比例。需要说明的是，此类返利与销量返利并存，不同市场的两部分返利的比例关系不一定一致。

（六）以阶段性目标达成为目的

这种返利是指为配合企业阶段性销售目标的完成，特别制定的阶段性返利。企业为促使经销商进货、增加库存，可采取阶段性返利政策，经销商若超过此期限进货则不再享受此项返利政策；企业新产品上市推广阶段通常也采用特殊时期特殊产品的高返利，以促使短期销售上量，达到市场突击的效果。

四、返利的风险

（一）返利策略运用不好可能会引起窜货

返利在产生激励的同时，常常会成为经销商窜货乱价等短期行为的诱发剂。特别是当厂家的产品占领市场，变成畅销产品后，厂家销售工作的重心就会转向管理市场，以稳定市场秩序和价格体系。这时，仅以销量为依据返利的政策的弊端就表现得越来越明显。

（二）销量越大返利越高，这可能会使经销商不择手段地去突击销量

各经销商在限定的区域内无法在限定的时间内完成一定的目标时，他们会很自然地采取违规行为，想办法跨区窜货。经销商会提前透支返利，不惜以低价将产品销售出

去，平进平出甚至低于进价批发。结果，你窜货到我的区域，我窜货到你的区域，最后导致价格体系混乱甚至崩盘。

可以说，高返利诱惑经销商窜货的根源在于厂家太专注于其激励功能而忽视了其控制功能，未考虑其副作用也未采取防范措施。

五、返利的分类

（一）按兑现时间分类

返利通常是滞后兑现，而不是当场兑现。因此，从兑现的时间上来分，返利可分为以下几类。

1. 月度返利

月度返利是指以月度的销量为依据的返利。月度返利有利于对经销商进行即时的激励，让经销商随时可以看到返利的诱惑，也比较容易根据市场的实际情况、淡旺季等来制定合理的学习目标和返利目标底线，操作起来非常灵活。但这种返利方法对公司财务核算有比较高的要求，而且月度返利金额往往较小，诱惑力不够，还容易出现投机心理，导致市场大起大落等不稳定现象。比如，经销商往往为了追求本月的高返利而拼命压货，导致下月的销售严重萎缩。这种方式往往为一些超级快速消费品企业所采用。

2. 季度返利

季度返利是以季度的销量为依据的返利。这种返利方法既是对经销商前 3 个月销售情况的肯定，也是对经销商后 3 个月销售活动的支持。这样就促使厂家和经销商在每个季度结束时，对前 3 个月合作的情况进行反省和总结，相互沟通，共同研究市场情况。季度奖励一般是在每一季度结束后的两周内，由厂家选择一定的奖励形式予以兑现。季度返利方式往往不常被企业采用。

3. 年度返利

年度返利是指以年度的销量为依据的返利。这种返利方法是对经销商完成当年销售任务的肯定和奖励，一般是在次年的第一季度内兑现。年度返利便于企业和经销商进行财务核算，容易计算营销成本，且便于参照退换货、销售学习目标等政策因素，而且年度返利账面金额往往比较大，对经销商有一定的诱惑。年度返利能够有效地缓解企业结算压力，同时有利于企业资金周转。但是，对经销商来说，虽然返利周期比较长，对其即时性激励不够，但有持续激励的效果，经销商经营一年下来有一个良好的盼头。加上兑现时间与企业年会相吻合，企业借此总结、激励和安排来年目标，因此，此种形式为大多数企业所采用。

4. 及时返利

及时返利是指以每单销量为依据的返利。这种返利方法是在购货时即进行返利，一般采用票面折扣的方式。其优点是计算方便，兑现快捷；缺点是无过程。返利会影响市场价格，不是返利本身的初衷，因此小商小贩常采用这种形式。

（二）按兑现方式分类

1. 明返利

明返利是指明确告诉经销商在某个时间段内累计提货量对应的返点数量，是按照与经销商签订的合同条款，对经销商的回款给予的定额奖励。明确的返利，对调动经销商积极性有较大的作用，但需要有配套的考核体系，对经销商比较熟悉和了解，但明确的按量返利，也容易陷入恶性循环。

明返利的最大缺点在于，由于各经销商事前知道返利的额度，如果厂家稍微控制不力的话，原来制定的价格体系很可能就会因此瓦解。为抢夺市场和得到返利，经销商不惜降价抛售，恶性竞争。最终，厂家的返利完全被砸了进去，不但起不到调节通路利润的作用，反而造成了市场上到处都是乱价、窜货的现象。

2. 暗返利

暗返利是指对经销商不明确告知，而是厂家按照与经销商签订的合同条款，对经销商的回款给予的不定额奖励。暗返利不公开、不透明，就像常见的年终分红一样，在一定程度上确实消除了一些明确返利的负面影响，而且在实施过程中可以充分地向那些诚信优秀的经销商倾斜和侧重，比较公平。但是，暗返利在过程中是模糊的、不透明的，可是当实施的那一瞬间，模糊奖励就变得透明了。经销商会根据上年自己和其他经销商模糊奖励的额度，估计自己在下一个销售周期内的返利额度。

暗返小技巧：暗返利只能与明返利交叉使用，而不能连续使用，否则，暗返利就失去了其模糊的意义。

（三）按返利目的分类

1. 销量返利

经销商在销售时段内（月、季或年）完成厂家规定的销售额，按规定比例及时享受厂家支付的返点，一般采用“梯级返利”制度。这种返利形式对厂家而言，优点在于容易操作，易于管理；缺点在于销量越大，返利越高，必然会使经销商不择手段地去增加销量。当各经销商在限定的区域内无法在限定的时间完成一定的目标时，他们很自然地实行跨区窜货。经销商还会提前透支返利，不惜以低价将产品销售出去，平进平出甚至低于进价批发。结果，恶意窜货导致价格体系混乱甚至崩盘。所以，销量返利是基础，但不能完全或者仅仅使用销量返利，必须与过程返利相结合，才能保证市场稳定和企业的持续发展。

2. 市场覆盖返利

在产品刚进入目标市场时，为了迅速将商品送达终端，厂家给予经销商铺货奖励作为适当的人力、运力补贴，例如，铺市达 300 终端、500 终端给予不同奖励； KA 店数量 10 家、20 家给予不同奖励。也可以按目标市场的覆盖率进行返利，或不同陈列效果数量进行返利等。

3. 价格维护返利

为了防止窜货、乱价等不良行为的产生，导致最终丧失获利空间，厂家会设定“价格信誉奖”，加强对经销商的管控。例如，针对区域市场价格的稳定情况，又能给予若干比例的返利作为奖励。

4. 促销返利

为经销商的政策执行、广告与促销配合、信息反馈等设立返利，这样既能强化中间商积极参与厂家活动，又能加强双方关系。

除此之外，还有库存返利、回款返利、不退货返利等。

（四）按返利原由分类

1. 产品返利

产品返利应包含主销产品、副销产品、新产品等不同的产品系列返利。企业通过对不同的产品线实行不同的返利标准，实现产品的均衡发展，鼓励经销商积极销售非畅销产品。例如，某酒厂设置的产品返利标准如下：珍品系列返利为 2%，精品系列返利为 1.5%，佳品系列返利为 1%，新产品系列返利为 5%。

2. 物流配送补助

随着经销商职能的变化，经销商由原有的“坐商”变为“物流配送商”，产品的运输费用成为经销商的主要费用开支，这些开支包括车辆折旧费、汽油费、过桥费、司机工资等。如果这些费用不能从产品的返利中得到补偿，将会影响经销商销售这些产品的积极性，产品的销量将会下滑。因此，在返利系统中，设置“物流配送补助”项目，将有利于经销商积极开展工作。

3. 终端销售补助

终端销售，主要是指需要进场费、陈列费、堆头费、DM 费等各种名目的费用的连锁超市、商场等 K/A 卖场。由于这些费用名目繁多，手续复杂，企业审核的工作量大，其真假难辨，同时，这些费用的多少没有绝对的标准。对于同一个项目的费用，不同的人谈判可能有两种截然不同的结果，因此，应设置“终端销售补助”，将这些费用折合成比率，返利给经销商，作为通路费用补贴。

4. 人员费用补贴

为支持经销商在当地开展工作，有些企业会为经销商在当地聘请销售人员。然而，企业要实现对这些销售人员的管理和监控是很困难的。为了表示企业对经销商的人员支持，经过经销商申请，企业可折算成一定返利比例，作为对经销商所核定的人员编制的工资支持。

5. 地区差别补偿

由于产品在不同区域的市场基础不一样，产品知名度、美誉度也就不一样。有的区域市场基础好，产品销量自然要高，有的区域市场基础差，以产品销量为基础的返利标准，显然对市场基础差的经销商是不公平的。为公平起见，企业应设置“地区差别补偿”，以提高市场基础差的经销商的积极性。

6. 经销商团队福利

为把一盘散沙的经销商组织起来，企业应成立经销商行会、团队或互利会，并给予会员一定的返利作为会员福利，如给予经销商销量的 1% 作为加入行会的福利等。

7. 专销或专营奖励

专销或专营奖励是指经销商在合同期内，专门销售本企业的产品，不销售任何其他企业的产品，在合同结束后，厂方根据经销商销量、市场占有情况以及与厂家合作情况给予一定奖励的企业行为。在合同执行过程中，厂家将检查经销商是否执行专销或专营约定，专销或专营约定由经销商自愿确定，并以文字形式填写在合同文本上，年终以返利形式兑现。

然而，返利不仅是一种激励手段，更是一种控制工具，因为返利奖励常常不是当场兑现，而是滞后兑现的。换言之，经销商的部分利润是掌握在生产商手中的。如果生产商返利用得好，就可以使返利成为一种管理控制经销商的工具。

六、返利形式

返利兑现的常用形式包括现金、产品和折扣等。企业在选择兑现方式时，可根据自身情况进行选择，以方便客户和自己，起到激励和控制的作用。

（一）现金

可以根据经销商的要求和企业实际，以现金、支票或冲抵货款等形式兑现返利。如现金金额比较大，企业可要求用支票形式兑现。现金返利兑现前，企业可根据事先约定扣除相应的税款。现金方式很刺激，但厂家资金压力大，企业采用得越来越少。目前，大多数企业以冲抵货款的方式兑现返利，这对双方都有利。

（二）产品

以产品形式返利，是指企业用经销商所销售的同一产品或其他适合经销商销售的畅销产品作为返利。需要注意的是，产品必须畅销，否则返利的作用就难以发挥。这种返利方式有利于厂家销售产品，而且以厂家产品价格核算计算返利金额，对厂家是非常有利的，经销商会接受，但激励效果会打一些折扣。这种返利形式对畅销品牌还可以，对一般品牌来讲，经销商不大乐意接受。

（三）折扣

账面折扣是一种常见的及时返利模式。其特点是返利不以现金的形式支付，而是让经销商在提货时享受一个折扣，但前提是现款现货交易。厂家主要通过这种模式减少自身的现金压力，尽快回笼资金。

七、返利力度

返利顾名思义是指制造商根据分销商所完成的销量（回款）或其他贡献定期给予分销商一定额度的利润补贴。它实际上是渠道利润的平衡和再分配过程，是制造商惯用的吸引和控制渠道成员的手法，并逐渐成为行业惯例。

返利应该多大力度（比例）才合适呢？力度太小了，对渠道成员没有吸引力；力度太大，厂家利润不允许。而且，如果返利力度较大，聪明的分销商会将一部分预期返利打入价格，降低价格来销售，以博取更大销量和更多返利。这样一来，低价倾销、窜货、价格战在所难免，厂价有可能被卖穿（低于厂价），厂家的价格体系和市场秩序将会受到破坏，产品价格下降，渠道利润下滑，市场必将萎缩，甚至垮掉。

返利作为额外的奖励，首先，必须具有一定的诱惑力。对于以利为先的商人来说，返利的力度必须能刺激经销商努力去提高销量，以获取尽量多的利益。其次，必须在严格财务核算的基础上确定奖励点数的范围。不同行业的利润率是不同的，因此，点数的确定需科学、谨慎。返利的力度还需考虑行业利润和厂家的承受能力，毕竟返利是营销成本的一部分，企业在确定前要充分考虑同行业的水平、产品的利润水平、产品类别和竞争对手的返利水平等。隔行如隔山，对不同行业的了解及对竞争环境的把握，是制定科学合理的返利力度的关键。

由于各行业存在巨大差异，所以业界也没有定论。一般来讲，科技含量高的、资金密集型的行业，如家电等，由于销量（销售额）比较大，所以返利额度一般比较小，以 1% ~ 2% 比较合适；而科技含量较低、劳动密集型的行业，如食品等，由于销量（销售额）比较小，所以返利额度相对较大，在 3% 左右比较合适，但不能超过 5%。为使返利真正成为激励力量而不是破坏力量，厂家在制定返利政策时必须参照两条标准：一是行业的平均水平；二是不至于引起冲货。此外，厂家一般设置的是“梯级返利”，即销量越大，返利越高。这里要提醒的是，适当拉开差距，兼顾公平，不能过分偏向大客户而轻视中小客户，注意上限的设置以及“过程返利”的实施。

八、返利频度

返利在频度上一般有月度返利、季度返利、半年返利和年终返利几种。月度返利具有快捷、立竿见影的特点，受一些中小经销商欢迎，但厂家的财务管理难度增大，也容易导致短期行为，只适用于部分经营快速消费品的中小型企业采用。季度返利也追求快速兑现的承诺，让分销商看到希望并很快实现希望，有很强的成就感，且持续刺激，激励效果较好，往往适用于一些生产季节性较强的快速消费品的中小型企业，如生产面包、新鲜牛奶和时装的企业，但同样存在短期行为和结算难度大的问题，且不利于渠道的长远规划，没有整体感。而很少有企业采用半年返利，只有少数一年召开两次年会的企业选择这种做法。

年终返利是绝大多数厂家惯常采用的返利方式，因为一年是一个完整的销售周期，厂家可以对分销商进行一个完整的考核，通过每年一次的年会对上一年的销售工作进行总结，并兑现年终返利，同时，对来年市场进行整体规划，并制定新一年的目标和返利政策，因此，它是一种与目标激励相结合的全面、持久的激励方式，具有很强的生命力。

九、返利条件

到目前为止，很多企业采用的还是单一销量（回款）指标考核计算返利的形式，这种形式简单易操作，在市场经济的初期起到了催化剂的作用，但随着市场经济走向成熟，不得不关注价格体系和市场秩序的时候，这种结果导向的返利形式就显得越来越落伍了。因为简单的销量返利会助长低价、冲货、不择手段、短期行为，对市场发展不利。

现在越来越多的厂家采用过程导向的综合指标（如目标销量完成、价格体系保持、市场秩序维护、品牌推广支持等）分解考核返利，即把返利总额分解到多个指标上分别给予考核，分别兑现返利，以弱化销量指标，强化市场维护和市场支持指标，旨在追求市场的良性、持续发展。而且，业界也在逐渐淡化返利的功能，强化分销商自身盈利能力的提高，这是未来的一种趋势。

【案例 5-3】

梯级返利

一般来讲，企业的返利制度会设置一个基本的销售额指标作为返利的起点，也会设置一个返利标准的上限，上限和下限之间设置若干等级，形成一个“梯级”结构，销售额越是上一个等级，返利的比例越高，以此来激励分销商追求销售额上量，以获取年终（或阶段性）返利，最终目的是达到企业的分销（销量）目标。比如，某快消企业规定年销量在 100 万元以内，返利 1%，超过 100 万 ~ 200 万元的部分返利 2%，超过 300 万元的部分返利 3%……依次类推。

项目检测

一、单项选择题

1.（ ）就是制造商根据分销商所完成的销量（回款）或其他贡献定期给予分销商一定额度的利润补贴，其实质是渠道利润的再分配。

A. 渠道促销　　B. 市场支持　　C. 销售返利　　D. 通路费用

2.“渠道促销”是厂家针对中间（ ）（经销商、代理商、批发商、终端零售商）所进行的促销活动，目的是刺激渠道成员的进货热情和销售积极性。

A. 制造商　　B. 服务商　　C. 渠道商　　D. 消费者

3. 暗返利与明返利应该（ ）使用。

A. 交叉　　B. 连续　　C. 模糊　　D. 同时

二、多项选择题

1. 主要代表性的激励理论有（ ）。

A. 胡萝卜加大棒理论　　B. 需求层次理论

C. 期望理论　　D. 不平等理论 E. 销售激励模型

2. 马斯洛需求理论认为，人们普遍具有五种基本的需求，包括（ ）。

A. 生理　　B. 安全　　C. 归属和爱

D. 自尊和地位　　E. 自我实现

3. 渠道激励的指导原则包括（ ）。

A. 有的放矢原则　　B 及时激励原则

C. 兼顾公平原则　　D. 目标一致原则

4. 物质激励的形式主要有（ ）。

A. 返利　　B. 折扣　　C. 放宽信用　　D. 额外补贴

5. 返利兑现的常用形式包括（ ）。

A. 现金　　B. 产品　　C. 折扣　　D. 信用

三、判断题（正确的打“√”，错误的打“×”）

1. 人的积极性被调动的大小与成功期望值和回报的价值（效价）有关。（ ）

2. 渠道激励从本质上来讲是渠道利益的重新分配。（ ）

3. 返利是指厂家或商家以一定时期的销量（回款）为依据，根据一定的标准，以现金或实物的形式对下游分销机构的利润返还或补贴。（ ）

4 . 返利不是一种控制渠道成员的手段。（ ）

四、案例分析题

K快销品牌的分层渠道激励

K快销品牌公司将自己的销售原则总结为两条："随处可见"和"随手可得"。"随处可见"是指其终端管理的问题，"随手可得"即其渠道建设的目标。K快销品牌公司以此为指导建设自己的营销渠道网络。

虽然K快销品牌公司在中国的营销渠道众多，但可以归结为批发、KA（重要客户）和直营三种主流渠道。这三个主渠道的运作，构成了K快销品牌渠道系统的基本框架。K快销品牌公司在中国的营销渠道系统如图5-2所示。

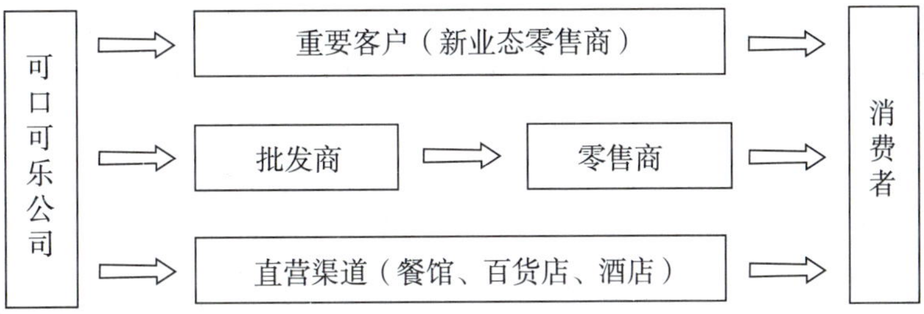

图5-2　K快销品牌渠道结构组合

KA（Keyaccount）客户即关键客户，又称为重要客户，是指在国际市场上有较大影响力且与K快销品牌公司有长期合作历史的大型新业态零售机构，比如沃尔玛、家乐福、麦德龙、吉之岛、7-Eleven等，具体可分为大卖场、连锁超市、便利超市三类。而批发渠道和直营渠道属于传统渠道，在K快销品牌公司的营销渠道中一直处于重要地位。

合同化管理是进行渠道管理的最起码方式，通过在合同中专列条文，详细说明双方的权利、义务和责任，可将渠道运作时渠道系统可能引起的价格和市场混乱的因素进行约束，这就是我们常说的"有约在先"。

在K快销品牌公司与客户签订的合同中，除通过很多方面来促进客户取得合理的返利之外，合同奖励的关键指标主要是销售量、生动化和账款（K快销品牌公司的账款主要是指在一定账期内未收回的货款，而非赊账经营），但这三个指标在各个渠道的要求很不相同，重要程度也不一样，具体内容也有很大差别，如表5-2所示。

表5-2　快销品牌公司考核激励指标重要性排列

KA	批发	直营
• 生动化考核 • 销量返扣 • 账款考核	• 总销量返扣 • 非碳酸饮料销量返扣	• 销量返扣 • 生动化考核

对KA客户，主要考核生动化指标。K快销品牌的生动化概念是指在销售终端醒目地开展广告宣传、陈列展示和其他促销活动，借以影响消费者购买K快销品牌产品。对KA客户进行生动化考核的主要内容包括三个方面：产品和售点广告的位置、产品和售点广告的展现方式、产品陈列和存货管理。K快销品牌将对KA客户的店面表现、常规堆头、特殊堆头以及各种促销活动的要求非常详尽地写在合同中，并标明属于检查考核的主要内容。通过对KA客户的生动化和账款考核，避免其与批发客户一样对销售量进行盲目的追求，从而极大地减少了与其他渠道的正面竞争。

对经销商的考核渐渐从单纯的销量考核过渡到销量考核和非碳酸饮料销量考核的结合。在以碳酸饮料而闻名的K快销品牌公司，将非碳酸饮料的考核单独列出来，既是为了非碳酸饮料的成长，也是为了让客户牢牢记住K快销品牌公司的目标是更要成为一个全方位的饮料公司。加强对经销商的非碳酸产品销量的考核，就避免了经销商只做成熟品牌的毛病，并解决了客户一直对K快销品牌成熟产品进行带货而冲击其他渠道的问题。当然，客户也获得了K快销品牌公司非碳酸饮料带来的更多利润。K快销品牌中国公司的业务系统中，没有大批、小批、二批、特约经销商、分销商这些繁杂分类，统称为经销商，在功能要求和奖励政策上一视同仁。

直营渠道系统是指一些传统的直接面向消费者的零售销售点，如餐馆、酒店、快餐店、百货店、娱乐场、车站、火车与航空公司等。这些销售点在向消费者提供非饮料产品的同时，也要提供饮料产品，以满足消费者的不同需要，并且还能依据实际情况实施个性化服务。这类渠道受到本身业务的限制，冲击或被其他渠道客户冲击的可能性不大，它们还能从个性化服务中获得自己的利益。

K快销品牌公司在中国市场上的物流配送功能是由特定渠道提供的。该渠道客户为K快销品牌公司承担产品配送和物流的使命。公司只给予该客户配送货物的奖励，就是让其远离流通渠道（公司不允许该客户从事货物流通，假如有部分货物流通，公司将会严肃处理）。这就避免了它们与批发客户争夺下线客户，消除了渠道窜货的隐患。

问题讨论：

1. K快销品牌是怎样进行渠道的分层设计和激励的？
2. 怎样理解K快销品牌“协调平衡”的渠道管理理念？

项目六 营销渠道权力与控制

学习目标

➢ 知识目标：了解渠道权力的概念与内涵；认识渠道控制的实质与特点；掌握应收账款的过程控制方法；掌握提高渠道控制力的策略与方法。

➢ 能力目标：正确使用渠道权力进行渠道管理；能对不同行业的渠道控制手段进行分析；掌握渠道控制的手段和方法；能对应收账款进行过程控制，减少账款风险。

➢ 素质目标：培养正确的价值观、树立正确的职业态度，拥有良好的职业素养；正确处理企业、客户及顾客三者之间的关系。

任务一 渠道权力的来源

导入案例

格力渠道权力到底在哪方

2022年9月5日，此前被格力电器取消了格力空调河北省代理资格的河北盛世欣兴突然发现自己的格力空调的售后服务平台已被关闭。这是继8月22日格力电器突然宣布授权格力空调在河北省新的代理商后的又一举措。在行业内部看来，切断售后服务系统的杀伤力甚至比取消销售资格更大。因为就空调业务而言，售后服务中的利益可能比销售新空调更大，格力的举动确实让原格力河北代理河北盛世欣兴格力贸易有限公司没有想到。河北盛世欣兴格力贸易有限公司在9月5日晚紧急发布了一份消费者告知书，称因格力电器已关闭其售后平台，导致河北格力空调的售后服务无法正常进行。

不过格力电器方面9月7日回应称，从9月5日晚系统切换至今，河北省格力空调售后服务运转一切正常。事实上，在关闭河北盛世欣兴格力贸易有限公司售后服务平台的同时，格力电器将当地格力空调的售后系统已经由新授权代理商珠海桓格数字科技公司接手。

虽然格力电器与河北盛世欣兴格力贸易有限公司之间8月下旬才开始针锋相对地爆发，但事实上，双方的同床异梦早已显露端倪，早在2021年11月，河北盛世欣兴格力贸易有限公司投资飞利浦空调的消息其实就已在业界传出。尽管河北市场或许能够平稳过渡，但当年最铁杆的区域代理商的倒戈，需要格力思索，近几年格力无论是内部高管还是外部经销商都呈现大规模流动，这是前些年未曾出现过的。根据媒体公开报道，格力河南销售公司的部分主力也转投了美的。而这几年，包括TCL、奥克斯、志高等在内的国内很多空调企业的高管或技术关键人物都来自格力。

格力渠道权力到底如何？对渠道的控制力是否依然强大？

资料来源：

https://baijiahao.baidu.com/s?id=1743419968731043107&wfr=spider&for=pc.

思考：

渠道权力是什么？为什么格力渠道成员舍得脱离格力体系？

一、渠道权力的界定

Power在英文中有权力和力量双重含义，而权力被认为是“威信”“权威”“影响”“支配”“强制”等词义的代名词。Channel Power（渠道权力）也有两层意思：一层意思是指一个渠道成员相对于另一个或一些渠道成员拥有某种特殊权力；另一层意思是指这种权力是一种力量，会促使其他成员做一些他们原本不会做的事情。伯特·罗森布洛姆认为，渠道权力是某个特定渠道成员控制和影响另一个渠道成员行为的能力。换句话说，渠道权力是一个渠道成员对于另一个在同一渠道中的渠道成员的控制力和影响力。

渠道成员之间合作与冲突的背后实际上是对渠道权力的争夺。渠道权力的分配将最终取决于各渠道成员实力的大小，实力相对较大的一方能够获得对整个渠道的有力控制，拥有渠道事务的话语权（如定价），而实力相对较小的渠道成员又会千方百计地增强自身的渠道权力来与之抗衡。换句话说，渠道控制问题的根源就是争夺渠道权力。只有弄清楚渠道权力的来源，才能找到解决渠道控制问题的方法。

二、渠道权力的来源

关于渠道权力的来源，最有代表性的有以下三种理论。

（一）权力依赖说

权力依赖说由社会心理学家爱默生（Emerson）提出。这种学说认为，权力就是一种依赖关系，渠道权力来源于渠道成员之间的依赖。当 A 依赖于 B，在一定程度上，B 就对于 A 拥有权力。相反，当 B 依赖于 A，A 就或多或少对于 B 拥有权力。渠道成员之间的相互依赖，是渠道成员功能专业化及分工的必然结果。由于成为一个渠道的成员这件事本身就意味着这个成员既依赖于别人又被别人依赖，所以从理论上讲，每个渠道成员都多多少少对其他渠道成员拥有一定的权力，既依赖别人，给别人权力，又被别人依赖使自己拥有权力。

（二）权力基础说

权力基础说由社会心理学家弗兰奇（French）和瑞文（Raven）提出。这种学说认为，与其他权力一样，渠道权力也来源于六种权力基础（Power Bases），即奖励权力、强迫权力、法定权力、认同权力、专家权力和信息权力。

1. 奖励权力

来源于一个渠道成员能够给予另一个渠道成员某种有价值的东西以帮助他们实现其目标的能力。比如，一个零售商具有给某种产品（生产这种产品的企业）更多或更好的展位的能力，而生产商则具有为零售商提供批量折扣、优先供货等能力。

2. 强迫权力

强迫权力是指一个渠道成员具备惩罚另一个渠道成员的能力，拥有惩罚能力的渠道成员能强迫另一方。实际上，奖励权力和强迫权力是可以相互转化的。当一个渠道成员为另一个渠道成员提供某种优惠时，这是在用奖励权力；而当他撤销或威胁要撤销这种优惠时，则是在用惩罚权力。

3. 法定权力

产生于渠道内成文或不成文的规则，这些规则规定一个渠道成员有权影响另一个渠道成员的行为，而后者有义务接受这种影响。比如合同或协议规定的权力或义务。法定权力与强迫权力的区别在于：法定权力一般是有法律保障的，一方违反时另一方实施的惩罚是通过相关法律机构进行的；强迫权力则无法律保障，一方对另一方的惩罚是直接的，无须法律机构或其他机构插手。

4. 认同权力

来源于一个渠道成员的形象，其形象对其他成员具有较大的吸引力，能够获得其他成员的尊重和认同。一般名牌产品、名店都具有这种认同权力。

5. 专家权力

来源于一个渠道成员在某一方面所具有的专业知识或能力，或者是在某一方面具有的优势。

6. 信息权力

产生于一个渠道成员提供某一类有用信息的能力。信息权力与专家权力很相近，二者在提供出去后都不能再收回。二者的区别在于：专家权力是长期经验积累或专业训练的结果，而信息权力则只是由于一个渠道成员容易接触到某一类信息而对于某一类事物具有更多的知识。最明显的一个例子是零售商具有的对于各种商品销售状况的信息。

因为在进行实际运用时，很难将各种非强迫性权力基础区别开，所以渠道权力理论倾向于将以上六种权力基础重新组合划分为两大类：一是强制性权力基础，由强迫权力构成；二是非强制性权力基础，由除强迫权力以外的其他权力构成。

（三）权力的五种力量说

著名的管理学家罗宾斯曾经在其著作《管理学原理》中提出了“权力的五种力量”学说，其内容与“权力基础说”基本一致。他认为，权力可以分为五个方面，或者说权力具有五种主要来源，包括以下几点。

1. 强制的权力

世袭、继承而来的权力，如权力转移的“二代”现象。

2. 合法的权力

组织结构设计中赋予某个岗位、职位的权力，如总裁、科长的权力。

3. 关系的权力

与相关行业、机构中某些具有特殊地位或影响力的人存在的特殊关系。

4. 专家的权力

在某个行业或领域具有丰富知识或特殊能力而被人敬仰和尊重。

5. 感召的权力

具有某种独特的道德品质或人格力量而受人推崇和遵从。

这种说法实际上也是将权力分为两大类：一是强制力；二是影响力。而罗宾斯更加强调非强制性的影响力的作用。事实上，人们总是可以从某个方面去努力并获得上述某种权力，个人如此，机构如此，作为渠道成员的企业亦如此。

三、渠道权力的载体

在营销渠道中，任何渠道成员都渴望拥有对渠道关系的绝对控制权，这样才能行使对自身有利的渠道策略。渠道成员需衡量自身权力的大小，以便选择有利的合作关系，因为渠道控制权的争夺一般以拥有更多渠道权力的一方获胜。渠道成员可以从以下几个方面加强渠道权力。

（一）经济力

“经济力”是一种综合实力，是企业控制销售渠道的最根本的力量源泉。拥有强大的经济力，必然会在“厂家—中间商—消费者”的博弈关系中占有支配地位。经济力主要表现在以下几个方面。

1. 规模经济

其最直接的结果就是创造了低成本的优势，一方面给入侵者制造较高的“资本壁垒”，另一方面也掌握了与中间商讨价还价的主动权。

2. 产品线

产品种类多，产品线宽度广、深度大、相关性强都有利于企业控制销售。

3. 质量和服务

今日之质量和服务，意味着明日之市场。

4. 融资能力

扩大规模、研发产品和市场扩张的保障。

5. 广告力度

由此提高产品力和品牌力，增加消费者的信任度和忠诚度。

（二）专家力

谁更专业，谁就更有发言权。企业了解了渠道规律，掌握了市场开拓、产品推介、现场促销、公共关系等技巧，就可以有效地控制渠道销售。例如，有的中间商对产品特性不了解或营销技能不足，厂家可以组织培训或现场指导，或派遣职业经理进行助销，以获得控制力。

（三）奖赏力

奖赏是对工作成绩的正面肯定，通过奖赏可以加强对渠道成员的控制。“有钱能使鬼推磨”“重赏之下必有勇夫”都说明了奖赏的威力。企业可以根据自己的能力，选择使用诸如折扣、铺货、培训、设奖、提升地位、续签合同等奖赏方式，提高渠道成员的积极性，利用经济杠杆控制渠道。

（四）产权力

很多企业为了控制上游的原材料供应及下游的销售，往往以产权为纽带实行纵向一体化战略，形成“供—产—销”价值链。纵向一体化主要有两种形态：一是后向一体化，如钢铁公司从自己拥有的铁矿山获得铁矿；二是前向一体化，如汽车制造公司通过自己的销售网络销售本公司的汽车。企业可以通过合资、控股、参股、连锁等形式来整合渠道，获得控制权。制造商可以发挥特约经营权和独家经营权等产权力，制约渠道。

（五）品牌力

品牌是企业的一项无形资产，是企业经济力的延伸。品牌力的本质是表明卖者对交付给买者的产品特征、利益和服务惯性承诺，也体现了许许多多的消费者在亲身购买、比较和实际享用过程中，对厂家产品和服务质量的一种信任。

产品是以厂家品牌面市，还是以中间商的品牌面市，可以反映出厂家与中间商谁对销售渠道拥有控制权。例如许多生产企业生产的产品在销售时却冠以某零售企业的品牌，就是一种零售商渠道权力强于生产商的表现。而诸如心相印、德芙、娃哈哈、格力、格兰仕等知名品牌则牢牢地控制着销售终端，它们与零售合作时甚至可以达成无费用陈列、现款现货结算等交易条件。而这些条件就是品牌力在渠道权力上的强势表现。

（六）关系力

俗话说，“人情是宝”，尤其在中国这样一个很讲人情世故的“关系国度”，拥有良好的人际关系无疑会提升企业在渠道中的地位。有些企业经过长期的苦心经营，凭借自己的商业信誉，与众多供货商、批发商和零售商结成了较为密切的合作关系，这些关系作为“软权力”，在很大程度上影响着渠道成员的决策。因此，公共关系、客户关系管理尤其重要。

（七）强制力和影响力

强制力是指建立在让对方惧怕基础上的权力。凭借强大的实力，一方面更多地拥有施令的权力，而另一方面更多的则是服从。“优胜劣汰”的竞争法则使得这一命令服从关系模式成为市场竞争的常态。如果不按对方的意志行事，可能会被惩罚。湖南零食连锁品牌“零食很忙”推行了门店标准化管理机制，每月都会将评分进行公示。评分较低的加盟店将进行如暂停营业、参与公司内部学习等处理，严重者还将取消加盟资格。这就是强制力在渠道权力方面的体现。

影响力是指不是以强调对方服从的方式来树立自己的权威，而是通过某种人格魅力或技能使对方自愿追随，专家力、品牌力、关系力、奖赏力均属于影响力。

任务二　渠道控制的实质

导入案例

蓝月亮自建渠道探索

2015 年蓝月亮公司与家乐福等大型超市爆发了严重的渠道危机，作为洗涤液龙头品牌，在与家乐福、大润发等超市的谈判中，蓝月亮手中并未有高筹码。与超市爆发矛盾后，蓝月亮产品很快遭到促销、下架，取而代之的是立白、绿伞等一众竞品的上位。

之所以要自建渠道，一是因为商超渠道中，大型卖场向品牌商索要进场费、陈列费、扣点、DM（快讯商品广告）、促销等费用加总起来，能占到洗衣液售价的30% ~ 35%。商超渠道运营成本高企给品牌方造成极大负担。二是商超渠道中，大型卖场对品牌商的严格管理，对品牌商的导购员管理、对品牌商商品的陈列管理、对广告投放的限制等都影响到品牌商的渠道表现。在大型商超渠道上，蓝月亮失去了对渠道的控制。

为了将销售的主动权掌握在自己手中，增强渠道控制力，蓝月亮公司在降低连锁超市的销售比例后，试图通过自建"月亮小屋"进社区的模式，打一场翻身仗。月亮小屋应运而生，蓝月亮自创"O2O+直销"销售模式的品牌，蓝月亮建设社区专营店"月亮小屋"已有近一年半的时间。按照最终的设想，在退出部分商超渠道后，"月亮小屋"社区服务站能够实现蓝月亮洗衣液等产品的配送，补全"最后一公里"，消费者直接在月亮小屋购买洗涤产品，小屋还可以为消费者提供洗衣服务。

在建设月亮小屋社区专营店之后，蓝月亮公司又开发了线上微信平台"月亮小屋"，并将两者进行捆绑。线上月亮小屋本质上和微商差别不大。同时尝试O2O，线上下单，线下提供洗衣服务。通过全渠道的开发，以更多元的渠道服务消费者。蓝月亮退出超市后，试图通过产品端创新，开发"浓缩型洗衣液产品"来吸引消费者，来补足渠道上的失利。可以说蓝月亮公司为了摆脱商超渠道的控制拼尽全力。

可惜蓝月亮小屋计划执行效果没有达到预期，在与家乐福、大润发等超市决裂两年多后，2018年重启大卖场回归之路。当初，双方合作破裂是由于商超渠道各类费用过高吞噬掉大部分利润，如今回归作为行业龙头蓝月亮或许有很多无可奈何。从商超转向自建"月亮小屋"，发展不力又再度回归，蓝月亮看似兜了圈子，但反映出洗涤企业在渠道探索上的诸多难处。

蓝月亮在渠道上的变革虽失利了，但仍获得了业内的支持，传统渠道作为洗涤行业进行产品展示的"门面"，大多数企业对于传统的KA卖场依赖性依然较高，但为何企业想要逃离？

资料来源：

https://news.jstv.com/a/20170516/1494897229194.shtml；编者整理。

问题思考：

1. 蓝月亮公司为什么要进行渠道的转型？
2. 大型商超是否因蓝月亮的退出造成损失？
3. 蓝月亮是否能摆脱商超渠道的控制，你会如何操作？

一、渠道控制的内涵

营销渠道是一个跨组织系统，是一个以流动的商品为纽带，由制造商、中间分销机构和消费者构成的动态循环系统，产品、人员、信息、资金等借助这个系统的流动实现其价值。在这个系统中，各个渠道成员都有自己的组织目标，渠道成员的目标不可能相同，渠道控制要求保证渠道成员目标方向一致，不会产生目标相向而行的情况。如生产商的目标是提高市场占有率，而中间商的目标是提高利润，这两个目标在各自实现的过程中可能会损害另一方。

因此，从整体来讲，渠道系统需要加以控制。

（一）管理学关于控制的理论

控制是管理的一项重要内容，是指一方能够影响和支配另一方的行为或过程。在管理科学中，控制论与系统论、动力论相关联，任何事物都是一个系统，系统具有动力源泉，系统是需要控制的，系统也是可以设计控制的。

管理学的控制理论包括过程控制、重点控制、例外控制等重要思想。其中过程控制的思想认为，只要把事情的各个环节和过程处理好，好的结果是顺理成章的事情。而重点控制也称为“关键点控制”，其认为在企业管理活动中，只要把一些重要的、关键的环节处理好，就能保证事情的发展方向，就能保证一个好的管理结果，正所谓“牵牛要牵牛鼻子”。

（二）渠道控制的概念内涵

渠道控制（Channel Control）是一个渠道成员对另一个渠道成员的行为与决策变量成功施加影响的过程。同时它也是一种跨组织行为、相互制约和结果导向的过程。渠道控制根植于相互依赖的渠道关系中，它与渠道关系中的诸多变量存在千丝万缕的联系。

渠道控制的意义主要体现在以下几个方面。

1. 渠道控制是充分实现渠道功能的基础

营销渠道承担着调研、促销、接洽、谈判、产品配组、物流、风险分担和融资等众多功能，而所有这些功能都必须依靠渠道成员之间的协调和配合才能实现，渠道控制是达到渠道正常运作的必要手段。整个渠道是由所有渠道成员组成的一个系统，只要有某些成员行为失控，采取违背渠道整体利益的行为，渠道的功能就无法顺利完成，渠道目标就无法实现。而适当控制渠道成员的行为，可以充分发挥渠道功能，节约流通成本，提高交易数量和企业经济效益。

2. 渠道控制是维持渠道生存和发展的前提

渠道是一个系统，渠道控制是渠道生存和发展的必要前提。渠道一旦失去控制，企业原来所拥有的渠道优势不仅会荡然无存，而且企业本身的生存也会受到严重威胁。能对渠道进行有效控制的企业，通常可以更有效地保护现有市场和开发新市场，保证其成本低于竞争对手，确保企业的生存和可持续发展。

3. 渠道控制是协调内部关系、创造竞争优势的途径

在市场环境多变和竞争激烈的情况下，利用渠道建设来获取竞争优势已经成为越来越多企业的选择。许多企业深刻地体会到，得渠道者得天下，而失渠道者失天下。但是，如果缺乏有效的管理和控制，渠道成员间必然会产生渠道利益冲突，削弱整个渠道的竞争力。相反，如果对渠道进行有效的管理和控制，合理分配和平衡渠道成员之间的利益关系，就能够减少渠道冲突的发生，即使发生冲突，也能较好地处理和化解冲突，并通过优化渠道关系，维持和创造竞争优势。

（三）渠道控制的特点

由于渠道模式、结构的复杂性，渠道控制所面临的问题具有多样性。在直销渠道或者公司型垂直营销渠道中，渠道控制实际上是组织内部的层级控制问题，具有强制性，可以实行“硬控制”。而渠道控制所面临的主要问题是对中间商渠道的控制，这是一个跨组织的控制问题，具有非强制性，并不能采用基于企业层级体系的控制方法，更多地要采用“软控制”的手段。具体地说，中间商渠道控制具有如下特点。

1. 渠道控制不同于一般的控制

控制是让对方按照己方的要求行事，但不同的中间商具有不同的企业文化，追求各自不同的利益，会实施不同的战略，自然就会有不同的行为方式。如果强制性让对方听从指挥，很容易造成对方的反感。渠道控制并不是限制对方的行为，不能用制度强行要求对方遵守，而是要通过引导其他渠道成员的发展，建立、发展和维持一种相互依赖、互利互惠的渠道关系。在方法上更多的是建立在平等原则上的沟通或影响，而不是建立在层级制度上的命令和指挥。

2. 渠道控制对象具有相互性

渠道成员常常互为控制者与被控制者。某个渠道成员在某一个或几个方面上有较大的发言权，就可能希望在这些方面控制其他成员，但在另外一些缺乏发言权的方面就可能会受到其他渠道成员的控制。传统上，制造商常常拥有对经销商的控制权，但近年来越来越多的制造商却受到了经销商的控制。

3. 渠道控制力源于市场控制力与制度控制力的组合

渠道成员之间的控制既可以利用市场机制来实现，也可以利用组织内的层级制度控制力来实现。一般来说，中间商渠道控制是上述两种控制力的混合。有时，组织内的制度控制力较强些，如特许经营渠道中的那样；有时则是市场控制力特别强，如一般的贸易渠道中的那样。

二、渠道控制的实质

营销渠道经历了数次根本性的变革，特别是连锁经营业态的迅速兴起，挑战了传统制造商的领导地位，使得制造商与经销商、零售商之间的关系变得更加微妙、复杂，

厂、商之间的利益和地位的冲突越发尖锐和突出，这种冲突是利益的冲突，是控制权的争夺，它早已存在于营销渠道领域，且有愈演愈烈之势。从当初的济南“长虹罢售事件”到上海“家乐福炒货风波”，再到成都的“格力国美事件”，无不表现出厂、商之间无形的渠道冲突及其对渠道的控制与反控制的问题。

（一）渠道控制：争夺渠道话语权

在目前市场竞争异常激烈的情况下，厂、商之间始终处于一种“博弈”状态，始终在进行着控制与反控制的争夺。

按照麦克利兰的三重需要理论，厂、商都有“成就的需要、归属的需要和权力的需要”。而渠道控制就是渠道成员之间对渠道话语权的争夺，体现在对利益，地位的争夺上。换句话说，就是争做渠道领袖。因为渠道领袖除了能够保证本企业的利润外，还能获得很多额外的渠道利益和权利，这是所有渠道成员崇尚和追求的。

正因如此，在中国营销渠道领域出现了“厂家自建渠道”和“商家自营品牌”的现象（见表 6-1），一方面，制造商自建销售渠道希望摆脱中间商的要挟和控制；另一方面，一些商家（经销商、零售商）纷纷推出自己的品牌，希望能自给自足，减少或摆脱制造商的品牌控制。这些都是厂、商“博弈”和希望不受控制的结果。

表 6-1　厂家自建渠道和商家自营品牌的对比

	优势	劣势
厂家自建渠道	（1）有利于重点开发目标市场； （2）有利于提高目标市场销量； （3）有利于对渠道实施控制	（1）投入成本比较大； （2）增加了管理难度； （3）容易导致渠道冲突
商家自营品牌	（1）有利于丰富自己的产品线； （2）有利于提高销售额； （3）有利于减少对制造商的依赖	（1）使得经营产品杂乱； （2）容易和品牌厂家发生冲突； （3）显得不够专一和专业

从社会分工的角度来讲，厂家抑或商家为了争夺渠道话语权而“自建渠道”和“自营品牌”都是不太科学的。厂家和商家都应该立足做好自己擅长的事，明确分工，而不是越俎代庖，互相倾轧。厂家重点创新产品和打造品牌，商家重点承担商品的分销工作，通力合作，优势互补，才能够发挥最大的效益，减少资源的浪费。

（二）渠道博弈：实力的较量

中国流通领域出现的新鲜事也映射出厂、商之间对渠道控制权争夺的尖锐性、复杂化。继山西代理商联合会成立以及广州百龙商贸公司、上海中永通泰家电采购联盟出现之后，最近国美收购永乐、苏宁洽购大中、沃尔玛控股好又多，都成为渠道控制的热点话题。

此外，一大批行业协会和联盟组织相继成立，它们的特点是以行业、区域或共同地位为特征，结成联盟，资源共享，以对抗另外的联盟或利益集团，并争取在行业或区域的采购优势或有利的谈判地位。应该说，这是渠道制衡的一种有效形式。

当然，“博弈”的过程体现为实力的较量，“博弈”的结果始终以实力说话。想当初，制造商是营销渠道无可争议的中心、主宰，一切分销机构都要依附于它才能生存，但随着市场经济向纵深发展，产品过剩，销售困难，终端零售企业蓬勃兴起，挑战并逐渐取代了制造商的中心地位，逐渐成为现代商业的主角，并成就了“终端为王”的时代。

这时的制造商必须调整心态，以适应日新月异的渠道变革，10 年前像娃哈哈的“联销体”模式、格力的“区域股份制销售公司”模式（见案例 6-1）、宝洁的“助销”模式、可口可乐的“直营”模式以及商务通的“区域独家代理”模式，都是当时有效的渠道控制的创新模式，它们都成功地发挥了自身的优势，通过渠道创新，掌握了渠道的主动权。而当时以卖场、连锁为主要特征的新兴渠道（如沃尔玛、家乐福、联华、华联、国美、苏宁等）则因为拥有庞大的规模、巨大的销售空间、空前的客户群以及高度专业化的服务水平，在渠道竞争中处于有利的位置。但在遭遇 2020 年新冠疫情冲击后，渠道又迎来新的变革机遇，以大型零售店为主的连锁渠道在市场上的优势地位不保。以零食很忙为代表的新型小面积零售店连锁业态异军突起，网络平台已经成为很多产品销售主要渠道，对这些新型渠道主体的控制将考验企业的实力。

【案例 6-1】

格力的“区域股份制销售公司”

格力的“区域股份制销售公司”模式是由格力总裁董明珠创立的一种渠道创新模式。早在 20 世纪 90 年代，董明珠还是武汉地区经理的时候，当时格力在武汉有 3 家经销商，经销商之间互相压价、窜货、争抢客户，武汉市场一片混乱，销量也上不去。董明珠对此很头疼，业绩上不去，还受到公司批评。经过调研和苦思冥想，董明珠想出了一个好办法，即由格力出面在武汉成立一家股份制销售公司，把 3 个经销商纳入作为股东，格力控股，以整合厂家和经销商的力量，统一协调和管理市场。通过董明珠的不懈努力，股份制销售公司成立并运作得很好，格力不但整合了分销商、控制了渠道，还获取了渠道经营利润。这种模式获得成功，格力很快在全国市场推广，并最终成为格力独具竞争力的渠道模式。

新营销理论要求企业的营销从以价格为竞争导向向以整个价值链为激励体系转变，价格不再是简单的“成本 + 利润”的构成方式，而是由“厂方利益 + 经销商利益 + 消费者利益 + 其他利益”构成的价值链所决定的。实际上，格力通过和代理商进行股份合作共同组建分公司达到了关系紧密化，保证了渠道伙伴的忠诚度；充分利用经销商的资金、网络、人员和管理能力，分享对方的企业资源，实现风险共担，利益共享，建立信息共享的一体化经营体系；通过合理的价格体系保证了分销网络获得合理的利润而使自己的流通渠道畅通，始终保持着渠道掌控权。格力始终坚持并强化这种渠道模式，维护自己行业老大的地位。

资料来源：

作者根据网络资料编写。

（三）渠道纷争：从竞争走向竞合

有人把厂、商关系形象地比喻为“谈恋爱”，其中免不了吵吵闹闹，但恋爱的最高形式是“结婚”，这就是一个从竞争到竞合的过程。凡天下大事，分久必合，合久必分，合才是最高境界。厂、商之间始终存在利益冲突，任何渠道成员都有控制别人和不受别人控制的欲望，这是不能回避的。但我们能够坐视这种冲突无休止地扩张、升级吗？显然不能。因为冲突本身不能有效解决冲突，合作才是解决冲突的最好形式。这就是宜疏不宜堵的问题。当厂、商发现激烈冲突的结果是两败俱伤毫无益处时，必然会反思过去，进而从相互争斗转向联盟合作。当然，这需要一个认识的过程。

厂、商之间从简单走向成熟，从恶性的争斗、对抗走向良性的竞争、合作，应该是现代商业发展的一种潮流，也是解决本土渠道纷争的一条出路。况且，随着资本市场的成熟，国内并购热潮的兴起，这种以资本为纽带的联盟合作已经从可能变为了现实。

国内一些连锁企业，自高自大，眼中无视供应商和顾客，甚至对供应商百般盘剥、刁难，从长远发展来讲，这种心态和做法都是极其有害的，它不利于顾客忠诚，更不利于持续发展。苏宁董事长张近东曾提出：“商界没有永远的敌人，只有永远的利益。企业和企业之间存在的矛盾不过是利益问题。利益建立在相互平等的基础上，如果只顾自己的利益，合作不会长久。厂、商之间要处得好，一定要换位思考，寻找相互都能接受的条件，而不是一味地从自己的角度出发。”

由此可见，“博弈”是厂、商关系的必然现象，而联盟合作则是一种趋势、潮流，它是解决厂、商渠道纷争的最高形式，是厂、商通往共进双赢的必由之路。从理论上讲，随着市场经济的发展，社会分工越来越细，市场对专业化的要求越来越高，企业与企业之间的协作需求会越来越强，而任何企业都只是社会机器的一个部件，只有与别的部件协同起来，才能发挥整体最佳效果。因此，笔者认为，厂、商之间有冲突，也有妥协；有对峙，也有携手。冲突与合作并存，合作才是最终必然，这将是厂、商关系的长期特征。因此，本土企业应该积极调整竞争心态，从竞争走向竞合，去追求市场竞争的最高境界。

【案例 6-2】

跨界合作，渠道合力促推发展

作为传统行业，白酒的消费者长期以高端商务人群为主，随着年轻消费群体的崛起，白酒的消费主体也在更新换代。贵州茅台酒厂领导认识到，“茅台要永远年轻，增强企业生命力，就必然要拥抱年轻人，拥抱‘Z世代’的年轻一代”。目前茅台的渠道模式为直销与经销复合模式，其中直销包括直营店、团购、电商、商超等形式，经销则以区域经销商和特约经销商形式为主。茅台的经销商比较小，单个经销商平均规模为5吨左右。

2022年5月，茅台牵手蒙牛推出含茅台酒的冰激凌，有59元和66元两种零售价格，在茅台镇开设全国首家冰激凌旗舰店，茅台冰激凌最初是在自营销售渠道售卖，包括开设在茅台国际大酒店的冰激凌旗舰店以及多个城市设立的线下门店和i茅台云购通道。之后为触达更多消费者，茅台冰激凌陆续上架永辉超市、京东7个鲜超市线下门店和线上自营App、京东线上渠道1号会员店。很明显销售量达不到预期，定价定位决定其销售渠道有限，与目标消费群体渠道不一致。

2023年9月4日，茅台与瑞幸咖啡联名产品“酱香拿铁”正式上市，零售价为38元/杯，使用相关优惠券后到手价约为19元/杯。9月5日，瑞幸咖啡宣布酱香拿铁首日销售额破亿元。联名产品酱香拿铁的成功离不开瑞幸咖啡在渠道方面的优势，瑞幸拥有11133家门店，分布在29个省份和291个城市，覆盖了三线、四线城市，目标客户为年轻、爱消费、懂时尚的人群。据估算，3000万元茅台只够卖1.5天咖啡，酱香拿铁首日销量为542万杯，差不多平均1天顶1个经销商。

2023年9月14日，茅台又与德芙联名发布新品，推出售价为39元的酒心巧克力，这次茅台与德芙的联名产品选择线上渠道销售，网购平台上线1分钟后售罄。

跨界合作能够带来新的市场机会。不同领域的品牌可以通过跨界合作，相互借力，实现共赢。

资料来源：

根据网络资料编写。

问题思考：

联名产品开发模式给我国企业带来什么启示？

任务三　渠道控制的策略与方法

导入案例

舒蕾的渠道突破

1988 年，宝洁公司进入中国市场，10 年里，以潘婷、飘柔、海飞丝为代表的三大品牌几乎垄断了中国洗发水市场 70% 以上的份额。然而，1996 年诞生的舒蕾洗发水是丝宝集团名下品牌，仅仅用 1 年时间，在 1997 年全国重点商场洗发水市场占有率排名第 7 位、1999 年排名第 3 位、2000 年排名第 2 位，以骄人业绩打破了被宝洁、联合利华垄断的中国洗发水市场格局。舒蕾做到如此地步，与舒蕾的渠道控制手段分不开。

为了加强对渠道的控制，舒蕾采取的模式是放弃传统代理制，建设自营渠道，加大终端管控。1997—1998 年，舒蕾先从终端入手，在人员宣传、产品陈列、柜台促销上大做文章。采取“先两极，后中间”的渠道拓展原则，重点抓大卖场和零售店的铺货，从而带动中型店的开发。另外，舒蕾还在各大商场设立了 1000 多个专柜，不惜一切代价，让舒蕾的堆码、灯箱、POP 海报占据卖场最显眼的位置。同时组建销售小分队，随时为居民区的杂货店、小超市、发廊补货。据悉，目前舒蕾的网络已遍及全国 30 多个城市，几乎每个二级、三级市场都有舒蕾红色的身影。这样，先用强大的资本及团队抢占终端陈列，在好的陈列位置摆上舒蕾的产品。在某些超市，品种齐全的宝洁公司系列洗护产品集中在一两个货架上且偏于一隅；而品牌集中品类单一的舒蕾洗发水却占据了三四个货架，抢尽了风头。宝洁用电视广告吸引消费者进入超市选购，舒蕾用生动冲击力强的终端陈列进行引导，消费者进入超市原来的想法是购买宝洁产品，却被舒蕾用陈列及促销员进行拦截。同时，为了提高消费者满意度，舒蕾还在终端销售上投入大量赠品、互动活动，使消费者在购买时获得超出期望的体验，从而获得较高满意度。

舒蕾就是靠对终端销售渠道的极致控制及运用，给世界洗化巨头宝洁上了生动一课。

思考：

舒蕾控制的是渠道哪个环节，用了哪些控制方法？

一、增强渠道控制力的策略

营销渠道是一个系统，系统是需要控制的。渠道无疆，但控制有方。对营销渠道的控制手段多种多样，根据控制方式的特点，可以将渠道控制方法归结为两类：硬控制和软控制。硬控制就是利用强制性权力的控制，如上下级渠道之间的命令与服从；而软控制是利用非强制性权力实现的控制，如通过掌握渠道产品与品牌、渠道网络及激励资源、渠道服务和“助销”等方式实现对其他渠道成员的控制。企业可以通过以下方式实施渠道控制。

（一）开发优质畅销产品（品牌），形成渠道控制力

无论是生产企业还是流通企业，只要手上拥有优质畅销的产品和品牌，就掌握了渠道的控制权，这是控制渠道的最有力武器。试想，一个卖场（或连锁）没有宝洁或可口可乐的产品，那还叫卖场吗？因此，流通企业要争取抓住一线品牌或重要品牌，而生产企业要力争产品创新和品牌投入，创造出一流的产品和品牌，以提升企业产品力和品牌力，这是渠道控制的根本，是一种专家权力的显示，它决定了厂、商之间根本的地位和方向。

（二）提供良好服务，增强渠道感召力

无论对于制造商还是中间商来说，拥有完善的服务体系，能为其他渠道成员或最终消费者提供优质服务，就能产生强大的吸引力和影响力，由此赢得对渠道的控制。服务是产品价值的一部分，良好的服务是让顾客满意，形成顾客信任、偏好和忠诚的必要条件，也是企业持续发展的基础。售前服务集中体现在产品设计中；售中服务是销售过程中与顾客面对面的服务，它直接决定顾客的满意程度；售后服务实现的是顾客购买价值的增值，它是决定顾客忠诚度的主要原因。良好的服务通过口碑传播，达到一传十、十传百的效果。

据了解，大众汽车在中国销势不减，主要得益于其完善的服务体系和高质量的服务水平。因此，无论对于生产企业还是流通企业，只要拥有良好的服务，就会对上游和下游顾客产生强烈的吸引力和影响力，其实这是一种感召的权力，也是一种渠道控制力。

（三）实施规模经济，掌握渠道主动权

渠道控制最终取决于企业实力，而规模是实力的最重要表征，它包括生产规模（产量）和市场规模（份额）。谁的规模大，谁就拥有渠道发言权；谁的规模大，谁就可以修改和制定游戏规则，这就是渠道新赋予的强制权力。

格兰仕微波炉的产销量占中国市场 50% 以上的份额，占世界市场 30% 以上的份额，成为微波炉行业名副其实的渠道领袖和价格领导，因此，很多微波炉行业标准和价格水平都是根据格兰仕制定的，而可口可乐毫无争议地确定了全世界关于“可乐”的各项指标。同样，一个流通企业如果在当地市场拥有一个较大的销量和市场份额，它也可以对生产企业和下游零售商的政策、决策产生强大的影响力，这就是行内“客大欺店”“店大欺客”现象所揭示的道理。

（四）推行“助销”制度，实现渠道掌控

“助销”制度是由宝洁率先推行的一种有效的分销管理制度，它是指厂商通过人、财、物、广告、技术等资源的投入，支持中间商发展，是一种完善客户服务、强化市场开发管理的渠道运作理念。它的做法是，向中间商派出专业的销售代表，协助中间商进行营销策划、市场开拓、队伍培训、营业推广以及市场管理，同时提供必要的市场费用支持。

这种策略的高明之处在于，通过帮助中间商，进而影响中间商，达到控制中间商和终端市场的效果。其中最微妙的是，通过输出培训、参与策划以控制理念、策略，实行的是文化控制；“助销”制度的实质是，厂商通过帮助中间商，进而影响中间商，达到控制中间商和终端市场的目的。“助销”制度之所以有效，是因为厂商通过提供培训和参与策划，控制经销商的理念和策略，实现文化和思想上的控制；通过参与市场开发和管理活动，实现管理过程上的控制。这种“助销”制度最早是由宝洁公司创立采用的，随后，娃哈哈、美的和格兰仕等企业也成功地推行了这种办法。

（五）掌握尽可能多的下游中间商控制渠道

目前中国的法律不健全，通过合同契约根本无法约束中间商，通过掌握尽可能多的下游中间商可以获得渠道主动权。因为制造商若想争取主动，必须掌握越来越多的下游中间商，以及未来的可替代该中间商的其他多个中间商，这样当遇到特殊情况时可以将其更换，而不会受其制约。如果掌握下游中间商，若该中间商对制造商的合作与支持达不到要求，由于下游中间商都是该中间商的客户，是该中间商的利润之源，同时制造商又掌握了其他的可替代的中间商，那么从中选择一个可替代的中间商就是一件容易的事情。因此，一方面掌握下游中间商，另一方面掌握可替代的其他中间商，就会形成竞争态势，在渠道管理和控制上占有主动地位。制造商可以去自主地开发掌握下游中间商，掌握渠道主动权。

（六）有效利用渠道激励资源，发挥其“杠杆”功能

渠道激励实质上是渠道资源的再分配，因此，渠道激励也是一种渠道权力，而且是一种很有效的权力。渠道激励，也称为渠道成员激励，是指针对中间商的渠道行为及贡献持续提供一些资源奖励，进而不断地增强和维系双方关系。渠道激励是一项复杂的系统工程，在内容、形式、力度、条件和执行等方面都显示出变动性、灵活性。激励得当，它就可以像催化剂一样推动渠道整体良性运行；而如果实施不当，出现激励过度、激励不足或激励失效等问题，它则可能变成渠道发展的阻力，甚至是破坏力。因此，渠道成员，不管是制造商还是中间商，只要拥有渠道激励资源，如授予独家经营权、额外价格优惠或市场推广费用的支持等，也就获得了对于渠道成员的一定程度的控制权。

不管是生产企业还是流通企业，如果拥有这些资源将获得强大的支配渠道、调节渠道关系的合法权利，这是一种最有效的权力。企业应该合理、有效地使用这些资源，

发挥其“杠杆”作用，但切不可滥用这种权力，要兼顾个体和全局、现在和将来，还要考虑成本和效益因素。除此之外，企业选择直营（自建网络）、特许经营（加盟连锁）、一体化战略、个性化服务以及拓宽产品线、直控重点终端等，都不失为渠道控制的有效形式，企业应该根据自己的战略目标、资源状况、产品特点、竞争态势等做出因地制宜的选择。

二、提高渠道控制力的方法

渠道由制造商、经销商（批发商）、终端零售商、消费者等构成，在业务运行过程中，厂、商之间始终处于一种博弈状态，争做渠道领袖，争夺渠道控制权。因此，制造商、经销商和零售商都千方百计地运用各种营销策略获得和保持各自的影响力，争取渠道控制权。

（一）制造商如何提高渠道控制力

一个制造商的影响力可能基于规模经济、高市场份额、品牌忠诚、特许权、拒绝交易、销售商关系终结、垂直一体化（合并）及销售激励资源等。其中有些方法，如销售商关系终结，是以强制力为基础的；另外一些方法，如特许权，是以合法力为基础的；还有一些方法，如经济规模和高市场份额，是基于经济力。

经济规模是指由于制造商的总体规模而形成的渠道影响力。销售额规模大、市场份额高或资产雄厚的制造商，一般具有很强的讨价还价能力。制造商增强其经济力的方法是找到本公司使用的共同产品，然后集中进行采购。

高品牌忠诚度是制造商的另一个影响力来源。它能鼓励零售商介绍新产品，参加合作广告，给新产品安排适当的展示空间。

通过特许经营，制造商可以保持高影响力。制造商可以提供给特许经营者有利的采购价格、有利的经营店址，也可以谋求终止某种特许权，威胁在一个特许经营者现在的区域内增加新店等。这就把奖赏力、强制力和合法力结合在一起了。

制造商在一定情况下也会拒绝向经销商和零售商供应其产品，控制产品、品牌就相当于控制了渠道资源，必要时使用限制供货或停止供货的方式获得渠道话语权。

生产者可能因为销售商对顾客服务差、不能实现预期的销售额、存在倒卖行为等结束与它的买卖关系。同特许经营一样，制造商也可以重新建立而不是延续一种销售商关系。

有些制造商和经销商通过垂直一体化来控制营销渠道。制造商也可以威胁采用前向一体化越过经销商。制造商还可以利用直销的方式越过价格离谱的零售商。

制造商还能通过销售激励杠杆获得渠道影响力。当把销售激励直接提供给销售人员时，则会导致制造商直接控制销售商的销售力量。

总结起来，制造商可以通过以下方式和途径提高渠道控制力。

（1）提供优质畅销产品；

（2）提供良好的售后服务；

（3）提供营销专业培训；

（4）推行“助销制度”；

（5）实施规模经济；

（6）建立直营网络；

（7）开展特许经营；

（8）提供个性化服务；

（9）采用一体化战略；

（10）加强直控重点终端；

（11）多条产品线互相牵制（制约作用）；

（12）激励措施的有效利用（杠杆原理）。

（二）经销商如何提高渠道控制力

通常，经销商可以通过经销代理更多的产品、品牌，或者自己打造一个系列产品品牌，尽可能丰富自己的产品品种、系列、规格、数量，特别在某一类产品方面形成品种、品牌、规格齐全的专业化集中优势，使得大型零售商不能忽视，甚至产生依赖，由此形成专业集中化和规模化优势，增强渠道议价能力。

经销商还可以通过完善自己的下游分销网络，甚至发展由经销商自己发起的自愿连锁店等方式增强其渠道控制力。经销商既可以运用后向一体化越过制造商，也可以运用前向一体化越过零售商。在特定地理区域占很大市场份额的经销商，能够获得较大的渠道影响力。

经销商还可以通过自创品牌获得影响力。不像全国性品牌，顾客只忠于品牌本身；在自创品牌策略中，顾客的忠诚既对品牌，也对经销商。自创品牌策略可以有效缓解经销商对厂家的依赖以及产品方面的被动地位。

经销商还可以从顾客的高忠诚度和拥有顾客群获得影响力。这样的经销商可以从一个供应商向另一个供应商转移销售，可以用来销售其他品牌产品。制造商害怕损失销售额可能不愿意终止与拥有高忠诚度的经销商的关系。

经销商还可以通过加强自己的分销能力，强化自己的分销队伍，完善自己的终端销售网络以及加强自己的公共关系和融资能力，扩展社会关系网络来增强渠道控制力。

总结起来，经销商可以通过以下方式和途径提高渠道控制力。

（1）大批量进货形成规模优势；

（2）经营品种、规格多样齐全；

（3）拥有自己的品牌产品；

（4）发展并维护忠诚顾客群；

（5）采用一体化战略；
（6）强大的仓储配送能力；
（7）快速周转优势；
（8）网络完备、分销能力强；
（9）有资金实力、经营信誉好；
（10）有良好的人脉关系及社会影响力。

（三）零售商如何提高渠道控制力

大商场由于其广泛的选择性和专用商品系列而拥有较高的顾客忠诚度。小商店通过与顾客保持密切的社会关系和提供良好的服务获得顾客的忠诚度。一旦顾客来到店中，零售商就可以利用其高忠诚度使顾客从对一种品牌的偏好转移到另一种品牌上。零售商还是把关人，能拒绝采购特定品牌或类型的产品。

随着连锁店规模的扩大，它们一直努力获取商品陈列货架位津贴、合作广告金及其他让步条件。小零售商也可以通过零售商拥有的合作系统扩展其渠道影响力。对货架位置的竞争非常激烈，许多零售商希望自己的要求获得满意的答复。零售商还可以通过集中采购增强其渠道影响力。集中采购通过增大订购量和得到数量折扣优惠可以增强零售商讨价还价的能力。

采用自创品牌是零售商控制渠道的一种理想方法。与全国性品牌不同，自创品牌能带来对零售商的忠诚度。如同经销商的自创品牌策略一样，零售商的自创品牌策略在下列场合下作为一种渠道影响力手段特别有效：自创品牌很著名而被消费者视作具有很高的价值，以及零售店占一个供应商全部业务的大部分份额。

在同全国性品牌对抗销售中，零售商特意向全国性品牌收取高价以鼓励消费者购买自创品牌商品。零售商经常在其广告中进行特别价格比较，表示自创品牌提供更有价值的产品。在某些情况下，这些广告把全国性品牌宣传为远高于市场价格的产品。

许多零售商想推动制造商供应给他们专用商品，专用商品可减少价格竞争、创造兴奋点以及提高商店业务量。

进场费、货架堆头费、陈列费和促销费等对谋求新产品销售的卖主来讲都意味着高价值的货架空间。零售商可以利用这些费用，作为合理利用稀缺的零售货架空间的手段。

通过零售商行业协会也可以增强零售商的渠道影响力。这些协会可以采取联合行动等方式提高零售商的渠道影响力。一些研究表明，行业协会的力量同成员成分的同类性相关，拥有同类会员的行业协会能够更有力、更好地维护会员的利益。

总结起来，零售商可以通过以下方式和途径提高渠道控制力。

（1）大量订货、集中采购；
（2）高市场份额、强大的议价能力；
（3）先进的销售管理、物流配送技术；

（4）大的销售空间和经营场所；
（5）拥有大批忠诚、稳定的顾客；
（6）专有零售和客户管理技术；
（7）收取进场费、陈列费及其他费用；
（8）增强商家品牌和自营品牌的影响力；
（9）用了解顾客需求上的优势发展强有力的零售商行业协会。

任务四　应收账款的过程控制

导入案例

截至2023年6月30日，中国恒大负债总额23882亿元，剔除合约负债6039.8亿元后为17842.2亿元，其中借款6247.7亿元、应付贸易账款及其他应付款项10565.7亿元（含应付工程材料款5961.7亿元）、其他负债1028.8亿元。恒大创造了一个巨大的历史负债，这是什么概念？这比欧洲芬兰2022年的GDP还要多几百亿美元。数据显示，恒大总共欠了128家银行2323亿元，欠121家信托公司3684亿元，另有境内外公司债券2350亿元，目前恒大对供应商的欠款达6000亿元，剩下的估计就是购房人了。

这些恒大债主的应收账款要全部收回很困难，债主把资金借给了恒大，现在面临血本无归。截至2022年年底，恒大的总资产是1.8万亿元，能用于内部应急的流动资金是40亿元。这相当于一个人欠了2.4万元，但身上只有40元，即使把家里所有的财产都卖光，但还是资不抵债。为何会造成如此庞大的应收账款无法回收？这说明资金监管、审计体系、追责制度均出现了漏洞。这有很多方面的原因，房地产企业更多的是和地方政府打交道，地方为了自身发展也会为房企大开绿灯，恒大在全国各地用高杠杆运作获取大量资金，同时各类供应商为获得恒大项目垫资进场，购房者为得到购房优惠冲动接受预售等，大量的应收账款就这样失去有效控制，最终恒大如巨兽般不断吞噬着资源。当市场出现波动，靠杠杆运作的资金链断裂，债权人的应收账款回收就会出现危险。

资料来源：

作者根据网络资料整理。

思考：

恒大爆雷的原因有哪些？

渠道账款是让很多企业头痛不已的问题，无数的企业因资金链断裂而破产。特别是中小型企业销售困难，为了生存竞相赊销，造成渠道环节应收账款拖欠严重，甚至引发整体市场信用下降。行内有句话：“不赊销等死，赊销找死。”在这种情况下，你是要销量还是要安全感？很多企业选择销量，甘愿冒应收账款之风险，因此陷入应收账款的泥潭。然而，这只是问题的一个方面，企业应收账款拖欠严重，甚至呆账、坏账时常发生的更主要原因在于企业的销售管理，很多应收账款问题是因为企业的销售政策偏离和过程管理的懈怠、疏漏造成的。但不少企业把应收账款管理当作一种事后行为，等到呆账、坏账发生了才去想办法催收，已经为时晚矣！

一、赊销现象

（一）何谓赊销

所谓赊销，就是企业让经销单位不交现款就提货销售并约定时间还款的经营行为。赊销大多发生在不具有强势产品力、品牌力的中小型企业或新企业的身上，因为这些企业在规模、产品、技术、网络以及品牌等方面不具有优势，对经销商难以形成足够的吸引力，在渠道中处于弱势地位，不能完全实现“现款现货”。为了生存和发展，很多企业就采取了“先市场后利润”的经营策略，进行不同程度的冒险赊销。对于这些企业来说，赊销是一件很无奈、很辛酸的事情，甚至成为他们心中永远的痛，因为赊销就意味着存在应收账款，就可能出现呆账、坏账，弄不好会给企业造成沉重负担，甚至会带来灾难。无疑，赊销对企业来讲是一把双刃剑：一方面企业通过适当赊销可以扩大销路、提高市场占有率；另一方面不良赊销会造成企业资金不足、周转困难以及实际利润降低，严重制约和威胁着企业的正常发展。20 世纪 90 年代以来，赊销行为在我国流通领域非常普遍，“三角债”成为一种非常严重的社会现象，不少企业被赊销拖垮，目前还没有找到很好的解决办法。

（二）赊销的危害

赊销使经销商心理上没有负担，没有压力，感觉是不花钱的东西，能卖一点就赚一点，一点不卖也没有关系。没有付现钱，又可以退货，没有销售压力，就不会去关心产品的前途，更谈不上主动推销了。相反，赊销会让厂家十分被动。第一批货下去了，紧接着就会有第二批，即所谓的一批压一批。当需要整顿市场时，厂家往往会因为有一批货的货款压在别人那里而投鼠忌器，只好采取迁就忍让的态度。这样一来，管理便没有了力度，被经销商“牵着鼻子走”，显得很被动，从而丧失市场开发的主导权。

在业务操作过程中，往往赊货时什么都好说，收账时客户不爽快，会以种种理由拒付货款，这是商人的一种普遍心态，有的甚至以毁坏产品声誉相要挟，会产生一系列的麻烦。不收就会造成资金沉淀，强收还会引发渠道纠纷，企业左右为难。因此，无序赊销最终会拖累公司，输掉企业的产品质量、有效的市场管理和客户关系，也给双方带来伤害，同时，赊销必将提高成本，影响企业或产品的市场竞争力。

对于厂家来说，一旦赊销，随之会带来资金利息、收账费用、坏账准备金等成本的大幅上升。这部分成本必然要计入产品成本，致使产品卖价提高，降低竞争力。若这部分成本不计入产品成本，又会影响企业经营利润，从而影响企业的可持续发展，削弱企业竞争力。赊销还会迅速加大经营风险，因为赊销引起应收账款的增加，会使企业资金周转困难，制约了企业发展，企业被迫赊欠供应商货款，造成恶性循环，从而使原料质量无法保证，生产成本不断上升，严重者最终导致企业倒闭，赊销形成的呆账、坏账甚至会直接导致厂家破产。

二、应收账款问题

（一）应收账款

所谓应收账款，顾名思义，就是企业销售产品以后按理应该收回，但还没有实际收回的销售账款。一般超过应收日期 6 个月以上不能收回就会被视为呆账、坏账纳入处理程序，最后因对方企业倒闭、恶意拖欠等原因造成的企业实际无法收回的账款，叫作呆账、坏账。应收账款从理论上视为可回收货款，从财务上计入企业的流动资产。应收账款过多就会使企业现金流不足，重则造成企业资金链断裂而出现严重经营风险。应收账款如果不能及时催收，超过一段时间就会转变为呆账、坏账，给企业带来严重的经济损失。

（二）应收账款的成因

长城不是一天建成的，企业应收账款问题也并非一朝形成。有人说现款现货或者说先款后货，是避免推销过程应收账款产生的最好办法，没错。但是，在如今的买方市场条件下，现款现货或者说先款后货政策较难执行。市场上存在众多竞争对手，你不允许赊购，而别的企业允许，你的竞争对手就会因此而抢走你的客户。在我国消费品行业，赊销甚至已成风气，不赊销就没法销售，赊销现象的普遍存在是应收账款产生的最主要原因。

当然，在推销过程中，其他因素也会导致应收账款的发生，总结起来有以下几个方面。

1. 公司销售政策方面

公司如果采用单纯的销量导向，单纯以销量考核业务员并计算报酬，业务员为了完成销量任务不得不冒险赊销，有时甚至是明知故犯。

2. 业务员主观心态方面

有的业务员具有消极心态，由于没有认识到应收账款的危害，对账款回收问题采取无所谓的态度，在销售活动中容易出现疏忽、松懈，导致把关不严。

3. 公司销售管理方面

表现为销售管理公司销售管理环节松懈、制度不严或者是主管管理不力，比如在发货管理和信用审批发放环节出现了漏洞，或因客户流失及客户人员异动导致账款回收出现问题。

4. 业务员专业知识方面

由于很多新业务员缺少警惕性，欠缺销售方面的知识和经验，只知道发货不知道收款，容易轻信客户的承诺而误入陷阱。特别因为新业务人员的畏惧心理会造成应收账款出现问题。

5. 客户方面的原因

部分客户因经营道德水平低下，出现恶意拖欠的不道德商业行为，这类客户从一开始就没有打算回款，他们的经营目的就是“滚款”。有的因为对企业的政策有所不满，就以拖延货款来报复。有的客户则因为自己经营不善而无法偿还，或者希望通过拖欠货款来获取经营资金，这在中国极为常见。

通过对应收账款成因的分析可以发现：推销员必须尽可能现款交易，因为收不回资金的销售比没有销售更糟糕；要账比销售更困难，与其将大量的时间和精力花费在要账上，不如用这些时间去开发更多更好的客户；企业现金流才是根本，宁可失去这笔生意，也不抱着侥幸心理冒险赊销；客户尊重做事专业而且严谨的企业，在账款问题上的妥协不可能换来客户的友情，也不可能换来客户对你的尊重。

三、应收账款的危害

应收账款只是账面销售、账面利润，一旦应收账款成为呆账、坏账，是需要企业用其他盈利来冲抵的。不良账款吞噬销售额、侵蚀企业利润。为压缩成本，增加利润，企业必须控制赊销账款。应收账款问题使企业的渠道运营成本增加，主要表现在以下几个方面。

（一）费用支出增加

表现为税金、账款管理成本、讨债费用等，当然最重要的是财务费用和税金。客户欠着你的钱，你还得替这笔钱支付利息和税金。

（二）导致周转不良

如应收账款的增加会使企业的产品转化为现金的时间拉长、不良资产增加、使企业的流动资金不足。应收账款的增加会使资金停止循环，就如同血液停止循环。

（三）呆账、坏账损失

不是所有的账款都能收回来，如果应收账款变成了呆账、坏账，造成直接经济损失，后果更加难以弥补。

（四）市场运作困难

如果被不良客户和已发生的账款牵制，要账也不是，不要账也不是，还不能停止供货，结果是应收账款越积越多，企业越陷越深，形成恶性循环。

（五）精力、心理上的危害

如许多企业为要账问题所累，明明是别人欠你的钱，而你却要为之支付利息、税金，想要回自己的钱，还要付出应酬费，耗费精力和财力。

因此，作为一种投资，赊销如果控制得好可以提高销售业绩和竞争力，增加经营利润。但如果管理不当会陷入应收账款泥潭，造成经营被动，失去市场竞争力。应收的账款要以 10 倍、20 倍的销售额来弥补，呆账、坏账犹如洪水猛兽侵蚀着企业的利润！

四、应收账款的防范

（一）销售政策的制定是控制、防范应收账款的关键

销售管理政策制定的取向左右着应收账款问题的发展方向。企业在制定销售政策时必然要做出一个选择，是以“业绩”为中心还是以“利润”为中心，这是政策制定的指挥棒、灵魂。换句话说，是采用销量取向，还是利润取向（安全性取向）？

在目前销售举步维艰的情况下，企业大多采用销量取向，对职业经理、业务人员的业绩考核偏重销量增长，奖金、提成甚至市场费用的拨付主要倚重销量指标，无视应收账款、退货、过渡费用等风险因素。这无形中给职业经理和业务人员一种误导，只要销量（业绩）上去了，其他都无所谓，先完成销量再说，管他应收不应收，管他呆账还是坏账，反正不是我的钱，这就是典型的“打工心态”。可怕的短期行为，对企业的危害是非常大的。

这时的业务人员也许全然没有了对货款的责任感和风险意识，为了自身的眼前利益可以置货款风险于不顾，甚至可能瞒天过海，以致造成不可挽回的呆账、坏账损失。当然，这里有业务人员的职业道德问题，但更主要的是管理问题，是不正确的政策取向误导了业务人员的行为，企业决策者有责任，应该自我检讨和及时调整。

实践证明，单纯的销量取向或者单纯的利润取向都是不科学的。单纯的销量取向容易导致应收失控和市场质量下降；单纯的利润取向又容易导致企业经营的保守和市场份额的萎缩。因此，正确的政策取向应该是综合取向，兼顾销量和利润，或者说，应该兼顾市场的数量和质量，“区域利润中心”的模式可以作为借鉴。

（二）应收账款的防范必须抓住几个要点

1. 狠抓培训，灌输应收账款风险意识

事实上，业务人员大多对应收账款问题的危害性认识不足，对自己销售行为的可能后果认识不足，对客户可能的手段计谋认识不足，于是有意无意之中就会犯下无法弥补的错误。这就需要企业加强内部培训，让员工认识到应收账款问题的极端危害性，认

识到自己肩负的责任，以提高应收账款风险的防范意识。实践证明，这种培训是非常有效的，它能起到事半功倍的效果。

2. 明确有关责任，任务落实到人

渠道是由业务员开拓的，有效的应收账款管理，最终往往要落到业务员身上，用一句话来概括就是谁发出的货谁负责收回货款。然而，在现实中，业务员通常较重视销售绩效，片面追求销售额，造成了盲目赊销，对货款缺乏理性管理，造成了不必要的损失。要知道，销货机会的丧失只不过是潜在利益未能获得，但是一旦发生坏账，就连生产制造产品的成本与分摊的营销费用也一并损失掉了。因此，企业应督促业务员对其业务状况随时进行分析、总结、管理，减少坏账发生的可能性。

3. 制定政策，加强内部协作管理

在传统的企业内部，信息传递结构是金字塔形的，如上级对下级下达命令，下级将信息反馈到上级，同级之间的信息沟通往往由于企业金字塔形的企业组织结构产生了信息传递缓慢、信息更新周期长等弊病，造成内部互相推卸责任、互不通气等现象，影响账款催收。销售业务部门只管销售，不管回笼资金，讨债是财务部门的事情；财务部门只管记账，不管报账，应收账款余额高低与自己无关。针对这种情况，监督部门在制定信用额度、赊销数量时，应和财务人员及一线的业务人员进行充分的讨论和协商。对一些欠款不清、业务人员连续发货的行为，要及时解决。要推动不同部门工作人员的联系，克服由于员工处于不同部门而缺乏沟通的弊病，最好成立专门的信用管理部门协调管理。

4. 严格审批制度，把好信用控制关

销售过程大大小小的审批环节，实在是产生应收账款的最大缺口。包括开户审核（资信评估）、合同条款审核、赊销申请、信用额度与信用期限申请，以及条件外的发货控制等，这些都是产生应收账款的直接原因，企业应该制定规范严格的销售管理制度和申请审批流程，特别对于赊销、授信、条件外发货更应严格控制，对此，最好设立销售部门主管和财务部门主管两道审批关口，实行双重把关，以避免某些个人因素对结果的影响。销售部门主管从市场开发、市场竞争的角度权衡业绩与风险并做出判断，财务部门则从资产存量、流量以及客户的资信情况方面判定其风险与价值系数，也可以将最后的决定权交给营销副总经理或总经理。概言之，就是要实行多方控制，才能做到科学把关。其中也许会出现因为角度不同产生的销售部门与财务部门的意见分歧甚至矛盾，这就需要上级主管出面沟通协调，必要时将使用权威，但它要求最高主管遵循客观、公正、全局、发展的原则。为了做好这项工作，有的企业设立专门的信用管理部门，赋予专门的权力，对企业信用实行专项控制。

5. 搞好发货控制，掌握赊销执行的频率

这里的发货控制不是指正常的发货品种、数量和频率的控制，而主要指条件外的

发货，也就是超出合同或规定条款的发货。原则上，超出条件不能再发货，不能相信客户的口头承诺，不能轻信客户念的“苦经”，否则公司会越陷越深，企业被越套越牢。有的销售经理心存侥幸，碍于面子，结果吃了大亏。也许业务员、销售经理都是怕断货，只考虑业绩却中了对方的圈套，其实对方一样怕断货，断货会遭到下游客户责难，因此我们要敢于断货。在这个问题上，我们宁愿相信自己，而不至于犯轻信的错误。市场经济更多的是相信“利益”，而不相信“眼泪”。当然，并不是所有的客户都不值得信任，在销售旺季时企业也常常放货给信誉好的客户以冲量，不过别忘了旺季结束后要及时收款。此外，在信用额度、频度、期限的控制上也要讲究方式方法。信用额度实施总额控制，最好是在预期总额（预期销售额 × 信用比例）基础上以实际销售额按一定比例计算，以免客户夸大预期销售套取大额信用。信用频度同样以实际销售按信用比例分批发放信用额，避免一次或提前发放到位后销售出现变故。信用期限实行超期严格催收，否则果断断货。

6. 库存管理有学问，积极疏导客户库存

其实，库存管理不当，滞销产品大量积压在客户仓库里，往往是客户拖欠货款的一大原因。试想，货没销出去，客户怎么肯给钱呢？所以说，要使收款顺利，必先做好库存的管理工作。首先要争取下单的准确性，多发畅销产品，少发滞销产品，保证货流畅通。其次要力争库存产品结构、数量的合理性，以减少不合理的渠道库存压力。在产品结构和数量上实行优化策略，保障优势畅销产品的库存数量，同时下决心淘汰滞销产品，切忌贪大求全、眉毛胡子一把抓的“全品项分销”行为，否则收获的将是没完没了的退货和投诉。最后要加强库存的跟踪管理，利用调货、退货、打折、促销等手段，及时帮助客户解决诸如积压、滞销、过时和临期的产品，以扫清货款回收障碍。

7. 了解客户的结算习惯，提高收款成功率

如果企业没有抓住客户的结算规律和各种周期，企业的应收账款回笼计划就会十分被动，因为客户的结算周期往往与你的预期是相冲突的。企业的业务员每次去客户处收款，总是“不巧”，客户经销商账上的钱刚好被别的公司拿走了。解决策略有以下几种。

（1）尽可能地全面了解经销客户的经营状况、进货周期、结账周期。特别关键的是，你要争取比其他企业领先一步拿到应收的账款。因为大多数客户的资金周转不会十分宽松，别的企业挤进“头班车”，你就只能等“末班车”了。

（2）以诚待人。不要为了讨债而去收款，而是协助客户一起经营好其货款，这才是降低企业呆账、坏账的根本所在。纯粹的讨债者是不可能与商人合作成功的。

（3）信守诺言，养成“说到做到”的好习惯。在与客户平时的交往中就立下规矩：“我决不食言，你也应说话算数。”虽然开始时，动机不一定完全是为了货款，但当真正涉及收款时，这对客户就是一种无形的压力。反之，如果企业自己经常食言，那么别人也会这样对待你。

（4）在平时就多多关心客户，不要等到收款时才想起他们。例如，在每次账款周

期到来之前，象征性地帮助客户去回收几笔他的应收账款，会给你的收款工作带来积极的作用。

（5）适当地与客户的财务人员搞好关系，虽然他们对产品销量没什么直接贡献，但如果你能够像关注客户的业务经理那样，也经常想到他们的财务主管，其效果往往在关键的时刻就能呈现出来。

8. 新客户交易额不能太大，并要求第三方担保

对新客户或没有把握的老客户，无论是代销还是赊销，交易的金额都不宜过大。宁可自己多跑几趟路，多结几次账，多磨几次嘴皮，也不能图方便省事，把大批货物交给对方代销或赊销。须知欠款越多越难收回，这一点非常重要。很多销售人员有这样的经验：有些新客户，一开口就要大量进货，并且不问质量，不问价格，不提任何附加条件，对卖方提出的所有要求都满口应承，这样的客户风险最大。

企业可以要求客户在发生应收账款之前寻找第三方（或上级单位）担保，其担保书最好能伴以相应的公证手续。这样做，在未来发生货款纠纷时，你至少还能找到一位相应的相关债权人，以减少呆账、坏账的可能性，同时，这对客户本身来说也是一种信用约束。

9. 随时关注客户的信用变化，提高应变能力

通过分析能反映客户信用状况的所有资料，包括近期财务报告、银行信用等级、销售数据材料、付款历史等信息，对已发生的应收账款实施监控，同时关注客户的经营情况变化，一有风吹草动，立即采取行动。企业应设置信用审核员对每张订单进行审核，看其欠款期限、支付方式等是否符合规定。如有异常，立即采取措施。财务人员要准确记录每一笔业务账款，采用账龄分析表来分析账款情况（见表 6-2）。

表 6-2 客户账龄分析

年 月 日					
客户名称	金额（元）	1 ～ 30 天	31 ～ 60 天	61 ～ 90 天	91 天以上

10. 跟进市场管理，为客户也为自己

帮助分销商销货，其实也是应收账款管理工作的一部分，正所谓“工夫在诗外”。业务员积极协助客户解决市场问题，包括窜货、乱价、投诉等，理顺分销结构和价格层次，维护渠道的持续健康发展，使得货畅其流，这就是业界流行的“助销”模式。客户销售顺畅，利润滚滚而来，这时就算你不收货款客户都催你收了。当然，“助销”模式还包

含理念培训、推广筹划、客户关系、费用支持等多方面的内容，它是企业综合销售管理能力的集中体现。“助销”模式贯彻执行得越好，对企业回收货款就越有利。

五、应收账款的催收

应收账款的催收是一件艰苦而富于挑战性的工作。业务人员首先要树立良好的收款心态。因为应收账款的形成有客观因素，也有主观因素。有的应收账款是业务员的胆怯、软弱和碍于情面造成的。客户是利用我公司品牌盈利的，盈利之后交纳货款是天经地义的，我们催收货款也是理所当然的，不要感到不忍心，碍于情面，没有什么难为情的。其次要掌握适当的收款方法。收款是一门学问，光有胆量还不行，还必须讲究方式方法。一旦应收账款形成，必须坚决催收，形成习惯，必要时利用法律武器，坚决打击和威慑。

（一）收款策略事项

1. 账款发生后要立即催收

据英国销售专家波特·爱德华的研究，赊销期在 60 天之内，要回的可能性为 100%；在 100 天之内，要回的可能性为 80%；在 180 天内，要回的可能性为 50%；超过 12 个月，要回的可能性为 10%。另据国外专门负责收款的机构的研究，账款逾期时间与平均收款成功率成反比。账款逾期 6 个月以内应是最佳收款时机。如果欠款拖至 1 年以上，成功率仅为 26.6%，超过 2 年，成功率则只有 13.6%。

2. 对那些不会爽快付款的客户经常催收

如果业务员要账时太容易被打发，客户就不会将还款放在心上，他会觉得这笔款对你来说不重要，能拖就多拖几天。业务员经常要账会使得客户很难再找到拖欠的理由，不得不还你的账款。

3. 对有信誉、只是一时周转不灵的客户，适当给予延期

诚信催收，并尽可能帮他出谋划策，帮他联系业务等，以诚信和服务打动客户，达到收回账款的目的。要注意在收款完毕后再谈新的生意，这样生意谈起来也就比较顺利。

4. 对于支付货款不干脆的客户提前催收

如果只是在约定的收款日期前往，一般情况下是收不到货款的，必须在事前就催收。事前上门催收时要确认对方所欠金额，并告诉他下次收款日一定准时前来，请他事先准备好这些款项。这样做，一定比收款日当天来催讨要有效得多。

5. 对于付款情况不佳的客户直截了当催收

一碰面不必跟他寒暄太久，应直截了当地告诉他你来的目的就是专程收款。如果收款人员吞吞吐吐、羞羞答答的，反而会使对方在精神上处于主动地位，在时间上做好如何对付你的思想准备。

6. 为预防客户拖欠货款，应明确付款条款

在交易当时就要规定清楚交易条件，尤其是对收款日期要做没有任何弹性的规定。例如，有的代销合同或收据上写着“售完后付款”，只要客户还有一件货没有卖完，他就可以名正言顺地不付货款；还有的合同或收据上写着“10 月以后付款”，这样的模糊规定导致今后也容易扯皮。双方的约定，必须使用书面形式（如合同、契约、收据等），并加盖客户单位的合同专用章。

7. 到了合同规定的收款日，上门的时间一定要提早

否则，客户有时还会反咬一口，说我等了你好久，你没有来，我要去做其他更要紧的事，你就无话好说。登门催款时，不要看到客户处有另外的客人就走开，一定要说明来意，专门在旁边等候，这本身就是一种很有效的催款方式。因为客户不希望他的客人看到他的债主登门，这样做会搞砸他别的生意，或者在亲朋好友面前没有面子。在这种情况下，只要所欠不多，一般会赶快还款，打发你了事。

8. 发现情况不对，立即迫使其还款

如果客户一见面就开始讨好你，或请你稍等一下，他马上去某处取钱还你（对方说去某处取钱，这个钱十有八九是取不回来的，并且对方还会有“最充分”的理由，满嘴的“对不住”），这时，一定要揭穿对方的“把戏”，根据当时的具体情况，采取实质性的措施，迫其还款。

9. 如果收到的货款与约定有出入，需马上纠正，而不是等待对方说明

如果你的运气好，在一个付款情况不好的客户处出乎意料地收到很多货款时，就要及早离开，以免他觉得心疼。

10. 在催讨欠款时要发挥“缠”的工夫

不能轻言放弃，步步紧逼，不达目的不罢休，也不能相信客户的“苦经”，不能客户一诉苦就心软，可以调动群体的力量帮助催收。比如，可考虑从客户的家人、同学、朋友入手开展公关，形成压力催收。

（二）催收方法要领

对于应收账款的催收，做过销售业务的人员都会有心得，特别是在中国市场做销售，因为经营环境的原因，企业间信用度很低，货款拖欠严重，应收账款的催收成为考验企业经营和业务人员能力的一大难题。笔者根据在企业催收账款的实战经验和心得体会，总结出十条催收货款的有效办法，姑且作为“锦囊”奉献给大家参考。

1. 了解客户的结算周期及时催收

要知道客户结算的规律，了解客户账户上什么时候有钱，有的放矢，提高收款效率。

2. 利用第三方施加压力催收

坐在老总办公室，尽量找机会跟老板的客人和员工聊天说明收款来意，声音越大

越好，给老板施加心理压力，有助于催收。

3. 做好前期准备工作提前催收

包括与仓库和财务对账、开好发票、结清费用以及做一些相关部门、人员的公关工作，到收款时老板找不到什么理由拒绝。

4. 不要怕催款会失去客户

有的业务员怕催收货款影响客情关系，实际上，通过催收，加强业务交流和感情交流，直截了当地解决问题，形成良好习惯，对业务开展和客情关系还有好处，权当是创造与客户沟通的机会。

5. 可化整为零、高频次小金额催收

有的客户因为经营不好，资金困难，不能一次付清，这时可以一次收一点，别指望一次收齐，别拒绝小金额回款。

6. 必要时敢于断货逼对方付款

如果经销商总是拖欠货款不还，厂家可以采用断货的策略。厂家怕断货，怕影响销量，经销商经常利用这种心理在旺季欠款，其实商家更怕断货，这样不但影响其销量和利润，还要承担来自大型零售商的断货罚款。

7. 必要时找对方上级领导

收款时，业务员经常受到对方基层办事人员的刁难，往往是“小鬼难缠”。如果对方太过分，我们又在理，不妨直接找对方上级领导说说（如在一些大型零售企业可找财务总监），也许会收到很好的效果，下次就不敢再刁难了。

8. 必要时以货抵债或退货调货

如果发现你的客户经营不善，面临倒闭的风险，在了解其经营状况后，当其提出采取以货抵债或退货调货措施以减少损失时，千万别拒绝。

9. 如果经过多次催讨，对方还是拖拖拉拉不肯还款，千万不能放弃

要开动脑筋，采用一些非常规的手法灵活催收；或者在得知对方手头有现金或对方账户刚好进了一笔款项时，就立刻赶去，逮个正着。

10. 必要时提出诉讼或追债威胁

如果对方是恶意赖账，首先要表明态度，强调诉讼或追债的决心，逼对方就范。实际上，每个公司都不希望卷入官司，可以先请律师发律师函或委托追债公司通知对方，先礼后兵，必要时提起诉讼或委托追债公司追债。

当然，仁者见仁，智者见智，每一个企业、每一位业务人员都要根据自己的实际情况，采用不同的收款方法，最终把账款收回来才是硬道理。

项目检测

一、选择题

1. 根据管理学家罗宾斯提出的“权力的五种力量”学说，权力可以分为强制的权力、合法的权力、关系的权力、专家的权力、（　）五个来源。

A. 信息的权力　　B. 品牌的权力
C. 管理的权力　　D. 感召的权力

2. 按照麦克利兰的三重需要理论，厂、商都有“成就的需要、归属的需要和（　）”。

A. 平等的需要　　B. 安全的需要
C. 尊重的需要　　D. 权力的需要

3. 格力的“（　）模式”是由格力总裁董明珠创立的一种渠道创新模式。

A. 联销体　　B. 网络营销
C. 连锁经营　　D. 区域股份制销售公司

4. 宝洁“助销模式”的主张是“帮助客户发展生意”，它是一种服务型模式，更是一种（　）模式。

A. 投资型　　B. 交易型　　C. 关系型　　D. 控制型

二、多项选择题

1. 厂家自建渠道的优点为（　）。

A. 有利于重点开发目标市场　　B. 有利于提高目标市场销量
C. 有利于对渠道实施控制　　D. 有利于丰富产品线

2. 按照商家自营品牌缺点为（　）。

A. 使得经营产品杂乱　　B. 容易和品牌厂家发生冲突
C. 显得不够专一和专业　　D. 增加了管理难度

3. 渠道控制的特点为（　）。

A. 渠道控制不同于一般的控制
B. 渠道控制对象具有相互性
C. 渠道控制力源于市场控制力与制度控制力的组合
D. 渠道控制是充分实现渠道功能的基础

4. 应收账款的危害有（　）。

A. 费用支出增加　　B. 导致周转不良
C. 呆账、坏账损失　　D. 市场运作困难

三、判断题（正确的打“√”，错误的打“×”）

1. 关于渠道权力的来源，最有代表性的有三种理论，一是“权力依赖说”，二是“权

力基础说”，三是“权力的五种力量说”。 （ ）

2. 所谓赊销，就是经销单位让企业不交现款就提货销售的经营行为。 （ ）

3. 应收账款是企业销售产品以后需要交付给供货单位的销售账款。 （ ）

4. 渠道控制是一个渠道成员对另一个渠道成员的行为与决策变量成功施加影响的过程。 （ ）

四、案例分析题

相宜本草：多渠道协调平衡

相宜本草成立于2000年，它没有机会搭乘20世纪90年代国内美妆品牌野蛮生长的“高速列车”。能够成为占据一席之地的后来者，相宜本草就是靠两点——渠道上实施以KA（大型商超）为核心的多渠道战略，功效上定位“中药本草”填补当时的市场空白。近年来，随着线上购物规模的不断扩大，美妆品牌也纷纷加码电商业务，但随之而来的是线上线下渠道交叉、经销商窜货等乱象频频出现。相宜本草的做法是，将渠道完全分开，为各个渠道设计专供产品，这一做法有效地避免了互相干扰。

1. 强势经营商超渠道

相宜本草另类的渠道切入点至今仍为许多业内人士所津津乐道。不同于许多本土化妆品品牌一开始从专营店入手、强势崛起后再自下而上“跨界”进入商超等渠道的发展路径，相宜本草从创立之初便瞄准了更为高端的KA渠道。在这一渠道体系中，丁家宜、东洋之花、佳雪等品牌都曾作为本土化妆品企业的代表与外资品牌分庭抗礼。

相宜本草的突出之处在于对销售终端的高度重视和精细化管理。相宜本草采取了分段考核制度，将各项具体费用消耗标准量化落地。另外，分布在全国卖场内的数千名BA（化妆品导购员）也是相宜本草终端销售的保证。据了解，相宜本草对这些BA进行无中介直接管理，不仅专门成立导购培训中心，还为其设置了多种激励方式。为避免不同渠道产品造成消费者认知的混乱，相宜本草更是酝酿着新一轮渠道产品明星代言计划，除藏族歌手阿兰仍然代言明星单品红景天系列、演员宋佳代言最新的百合高保湿系列外，相宜本草计划为每个系列产品设置一名代言人，以此向消费者明示某系列产品属于特定渠道。

2. 多渠道协调平衡

现在，相宜本草的渠道不仅包括其赖以崛起的大型商超，还有线上销售和专营店等其他渠道，这“三驾马车”共同构成了相宜本草的多渠道发展格局。

事实上，进货渠道五花八门、终端定价参差不齐几乎是每一个选择多渠道策略的企业都会面临的难题，但相宜本草有自己的解决方案。在经销商网络体系管理方面，相宜本草按地区进行渠道分线，每个省在三大渠道都分设代理商。在此基础上，进一步严格规定每个经销商只能选择一个单一渠道，其他渠道不得涉足。为了进行相应的监督，相宜本草还在产品上配备了明码暗码系统。而在价格管控上，相宜本草将定价权收回并强势推行线上线下统一价，从根源上遏制了价格的多样化。另外，针对同一品牌在不同渠道销售可能引发的价格体系和消费者认知混乱，相宜本草还为各个渠道研发了相对应的产品，例如专供商超的红景天、黑茶，仅在线上销售的红石榴系列以及专柜独有的芍药皙白产品。

公司总裁严明将相宜本草近年来的渠道策略归纳为“E时代的全渠道营销”，并表示将在渗透过程中进一步理顺各渠道。电子商务所引起的线上线下管理无疑是渠道矛盾的焦点，因为不同渠道同一品牌的销售除引起价格体系的混乱外，还会引起消费者对于品牌认知的混乱。对此，相宜本草的市场对应策略是为各渠道研发了符合渠道特色和定位的不同产品系列，比如现代渠道的红景天系列，网络渠道的红石榴、仙人掌系列，专营店渠道的古方今酿系列等，以使各渠道业务相互区隔。

3. 深度渗透低线市场

向二线、三线城市甚至周边县城、乡镇下沉是近年来美妆品牌的大势所趋，对于优势一向在于一线城市大型卖场的相宜本草来说也不例外。

严明说，要趁着国际品牌还没大力布局低线市场的时候迅速出手。早年，雅诗兰黛位于成都王府井百货的专柜就创下过年销售额6558万元、该品牌全球专柜销量排名第1的纪录。而欧莱雅旗下高端品牌兰蔻近些年已进入东莞、兰州等二线、三线城市，近两年内更是在浙江诸暨、山东潍坊等广大的三线、四线城市开设了专柜。相宜本草的应对方式是“深度渗透”，在低线市场，没有“大牌”压力的相宜本草可以自如地将终端渠道开进社区店、小型日化店和偏远的便利店。严明很清楚，从单店平效来看，一线城市的布局属于“少网点多产出”，而低线市场则是“多网点少产出”，“越往下走，单店产出越少，网点数量相应就会越多，必须借助广大本地经销商的力量来拓展市场”。

但不可否认的是，越往低线市场走，品牌对经销商的依赖程度会越高。随着渠道下沉，相宜本草的直营店占比已经从过去的超过80%下降至50%以下，对代理商的有效管理或许将成为其快速扩张过程中无法绕过的难题。

资料来源：

根据相宜本草网站资料整理。

问题讨论：

1. 怎样理解相宜本草的多渠道组合设计？
2. 相宜本草是怎样实现多渠道协调平衡的？

项目七 渠道的冲突和管理

项目目标

➢ 知识目标：了解冲突及渠道冲突的特点；了解冲突的五个阶段；掌握渠道冲突的类型，了解渠道冲突的成因及危害；了解窜货的概念；掌握窜货的类型；了解窜货的原因；了解窜货的分类；了解渠道控制；掌握渠道控制的方法。

➢ 能力目标：通过学习训练，学生能判断所处的阶段；能对渠道冲突的利弊进行分析；能对冲突采用正确的途径解决；能用正确的方法解决窜货问题；能够结合相应的控制手段，进行有效的渠道控制。

➢ 素质目标：培养学生正确的职业道德；加强学生在渠道管理中坚持职业操守培养；加强学生遵纪守法观念；培养学生要立足企业、维护企业利益；培养学生与人合作、自我学习的能力。

任务一　冲突的概念及类型

导入案例

渠道冲突之烈

王老吉与加多宝之争

由于众所周知的原因，王老吉与加多宝双方业务人员相互敌视，曾因拼抢渠道资源，在南昌胜利路步行街曾爆发激烈肢体冲突。王老吉经过胜利路步行街管委会批准后，合法在名秀广场搭台进行促销活动。加多宝当天也派人在名秀广场搞促销，把饮料运到步行街，并派人在步行街发放传单，行人只需凭传单就可以在指定地点免费领取加多宝饮料。王老吉方对此很有意见，他们认为，自己才是合法办理了手续的促销“正规军”，加多宝不能在他们的活动现场附近搞促销。

此外，双方在促销广告上也起了争执。当时，王老吉打出了“怕上火，喝王老吉”的广告标语，加多宝也拉了一条“怕上火，喝加多宝”的横幅，王老吉方称这条广告语一直都是王老吉在用，加多宝方则表示该广告语其实就是现在的加多宝想出来的。就这样，双方起了口角，然后两方都有人互相去拉扯对方的广告牌。发生冲突时双方各有二三十名员工参与，导致加多宝和王老吉分别有 4 名和 3 名员工受了轻伤。

康师傅与统一方便面之争

2012 年在东北地区，尤其在沈阳的大部分大超市、大卖场以及小型的私人超市内，基本上已经停止销售统一方便面。与此同时，货柜上摆放的康师傅方便面倒是占了将近八成。统一内部人士告诉记者，统一当年两个月内损失了近 4 万个销售点，按每个销售点每月 5000 元的销售额来算，统一最起码损失了 2 亿多元。统一销售点的大量损失和康师傅所采取的一系列排他性销售策略有着密不可分的关系。康师傅控股的沈阳顶益食品有限公司与某销售网点签订了供货协议，该协议最后手写的补充条款中提到：保留辛拉面一种品项，其余都是康师傅，每月 500 元，协议的最后几乎都会有关于该网点不得在协议期内销售统一方便面的内容，而且注明协议期内该网点每个月能够获得若干金额的货架使用费。康师傅与统一的矛盾曾激化到见血的程度。某年清明节，双方在安徽淮南的销售人员就因为方便面摆放问题大打出手，致使统一的王姓业务员腹背部受到多处刀伤。

资料来源：

https://m.meishij.net/html5/zuofa/tml.

思考：

1. 这几个品牌之间为什么要这么激烈对抗？
2. 为什么王老吉不与康师傅对抗，为什么加多宝不与统一对抗？

思政问题：

两个冲突案例中的业务人员是否要承担法律责任？

一、渠道冲突的概念

（一）冲突的概念

冲突指的是“矛盾表面化，发生激烈争斗”。营销渠道中的冲突与竞争不同。竞争是一种以目标为中心的、间接和非个人的行为，而冲突是一种直接的、个人的、以对抗为中心的行为。冲突必有原因，它的产生、发展和解决是有一定规律可循的。

1. 冲突无处不在

现实生活中，冲突是无处不在、无时不有的。尤其是在管理活动中，冲突的出现更为频繁、剧烈。试想，如果所有成员都能够为着一个共同的目标而和谐一致、按部就班地奋斗，那么大量复杂艰巨的沟通和协调工作也就无从谈起，管理者的工作恐怕要减轻一大半了。

2. 冲突的两面性

发生冲突虽然不是什么好事，但它同样也有积极的一面。冲突有时可以激发活力，转化为事物发展的动力。组织内部的潜在矛盾转化为冲突，总比被长久地隐藏起来要好。从积极的意义上讲，适度冲突可以激发渠道成员的竞争意识，促进创新。

（二）渠道冲突的概念

渠道冲突是指渠道成员意识到另一个成员正在损害、威胁其利益，或者以牺牲其利益为代价获取稀缺资源，进而引发的彼此之间的争执、敌对、报复行为。

冲突和竞争往往会被混为一谈。在现实中，冲突和竞争是有区别的。从渠道关系上来看，当一个渠道成员需要跨越的障碍是另一个渠道成员而不是市场时，该成员就面临着冲突。在营销渠道中，各成员之间的适度竞争不仅不会产生消极影响，而且有可能使客户获得更为优质的资源及服务，在有利于整个渠道业绩提高的同时，对于企业自身的发展也是有一定帮助的。但如果竞争发展到双方反目，不择手段，竞争就会演变成冲突。

【课堂互动案例 7-1】

互动内容：

冲突只会为企业带来无穷无尽的问题，这种说法对吗？为什么？

互动要求：

1. 结合渠道冲突的相关概念发表个人见解，也可以和你的同伴简单沟通后回答。
2. 教师对学生的回答进行点评。

二、渠道冲突的五个阶段

一般来说，渠道冲突是一个渐次发展的过程，会经历以下五个阶段。

（一）潜在冲突阶段

这是冲突的早期潜伏阶段，表现为渠道成员之间目标的差异、角色不一致，以及渠道成员对现实有一定的认知差异，并缺乏有效沟通等情形。在营销渠道中，潜在冲突最为典型。

（二）可察觉冲突阶段

可察觉冲突是指当渠道成员意识到某种对立（如观点、感觉、情感、兴趣和意图等对立）存在时的冲突。它是认知上的对立，因此双方的情绪并没有受到太大的影响。渠道成员不会将他们的关系描绘成冲突。

（三）感觉冲突阶段

在这一阶段，负面的情感始终围绕着渠道成员如紧张、焦虑、愤怒、沮丧等。渠道成员情绪明显受到影响，到了这一层次，渠道成员将放弃经济上的明智选择，以牺牲自己组织的利益为代价，来惩罚其他渠道伙伴。

（四）显性冲突阶段

这种看得见的对立是用行动来表达的。显性冲突的表现形式通常为相互阻止对方的发展并撤销支持。例如一方对另一方采取破坏或复仇行为，从根本上阻止另一方，不让其达到目的。

（五）冲突结果

其表现为冲突得到解决后所产生的一些积极或消极的影响。在前面所述的几个冲突阶段中，只有显性冲突直接影响一个渠道成员对另一个渠道成员的行为。

图 7-1 为渠道冲突的五个阶段。

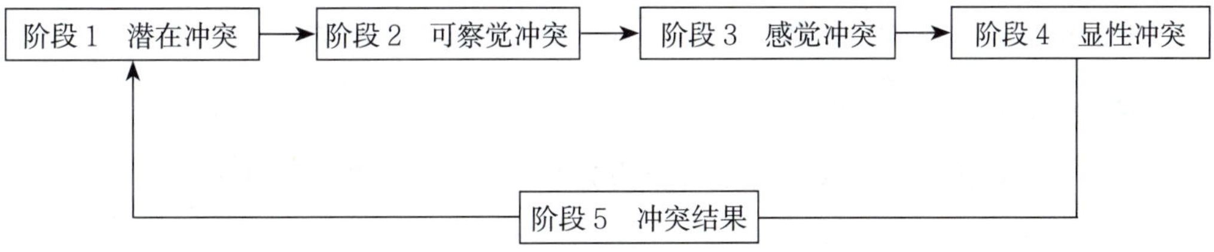

图 7-1　渠道冲突的五个阶段

【课堂互动案例 7-2】

互动内容：

为什么渠道冲突是一个渐次的过程？

互动要求：

1. 结合渠道冲突的相关概念发表个人见解，也可以和你的同伴简单沟通后回答。
2. 教师对学生的回答进行点评。

三、渠道冲突的类型

渠道成员之间彼此的联系、活动非常多，每一项活动都存在冲突的可能性。

（一）按照渠道成员关系分类

按照渠道成员的关系分类，渠道冲突可分为同质冲突、水平冲突、垂直冲突和多渠道冲突。

1. 同质冲突

同质冲突指的是在一个宏观环境下，市场中的一家企业的营销渠道与另一家企业的营销渠道在同一水平上的冲突。这种渠道冲突往往和市场竞争有关。比如，蒙牛和伊利的牛奶制品在市场上零售终端的冲突就是同质冲突。

2. 水平冲突

水平冲突又称为横向冲突，是指同一渠道中同一层次的中间商之间的冲突，如两家销售同一制造商产品的超级市场之间可能存在水平冲突。经销商窜货行为是比较常见的水平冲突。

3. 垂直冲突

垂直冲突又称为纵向冲突，是指同一渠道中不同层次成员之间的冲突，如制造商与渠道下游经销商之间的冲突。例如，项目六提到的东风悦达起亚汽车逼宫事件，就是典型的垂直冲突。

4. 多渠道冲突

多渠道冲突又称为交叉冲突，是指当某个制造商建立起两条或两条以上的渠道向同一市场提供产品（服务）时，发生于渠道之间的冲突。比如，当手机生产企业决定建立网上销售渠道出售其商品时，必然会导致线下销售店的不满。只要制造商建立两条或两条以上的渠道，并向同一市场出售其商品，就会产生这类冲突。

（二）按照产生原因分类

按照产生的原因分类，渠道冲突可分为竞争性冲突和非竞争性冲突。

1. 竞争性冲突

竞争性冲突是指两个或者两个以上渠道成员在同类或相似市场上竞争时发生的冲突。比如，在同一区域市场竞争下的两个批发商、同一区域下百货公司和超市、制造商自营店与并存于这一市场上经销本企业产品的零售商之间的竞争。

2. 非竞争性冲突

非竞争性冲突是指渠道成员在目标、角色、政策以及利润分配等方面存在不一致而导致的冲突。比如，因为对制造商的定价和促销政策而持有不同意见的经销商、代理商引发的冲突；为了获得制造商较为优惠的政策，两个代理商之间引发的冲突等。

【课堂互动案例 7-3】

互动内容：

渠道冲突的类型有哪些？

互动要求：

1. 结合渠道冲突分类的概念发表个人见解，也可以和你的同伴简单沟通后回答。

2. 教师对学生的回答进行点评。

四、渠道冲突产生的原因及危害

（一）原因

1. 目标不一致

渠道成员之间是一种竞合关系。渠道成员作为集体成员，有着某些共同的目标，作为个体又有其自身的目标，这些目标在某些情况下会产生矛盾，从而引发冲突。例如，渠道成员对长期目标的追求与短期目标的追求常常出现不一致的情况，从而会采取不同的销售措施，而这些措施会干扰其他成员目标的实现，进而引发渠道冲突。

2. 归属差异

归属差异是指渠道成员在有关目标顾客、销售区域、渠道功能分工和技术等方面归属上存在的矛盾和差异，这些矛盾和差异若处理不当，容易产生冲突。

3. 分工不明确

渠道成员之间的分工直接关系到各自的权利、责任、利益和风险。在渠道管理过程中难免会出现权利和责任划分不明确的情况，由于渠道成员都是趋利避害的，因此各渠道成员在出现问题时容易出现推卸责任、逃避风险的情况，例如，谁负责售后服务问题、促销时各渠道成员承担的责任问题等。

4. 激励不当

制造商对渠道成员销售产品会采取相应的激励措施。激励措施是一把双刃剑，用得恰当可以改善渠道的绩效，使用不当则会引发渠道冲突。过于依赖经济手段进行激励，容易使渠道成员发生以追求短期经济利益实现为目标的活动，导致其与整个渠道的长远目标相冲突。目前很多企业注重大客户关系管理，在进行激励的过程中往往容易忽视其他客户的利益，从而引发其他渠道成员的不满，进而导致渠道冲突行为的出现。

5. 沟通障碍

渠道成员的目标和利益不一致，分工不明确的问题在很大程度上是沟通障碍造成的。这些沟通障碍主要包括沟通不及时、沟通信息传递出现失真、成员对信息的理解出现偏差和失误等。沟通障碍导致不同的渠道成员在营销过程中采用不同的措施，从而引发冲突。

【案例 7-1】

三只松鼠的渠道管理

在三只松鼠宣布全渠道销售额破百亿元之际，2019 年 12 月 4 日，多位三只松鼠小店店主表示，目前，三只松鼠小店最大的竞争对手不是良品铺子或者来伊份，而是三只松鼠的线上店和直营店。这些三只松鼠小店店主“吐槽”的原因是，三只松鼠线下产品品种较少，且相同产品的线下价格高于线上。业内人士认为，线上创业 7 年的三只松鼠已经是一个成熟的电商企业平台，线下开设体验店，能够增加消费者与三只松鼠的互动。但在大力推广开设线下店的关键期，处理好线上和线下的关系至关重要。从目前看，尽快实现线上线下同价，并且推出差异化的产品是解决问题的关键。

“线上的 SKU（单品）很多，但线下的产品并不多，我的三只松鼠小店一共 80 平方米，但有 10 平方米空着。”一位三只松鼠小店店主抱怨说，“三只松鼠目前的商品品类超过 600 个，但是线下 SKU 仅 300 个，近期又下架了一些。除了数量少，相同产品的线上价格也低于线下价格。进货价是硬伤，线下三只松鼠小店拿到一箱 750 克装的每日坚果，每盒的进货价格是 90 多元，但目前线上每盒价格才 80 多元。甚至连阿里零售通平台上出售的三只松鼠相同产品的价格也低于三只松鼠小店店内价格。”另一位三只松鼠小店店主表示：“来我店购买产品的消费者都拿着手机，一边看一边对比价格，最后都去线上购物了，店面销量不高。”“本来以为每天可以保证 3000 元的收入，但现在每天的销售额仅千元左右，甚至有时候仅卖几百元。”一位位于三线城市社区的三只松鼠小店店主表示，“如果在一线城市的话，三只松鼠小店还要面对三只松鼠投食店的竞争。”

据了解，三只松鼠投食店是其直营店面，目前主要集中在一线、二线城市。上述三只松鼠小店店主介绍称，投食店的产品品类、面积以及位置相对较好。记者通过美团等平台了解到，三只松鼠投食店一般都在这些城市的商业中心，例如青岛的三只松鼠投食店在万达广场、石家庄的三只松鼠投食店在勒泰中心。对于三只松鼠小店店主反映的问题，三只松鼠相关负责人向《北京商报》记者表示，因为线下的货架展示空间有限，所以线下的 SKU 数量较少，在丰富度上确实不如线上，但三只松鼠会精选更适合线下的产品配给三只松鼠小店，这是线下和线上不同的商业模式所决定的。

关于价格问题，上述负责人表示，线上价格便宜，但只是限时促销并且限购一份，线下也会进行促销。不过，记者通过调查发现，以每日坚果为例，10 月初，三只松鼠 750 克装每日坚果售价为 99 元 / 盒，目前为 89 元 / 盒。三只松鼠小店相同产品的售价都要过百元，难与线上竞争。

北京商业经济学会常务副会长赖阳认为，三只松鼠线上销售火热，得益于产品性价比以及 IP 的超萌体验。开设线下体验店是品牌价值的延伸，但是大规模扩张线下门店，成本会大幅提高，前景并不会好。据了解，三只松鼠成立于2012年，主要以线上业务为主，年成交额从最初的几千万元增加至2019年的百亿元。但近几年随着线上红利逐渐消失，三只松鼠投入越来越多。数据显示，2014—2016年，三只松鼠支付给平台的佣金费用分别为3446.84万元、7979.16万元和1.36亿元。2016年，三只松鼠开始线下布局，开设直营的投食店。2018年，三只松鼠开设第一家三只松鼠联盟小店。目前，三只松鼠正处在线下布局的关键期。近日，三只松鼠相关负责人表示，2020年联盟小店将开到1000家。为了加快三只松鼠小店的拓展，三只松鼠还推出了专属融资平台——松鼠金贝，总额度为1亿元，每位小店店主最高可贷50万元。

数据显示，2019年11月，三只松鼠新开25家联盟小店。截至11月30日，三只松鼠小店累计数量200家，主要分布在东北三省以及河北、河南、山东、安徽、浙江等中、东部地区。专家表示，三只松鼠的联盟模式是一个理想化的状态，以其互联网属性看，三只松鼠很难切割线上，因此三只松鼠线下拓展面临的挑战很多。目前解决三只松鼠线上线下两条腿走路的办法是进行不同产品组合，针对线下研发特定的产品以及特定的包装，相同产品也需要实现线上线下同价。

据了解，电商发展初期，由于线上覆盖范围广、消费规模大、中间环节少，价格优势明显，实现了高速发展，并冲击线下渠道。从过往的苏宁易购、国美电器的经验看，为了保证线下的销售，他们都采取了线上线下同价的策略，以保证线下对消费者的吸引力。线上线下不同价的原因在于三只松鼠对线下店的定位。三只松鼠董事长章燎原曾表示，线下不需要追求客单价，追求的是转化率和消费频次，以便能长久地坚持下去。最核心的部分是用户的体验感，以便完成线上不能完成的部分。

对此，战略定位专家、九德定位咨询公司创始人徐雄俊认为，线上线下应该形成互补的关系，线下最重要的目的是更深度地触达消费者。为了能够触达消费者并与线上形成良性互补，三只松鼠需要为线下供应与线上差异化的产品。其实，三只松鼠已经意识到了为线上线下打造差异化产品的重要性并着手运作。近日，三只松鼠相关负责人表示，三只松鼠将开展“三个100行动”，至少打造100个服务于线下场景的产品线，为线下渠道场景定制超过100款商品，至少做100个包括产品促销推广的产品包，帮助店主更顺畅地销售。

对于这些承诺，一位三只松鼠小店店主表示：“三只松鼠相关负责人也跟我们说过要解决线上线下价格问题，但至今仍未兑现，也许需要时间，等三只松鼠对线下门店更重视了，估计店面的销售情况会好一些。”

资料来源：

https://baijiahao.baidu.com/s?id=1651998009229328753&wfr.

思考：

1. 三只松鼠线上线下渠道冲突的原因是什么？
2. 三只松鼠应该如何解决线上线下渠道冲突问题？

（二）危害

渠道冲突一旦发生，渠道各部分成员就很难注重整体利益而单纯地想使自身的利益达到最大化，这样给渠道的正常运行造成了相当大的阻碍，不仅阻碍了渠道的正常流通，还降低了渠道运作效率，流失了消费者，更直接损害了交易双方的经济利益。

1. 破坏渠道成员关系

许多渠道成员间的关系在冲突发生后会出现变化，如果协调不力，将可能导致冲突一方针对另一方采取严重的报复行为，冲突双方的关系由互相依存的合作伙伴变成势不两立的竞争对手。

2. 降低渠道整体业绩

渠道冲突会让渠道成员为各自的目标服务，在这一前提下，渠道成员不会再考虑渠道长期利益，甚至可能做出不顾一切打击对方的非理智行为，最终将损害双方甚至整个渠道的整体利益。

3. 破坏渠道运作体系

在渠道设计时，为维护市场稳定，制造商通常会制定一整套渠道运作规范，包括价格体系、销售区域、回款条件、返利政策等方面。一旦冲突发生，渠道成员为利益最大化，会不惜破坏各种规范，进而可能导致运作体系崩溃。

4. 影响品牌形象

对消费者来说，判断一个产品品牌价值的高低，最直观的标准应该是具备可靠的质量、稳定的价格、放心的服务、良好的口碑，而渠道成员间的恶性冲突则常常将其毁于一旦。

五、影响渠道冲突的因素及渠道冲突的解决

（一）影响渠道冲突的因素

影响渠道冲突的因素如图 7-2 所示。

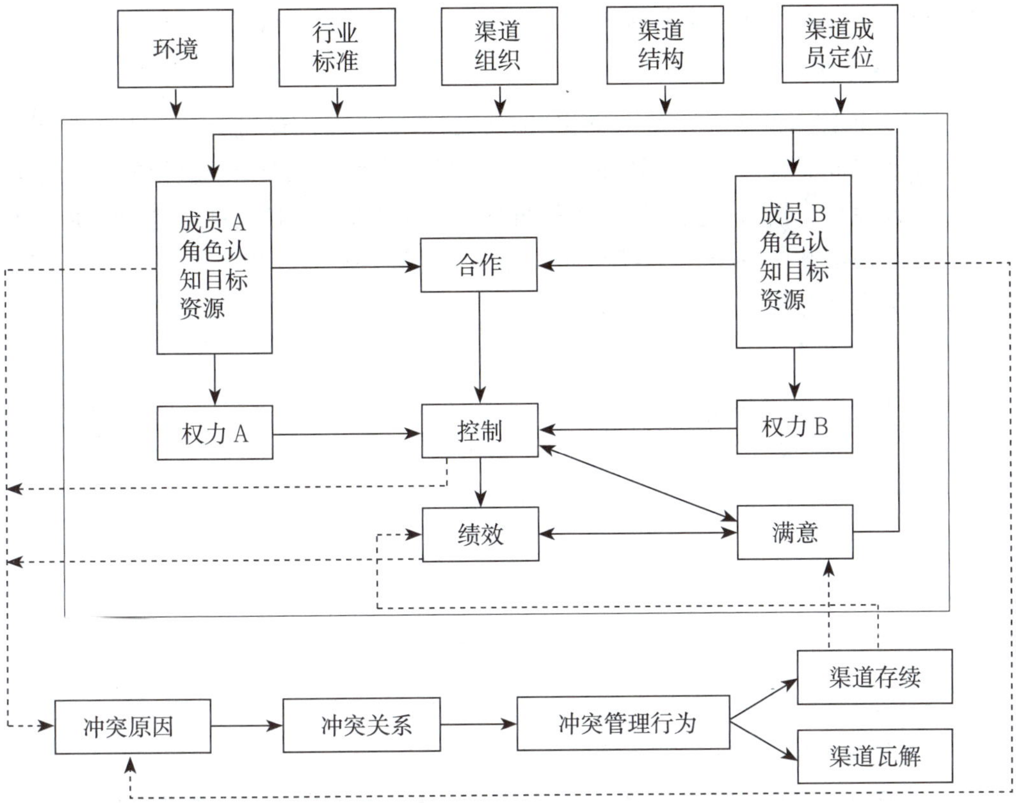

图 7-2 影响渠道冲突的因素

（二）渠道冲突的解决

渠道冲突已成为一股强大的压迫力量，迫使营销价值链中的各级经营者直视问题，并检讨自身不足，为提高渠道的运营状况不停地努力。企业只有及时地调解渠道冲突，平衡渠道成员利益，合理地利用冲突，才能达到与渠道成员之间的双赢，进而实现与消费者、渠道商的多赢。

1. 选择适合自己的合作伙伴

从企业的角度，在渠道建立之初，企业就要根据自身产品的相关定位或者企业实力进行权衡，选择适合自己的合作伙伴。选择好适合自身的合作伙伴，才能有效减少未来交易中的摩擦。

2. 制定公认的制度目标

对交易程序制定合理的、双方都认同的规范，并为各自的经营目标达成共识，形成书面的制度。这样事先约定好，在之后发生分歧时就有据可依，更容易解决问题，不至于发生冲突。

3. 进行冲突识别

若冲突不可避免地发生了，就要进行冲突的识别，看所发生的冲突是良性冲突还是恶性冲突。企业要在保证企业损失最小的情况下采取相应的措施。

4. 完善各方面服务

通过完善各方面的服务，使双方相对应的满意度提高，有利于缓和冲突或者避免冲突。对于制造商而言，要尽量做好对分销商的服务工作，如及时地供货补货、落实到货时间、处理库存、提高资金利用率和利润率、对分销商进行培训并申请特殊资金支持分销商在销售现场开展活动等。对于分销商来说，要做的则是积极收集、反馈市场信息，和制造商一起做好促销工作，提高对商品的熟悉度及分销商品的流通率。

5. 建立沟通机制

再精心设计的渠道规范也不可能预防所有的潜在冲突，因为未来是不可预见的且运行环境是不断变化的。通过建立持久的沟通机制，双方进行经常性的沟通，在不断互动的过程中增强对渠道伙伴的认识，了解到可能与对方发生冲突的根本因素，从而对冲突有所预期和警觉。

6. 控制已经发生的冲突

对于已经发生的不可避免的冲突，除了尽量进行友好沟通之外，也只有依靠法律来避免自己的利益受到侵害了。

7. 实现利益承诺

渠道是把双方的利益关系联系在一起的，只有双方都能在与对方的合作时看到自己可以获得的利润，才会考虑到相应的“关系终止成本”而谨慎行事。

制造商可以采取的方法为增大对分销商的返利并落实相关的奖励措施，从而加大分销商可获得的利润。批发商则可以通过增加制造商产品的销量、减少其他产品的销量来让利。

【案例 7-2】

雅诗兰黛和网易考拉握手言和

随着雅诗兰黛和网易考拉的握手言和，这起为时一年多、双方互诉的纷争和平收场，背后原因何在？对此，雅诗兰黛官方没有任何声明回复。网易考拉则表示，一切以公告为准。

2019 年 4 月 19 日，网易考拉发布声明称，公司已于近日就与中国消费者协会等单位的名誉侵权纠纷案向北京市海淀区人民法院提出撤诉申请，北京市海淀区人民法院于 2019 年 3 月 12 日做出民事裁定，准予撤诉。同时，网易考拉表示，虚心接受中国消费者协会等监管部门的指导和监督，未来，将以更加敬畏和开放的心态，诚恳听取、广泛接纳社会、媒体和消费者的建议和意见，耐心、虚心地做好消费者服务。在声明中，网易考拉还提到，除了郑重承诺“正品保障、假一赔十”不变，为了更好地保障消费者权益，其已于近期设立了5万元消费者权益保障金，并升级网易考拉“省心购”等一系列消费者保障措施，同时，附上了公司的监督服务热线。声明中称，雅诗兰黛此前就与网易考拉的侵害商标权案提出撤诉并已获准。

这场官司起源于中国消费者协会2018年2月出具的一份报告。2018年2月，中国消费者协会发布了《2017年“双11”网络购物价格、质量、售后服务调查体验报告》，称“海淘”商品涉嫌仿冒较多。同时，中国消费者协会公布了《“海淘”样品真假鉴定情况一览表》，指出包括网易考拉海购在内的平台所出售的样品涉嫌仿冒。其中，网易考拉海购平台“自营直邮仓”涉嫌仿冒15毫升装的雅诗兰黛特润修护精华眼霜。而出具假冒鉴定结果的正是雅诗兰黛（上海）商贸有限公司（以下简称雅诗兰黛上海）。

这个报告引发网易考拉的强烈反应。网易考拉发布声明称，经SGS检测比对认定，网易考拉海购所售的“雅诗兰黛眼部精华霜小棕瓶15ml”与国内雅诗兰黛专柜及全球5个不同国家和地区官方渠道销售的9个同款商品红外光谱特征完全一致，产品安全可靠。同时，网易考拉还发布《致雅诗兰黛公司CEO的一封公开信》，信中称，网易考拉要求雅诗兰黛公司澄清事实，并向网易考拉海购及用户道歉。同年6月，网易考拉将中国消费者协会、雅诗兰黛上海、雅诗兰黛公司、北京盛拓优讯信息技术有限公司诉至北京市海淀区人民法院，要求四被告删除涉案报道、刊登道歉声明、赔偿损失2100万元，该诉讼由北京市海淀区人民法院受理。

网易考拉当时称，雅诗兰黛上海并没有国家法律认可的任何鉴定资质，其无权也无能力对涉案商品进行正品鉴定；雅诗兰黛上海为网易考拉海购等跨境电商行业的同业竞争者和商业利益冲突方；雅诗兰黛上海在没有法定资质也没有回避利益冲突的情况下出具的所谓“假”的鉴定报告不具有任何公信力，是对网易考拉海购的商业诋毁。

目前，双方“握手言和”，《新京报》记者在网易考拉海购平台上看到，目前雅诗兰黛商品仍在销售。以雅诗兰黛肌底精华露（小棕瓶）为例，同为50ml规格，该品牌中国官网售价为850元，网易考拉雅诗兰黛品牌自营店售价为539元。对此，有专家认为，表面上看，似乎是网易考拉侵犯了雅诗兰黛上海的独家经销权。实际上，如果存在侵权的话，也是雅诗兰黛上海与授权商家雅诗兰黛集团之间的纠纷。雅诗兰黛上海在中国区域内把销售价格定得过高，会限制销量，这可能也是品牌方不愿意看到的。实际上，雅诗兰黛近年来在中国加大了数字化营销的力度。据此前公布的财报数据，2018财年，公司收入137亿美元，同比增长16%。亚太市场季度销售额首次超过10亿美元，同比增长17%。

雅诗兰黛集团在中国市场推行了多项新战略，包括与杨号、孙菲菲等明星达成合作，入驻阿里巴巴旗下的天猫。值得一提的是，电商渠道为集团贡献了1/3以上的中国市场销售额。业内人士表示，网易考拉和雅诗兰黛中国持续1年多的纷争，本质上是一场线上与线下、传统一般贸易与零售进口跨境电商之间的渠道之争，双方利益上存在重大冲突。此次共同撤诉，至少意味着当下双方利益在某个维度下达到了平衡。

资料来源：

https：//baijiahao.baidu.com/s？ id=l631563573506542465&wfr.

思考：

1. 雅诗兰黛和网易考拉为什么要打官司？
2. 该案例的处理对你了解渠道冲突有何帮助？

任务二　典型冲突——窜货

导入案例

水井坊重拳出击打击窜货

水井坊近期在整肃市场上再出“重拳”：一方面严打击区域窜货的违约经销商；另一方面出台多项扶持政策，保护经销商利益。继 2019 年年底整顿渠道之后，这是水井坊再次在优化渠道价值链上打出一套行之有效的“组合拳”。对此，有行业人士分析指出：“在渠道整顿上实施‘胡萝卜 + 大棒’的策略，充分显示出水井坊打击跨区窜货违约行为和稳定市场秩序的决心；而多项针对经销商的扶持政策也为水井坊抢抓消费打足‘提前量’。”

1.“重拳”出击，全方位打击渠道违约行为

“水井坊近期在渠道上打击跨区域窜货行为！”某经销商透露，“厂家已经采取了一系列的动作，整顿渠道的决心很强。”“光是 1 月被发现而遭到严厉整顿的经销商就有近 30 家，都是因为窜货。”这位经销商接着透露说，“现在厂家督查人员主动出击，重点‘照顾’和检查批发市场这些高风险区域。”对此，有经销商表示：“这次整顿市场查得很细，除了打击跨区域窜货外，还对不按事前规定使用小酒、品鉴酒等促销物料的行为进行严打；对各项不当行为及时‘纠错’，可见厂家在非常时期敢行雷霆手段维护市场秩序，去保障经销商的核心利益。”“其实，不仅查线下，厂家也在严查线上各项不当的促销活动。”有知情人士透露，“水井坊这是通过大数据分析，实现对全网的精细化管理。”

实际上，这不是水井坊第一次全方位“重拳”整顿渠道，以维护广大经销商利益；

也是为了及时了解市场波动从而优化核心产品价值链。某熟悉水井坊的经销商表示："自总经理危永标'挂帅'之后，水井坊一直都很重视渠道优化工作；2019年年底就在预防和治理上打出一系列'组合拳'，成效显著；这段时间再次拿出严肃态度，可见厂家在对待窜货违约行为上'眼里容不得沙子'。"

2."胡萝卜+大棒"策略，保护广大经销商利益才是目的

"厂家在打击渠道各种不当行为时态度很坚决。"某经销商透露说，"同时，水井坊也在想方设法帮扶核心经销商，尤其是在2020年新冠疫情防控期间出台的一系列的扶商政策，都是一些解决当前实际问题的办法。""首先，在疫情防控期间，水井坊关注到大家的消毒液、酒精、口罩等防疫物资都很紧缺后，便第一时间发动各地经销商力量，着手筹集防疫物资并下发给终端门店。"有知情人士表示，"目前，全国大部分省区市场，这些防疫关怀用品都已陆续发放到位。"

其次，在关怀门店的同时，水井坊从2月就开始启动线上微课堂来提升团队的服务技能、销售技能以及产品知识。目前，水井坊组织了超过10场的线上微课堂，覆盖了1000人以上。

再次，水井坊为帮扶核心经销商和门店盘活生意，一方面加快了各项费用兑付；另一方面出台了更多促销活动去帮助经销商和门店促销，比如为客户开展直播带货、线上互动营销和宴席预售等营销活动。

据了解，水井坊为了让这些营销活动落到实处，还提前通过调查问卷等方式，积极与门店客户沟通，然后根据情况设计出符合需求的市场营销活动。

一位知情经销商透露，"随着市场局势的逐步好转，水井坊提前布局的宴席营销和消费者营销活动也在逐步落地推进中；可以预见，这些'未雨绸缪'的动作可以帮助门店客户更好地消化库存，比竞品更快实现促销。"

最后，在调研过程中，不少经销商反映水井坊充分考虑到了疫情的实际情况，在调研客户和市场后，及时优化经销商客户的任务分配。对此，有经销商补充说："其中，所有门店2020年2月和3月的全部陈列任务考核默认达标，并且还会视疫情变化情况，灵活调整后续的相关任务考核。"

对此，一位行业观察人士指出："这样整体来看，水井坊在整顿市场上是很有策略的，不是单纯地用'大棒'敲打，更多的是想办法着手解决问题，保障更广泛的核心经销商的利益。""实际上，打击跨区域窜货，维护市场价格秩序，这也是为了保护更多守约经销商的利益。"该分析人士指出，"通过优化渠道管理为广大经销商构建一个健康的、良性发展的市场环境，这在非常时期非常重要；再配合一系列扶商政策抢抓疫后市场'补偿性'消费机遇，这是水井坊在打有准备的仗。"

资料来源：

https：//baijiahao.baidu.com/s?id=1661965607479334680&wfr.

思考：

1. 水井坊出现窜货的根本性原因是什么？

2. 水井坊是如何解决窜货问题的？

一、窜货概述

（一）窜货的概念

窜货俗称“冲货”或“倒货”，是销售网络中的分销机构受短期利益驱使，违反销售协议，有意识地跨区域低价销售产品，并严重影响厂家声誉及渠道关系，造成市场混乱的恶性销售行为。

具体来讲，窜货表现为分销机构跨区域将产品销售到本来不属于自己的销售区域或渠道领域，同时往往伴随着低价或变相低价。同时，所谓窜货是偷偷摸摸的销售行为，是分销机构有意识的违规行为，其实质是追求眼前的利润或者渠道权力。它最终会殃及价格体系和市场秩序，引发价格战，伤害厂家信誉和品牌。因此，大凡窜货都应该是指恶性窜货。

（二）窜货原因

（1）分公司为完成销售指标，取得业绩，往往将货销售给需求量大的兄弟分公司或兄弟地区，造成分公司（地区）之间的窜货。

（2）中间商之间的窜货。因甲、乙两地供求关系不平衡，中间商可能在两地低价“抛货”。

（3）为减少损失，经销商低价倾销过期或即将过期的产品，以回收部分成本。

（4）经销商将假冒伪劣产品与正品混同销售，以多占市场份额，获取不正当的利润。

（三）窜货分类

1. 水平窜货和垂直窜货

从渠道层次上分，分为水平窜货和垂直窜货。水平窜货是指同一级别渠道商（包括经销商、分销商、批发商等）之间的窜货行为。垂直窜货是指不同渠道层次之间的窜货行为，比如经销商越过分销商直接对终端的窜货、分销商对经销商的窜货等。早年的格力空调之所以联合经销商成立销售公司，就是因为深受水平窜货之苦。也就是说，它是因为分销商之间互相窜货，引起内部“自我残杀”才决定采取这种厂商一体化的行为。而某著名快消品企业的分销商，在得到了厂家的直接供货权限后，为了得到厂家的更多“青睐”，采取将返利折进去而直接供货给上游经销商及下属分销商的这种“犯上”的举动，就属于垂直窜货。

2. 良性窜货和恶性窜货

从性质上分，分为良性窜货和恶性窜货。良性窜货是指为了更好地开拓市场而向一些薄弱市场或者空白市场“窜”入产品，从而影响和带动销售的行为。恶性窜货是指渠道商为了一己之利或者报复上游厂家、渠道而采取的故意窜货以牟利或者扰乱市场秩序的行为。比如，某中小快消品企业在拓展市场时，直接派人开发新市场，结果失败了，但通过周边市场经销商的定期窜货，使该市场的客户主动找上门要求经销产品，真是“有意栽花花不发，无心插柳柳成荫”。这就是一种良性的窜货。相反，某集团区域经销商为了获得最大化的返利标准，而大肆向不属于自己的周边市场“侵犯”，就属于恶性窜货。

3. 同区域窜货和跨区域窜货

从区域上分，分为同区域窜货和跨区域窜货。同区域窜货是指同一市场各渠道环节之间的水平或者垂直窜货的行为。跨区域窜货是指超越自己的销售区域或者销售范围而实施的窜货行为。

以上是窜货分类的常规方法。当然，从动机上说，也有真假窜货之说。真窜货是指真正地实施窜货行为，并给市场带来了危害。假窜货是指利用窜货的手段或者噱头，虚造声势，借力使力，达到拓展市场的行为。此外从危害程度上划分，分为小批量窜货和大范围窜货等。

（四）窜货产生条件

通常情况下，造成窜货需要具备以下条件。

1. 产品包装无防范手段

相同的产品包装设计统一，无法区分，无防窜条码、无防窜编号等，造成难以找出源头，这为窜货提供了便利。

2. 价格体系设计漏洞大

不少企业在产品定价时没有考虑产品的各级价差，没有考虑各层渠道中间商窜货成本，不合理的价格体系让渠道成员在扣除窜货成本之后还有足够的利润，利益的诱惑驱使窜货发生。

3. 渠道设计不周全

在渠道设计方面，没有周全考虑市场容量及产品特点，采用不合理的渠道组织结构，造成渠道成员无法完成分销任务，不得不采取窜货等不正当手段。

4. 渠道管理不到位

（1）设定不现实的销售目标。对市场消费总量不进行科学预测和理性判断，单凭感觉和经验盲目确定销售指标。渠道成员在完不成指标的情况下，极易受诱导或被逼迫窜货。

（2）营销人员职业道德低下。营销人员受利益驱使，操守不正，为了多拿奖金，不顾政策鼓动渠道成员违规操作，向其他地区发货。

（3）渠道监管乏力。厂家在销售实践中患有“营销近视症”，对市场窜货放任其蔓延。厂家监管部门的不作为和相应惩治机制的缺失，助长窜货大行其道。

5. 促销策略不当

（1）返利和年终奖励过度。超额完成越多，年终奖就越高。论量颁奖，重奖销售。重奖之下必有勇夫，渠道成员千方百计扩大销售，不惜降价倾销挤占他人市场，导致窜货。

（2）促销管理松懈。生产商对促销费用的安排和使用全然不管，渠道成员从中截留嫁接于销售中，变相降价从而为窜货创造了条件。

【课堂互动案例 7-4】

互动内容：

窜货对企业的危害有哪些？为什么有些企业不重视窜货带来的危害？

互动要求：

1. 结合有关窜货危害的知识发表个人见解，也可以和你的同伴简单沟通后回答。

2. 教师对学生的回答进行点评。

二、窜货解决

营销渠道冲突中的窜货现象是企业的顽疾，也是企业发展的“瓶颈”之一。企业必须对渠道中的窜货现象进行有效的规避和引导，因此，了解窜货的解决方法就很重要。

（一）窜货的处理手段

1. 防止窜货的扩大

允许窜货中间商将所窜产品在被窜货市场销售，直到被窜的产品被完全消化，但销售价格不能低于企业规定的价格；责令窜货中间商停止窜货，同时，由企业或被窜货中间商从市场上收购被窜产品。

2. 制裁窜货中间商

根据不同情况，企业采取没收保证金、取消年终返点奖励、取消年终奖金、取消广告支持、取消经销资格等方式对窜货中间商进行惩罚。并由企业声明，针对窜货行为，企业将与被窜货中间商联手做出报复性反应。

3. 安抚被窜货中间商

当窜货发生时，企业或被窜货中间商应收购被窜产品，防止窜货冲击当地价格体系，同时给予被窜货中间商适当的补偿，以减少其不满的情绪。

4. 重点监管盯防

针对经常进行窜货的人员，派人重点盯防。责成中间商和监督人员以各种收货、发货、出库单汇报产品去向。以各级人员签字为准，重点控制易出问题的环节。责任落实到人，并实行经理负责制，但凡出现问题，涉及人员及直接经理承担责任。严格的责任制有利于控制窜货的发生。

（二）窜货的规避

1. 加强营销渠道建设

（1）优化经销商选择，坚持区域独家代理。首先，企业应该尽量选择那些与自己的理念、目标甚至企业文化基本一致的经销商，与之进行有效的沟通和合作，并适时对其加以培训，这对以后进行有效管理、控制窜货有益处。在营销能力方面，企业选择经销商应严格、规范，有一定的标准。所选经销商应商誉良好、实力雄厚，拥有一定量的市场用户群。其次，实现区域独家代理可以减少渠道管理难度，降低运作成本；可以使企业的市场专员把更多的精力放到市场开拓与维护工作上，给渠道更多的支持；可以保证渠道在区域市场的地位，不会因窜货、竞争对手低价抛售等情况影响渠道销售商的积极性。

（2）建立科学稳固的渠道系统。企业应明确企业和中间商的责、权、利，使企业和中间商结成双赢的利益共同体，从而实现渠道的稳固长久。选择好中间商，及时发现和处理窜货中间商，消除窜货的主体至关重要。随着市场的扩大和健全，企业应加强对市场的控制，及时发现和处理窜货中间商。

（3）加强员工队伍建设。企业销售离不开中间商，也离不开员工。在员工管理方面，提高员工素质，加强员工队伍建设，是营销制胜的根本。为了防止营销人员窜货，首先，企业要有一个严格的奖惩机制；其次，企业应有一个竞争机制；再次，企业要为员工提供适合发展的环境；最后，企业应设定合理的薪酬制度，为员工规划职业发展方向。

（4）合理划分销售区域。合理划分销售区域，科学制订区域销售计划是打击窜货的一大利器。窜货产生的重要原因之一，就是产品市场在各个地域之间发育程度不一，市场饱和程度各异。为了防止窜货局面的出现，企业要保持区域内中间商密度合理，经销能力和经销区域平衡。保持经销区域布局合理均衡，避免经销区域重合。

2. 加强制度、机制约束

（1）制定中间商管理制度。企业应对中间商的业绩考评采取结果和过程并重的考核，促使中间商对本经销区域内的市场进行深度开发。企业必须改变单纯以销量论英雄的中间商考核办法，加强对中间商市场深度开发方面的考核。此外，在改革对中间商考核指标的同时，还应改革对中间商的奖惩办法，尽量多以实物奖励、技能培训等能够提高中间商深度市场开发能力的手段替代单纯的返点奖励。企业应制定对中间商的相关管理制度，如强化约束渠道成员、禁止跨区销售等条款；提高合同保证金额度，以对窜货中间商起到威慑；明确窜货处理措施，采取严查严惩的方式。

（2）科学制订销售计划。在制订销售计划时，企业应确保产品年度总供求的平衡、年内各时间点供求的平衡，其销售计划不应超过市场容量，避免因市场变化引致供求失衡而催生窜货。在制订销售计划时，企业应根据自身特点采取相应的措施。

（3）建立科学的价格体系。各地产品之间存在价差以及中间商受到利益驱动进行跨区销售是窜货现象发生的物质基础。为了消除窜货发生的物质基础，企业必须严格遵循市场规律，建立合理、规范的级差价格体系，为中间商留下合理的利润空间。同时，企业应加强对零售终端渠道成员的出货管理，制定全国统一零售价，杜绝窜货现象的发生。

（4）建立监管管理体系。首先，建立市场巡视员制度。企业应向各市场派驻督导进行检查，把制止越区销售行为作为日常工作常抓不懈。由专门人员定期或不定期明察暗访中间商是否窜货。其次，建立窜货预警平台。企业应调动内部各种资源以防止窜货的发生，建立强有力的窜货预警平台，增加对窜货商的威慑力和约束力，让中间商不敢轻易窜货。最后，利用社会资源防止窜货，如组建中间商俱乐部，不定期举办沙龙，又如采取抽奖、举报奖励等措施。

3. 优化区域管理

（1）加强产品管理。实行不同市场产品的包装、编号不同的策略。在不同的区域市场上，对相同的产品采取不同的外包装形式和编号，通过对产品不同外包装和编号的识别，可以在一定程度上控制窜货。这样可以更准确地监控产品的去向，追踪窜货产品的来龙去脉，为企业处理窜货事件提供真凭实据。

（2）加强价格管理，保证每一销售层次合理的利润空间。首先，企业对不同水平上的经销商应采取不同的价格，并对不同水平的经销商分别制定总经销价、出厂价、批发价、团体批发价和零售价等。其次，对同一水平上的经销商，企业采用的价格政策也可有所不同。在确保销售网络中各个层次、环节的经销商都能获得相应利润的前提下，企业可根据经销商的出货对象规定严格的价格，控制好每一层次的利润空间，以防止经销商跨越其中的某些环节进行窜货活动。

【课堂互动案例 7-5】

互动内容：

企业应该如何面对窜货？

互动要求：

1. 结合有关窜货解决方法的知识发表个人见解，也可以和你的同伴简单沟通后回答。注意渠道成员选择标准的适用性。

2. 教师对学生的回答进行点评。

【案例 7-3】

张裕重罚窜货

葡萄酒龙头企业张裕近期出台了严厉的窜货处罚文件：针对重点产品的窜货，取消 9 家经销商合作资格，3 位城市经理退岗。据悉，此次张裕对重点产品的窜货处罚，首先是处罚员工，有 3 位城市经理直接退岗，9 位城市经理被通报批评并要求写出承诺书，19 位城市经理扣减 10% ～ 50% 不等的销售奖励。

只要有城市经理管辖范围内的经销商出现窜货行为，张裕首先处罚当地员工。如果各省公司查不出窜货经销商或者未在规定时间内上报窜货经销商，每发生一次窜货行为，扣减省公司层面当季所有葡萄酒重点品种销售奖励额的 10%。

此次张裕发布的窜货处罚文件，涉及 26 个城市的 32 家经销商。其中有 9 家经销商被直接取消合作资格，其余经销商被处以扣减市场投入费用的处罚。张裕对于部分经销商也提出警告，如再发生窜货，将采取更加严厉的处罚措施。几位接受采访的张裕核心单品经销商负责人表示，他们对张裕这次处罚决定比较认同。一位张裕的江苏经销商负责人称："张裕能够按照制度执行处罚，正是对我们这些踏实做市场经销商的鼓励，严格管理窜货是核心品牌义不容辞的责任。这次对员工和经销商的双罚，可见张裕也在顶住压力。"一位张裕的福建经销商负责人称："对市场的管理越严格，越容易检验出谁在认真做市场、谁在窜货，这也是市场上优胜劣汰的保障。希望厂家能坚持认真管理下去，也希望经销商能珍惜核心单品的代理资格。"对于葡萄酒行业而言，如此严厉的窜货处罚决定并不常见，可见张裕守护重点单品价格体系、地盘制度的决心。从另外一个角度来看，张裕核心单品阵营在整个体系中也越来越突出和强势。

资料来源：

http：//news. foodmate.net/2019/08/529634. html.

思考：

1. 张裕为何要重罚窜货经销商？
2. 该案例的处理对你认识窜货的解决方法有何启发？

项目检测

一、单项选择题

1. 下列不属于渠道冲突原因的是（ ）。

A. 目标差异　　B. 价值取向

C. 大客户的存在　　D. 付款方式

2. 属于水平渠道冲突的是（　）。

A. 连锁店总公司与各分店之间的冲突

B. 某产品制造商与零售商之间的冲突

C. 玩具批发商与制造商之间的冲突

D. 同一地区麦当劳各连锁分店之间的冲突

3. 通常情况下，造成窜货需要具备两个条件：一是规模、数量大；二是（　）。

A. 中间商品德　　B. 价格差异大

C. 外部经营环境　　D. 过高的销售目标

4. 渠道冲突产生的原因不包括（　）。

A. 激励不当　　B. 目标不一致

C. 归属差异　　D. 技术与客户问题

5. 分销渠道的主要冲突是（　）。

A. 前向渠道冲突　　B. 多元渠道冲突

C. 后向渠道冲突　　D. 垂直渠道冲突

二、多项选择题

1. 渠道控制的主要方式有（　）。

A. 利用所有权控制渠道客户　　B. 利用利益控制渠道客户

C. 利用产品线控制渠道客户　　D. 利用终端控制渠道客户

2. 根据窜货的性质，可以把窜货分为（　）。

A. 自然性窜货　　B. 恶性窜货

C. 良性窜货　　D. 跨区域窜货

3. 整治窜货的主要方法有（　）。

A. 企业内部业务员与企业之间、客户与企业之间签订不窜货乱价协议

B. 外包装区域差异化

C. 发货车统一备案，统一签发运货控制单

D. 建立科学的地区内部分区业务管理制度

4. 窜货现象的成因表现在（　）。

A. 管理制度有漏洞　　B. 管理监控不力

C. 激励措施有失偏颇　　D. 代理选择不合适

三、判断题（正确的打“√”，错误的打“×”）

1. 水平渠道冲突是指同一渠道中不同层次企业之间的冲突。（　）

2. 产品品牌是影响渠道控制的因素之一。（　）

3. 渠道成员的任务和权利不明确是产生渠道冲突的内在原因之一。（　）

4. 渠道冲突会影响渠道成员之间的合作水平。 （ ）

5. 沟通是解决渠道冲突的方式之一。 （ ）

四、案例分析题

窜货的解决方法

N县的老张经销知名品牌Q电饭锅已经一年有余，由于市场竞争激烈，市场一直不温不火，因此，老张是该品牌名副其实的小客户。可就是在这样一种市场状况下，窜货却依然在这里上演。

这次窜货方是N县所属的M市经销商。为了完成厂家的任务，从而获得更多的奖励，处在同一级别的M市经销商开始借助有一定辐射力的优势，向周边市场大举入侵，N县已经是其第二次窜货的市场了。面对这种情况，老张应该怎么办？直接向其叫板，让其不再窜货，那等同于与虎谋皮；如果听之任之，不加阻止，那窜货方会更加肆无忌惮，有恃无恐。经过慎重考虑，老张决定借助厂家的力量，来达到遏制窜货的目的。

在深思熟虑后，老张拨通了主管该地区的丁经理的电话。首先，他表明，由于市场竞争激烈，虽然N县市场做的量不是很大，但他一直都很努力，都能很好地配合厂家的各方面工作，销量也有稳步提升的趋势。老张这一番话的目的是向厂家表明立场，他虽然不是企业的较大经销商，但确实是忠诚度最高、较努力的经销商。其次，他抛出了此次通话意图，即M市经销商又开始向其窜货了，这干扰了他的正常经营，使市场秩序一片混乱，M市经销商是典型的屡教不改。这些话是向厂家丁经理申明情况并趁机诉苦的。最后，老张亮出了“底牌”，Q品牌是行业知名品牌，如果任由窜货泛滥，不仅无法保障正常的市场秩序，损害商家利益，更会损害厂家的信誉度、美誉度、公信力，使商家陷入危机。老张此番话的目的是向厂家施压，通过将窜货问题提到一定的高度，从而引起厂家的重视。果然，厂家的丁经理除了表示感谢外，还答应尽快到N县进行调查，并向厂家汇报处理。半个月后，丁经理为了所负责区域的长治久安，在查清了窜货的事实后，果断地对M市经销商给予了收回窜货的产品并扣除保证金3000元的处罚。老张借助厂家的力量，最终实现了消除市场窜货的目的。

资料来源：

https：//wenku.baidu.com/view/a3d088320b4c2e3f572763d6.html.

思考：

1. 老张是如何解决窜货的烦恼的？
2. 该案例带给你的启示是什么？

项目八 渠道物流与信息流管理

学习目标

➢ **知识目标：**了解渠道物流网络的总体结构；了解渠道信息系统的总体结构与功能结构；了解总部、分销商和门店管理系统的模式与功能；熟悉在渠道物流中顾客服务的要素；掌握渠道物流中订单、运输、配送、库存等环节是如何管理的；掌握渠道成员间的信息沟通技术。

➢ **能力目标：**通过学习训练，学生能正确进行渠道物流管理；能对渠道中的信息进行分析，对相关信息进行判断和应用。

➢ **素质目标：**培养在渠道物流管理过程中运用科学的管理理念和管理方法的能力，树立正确的营销职业道德观；树立运用现代化的信息工具进行渠道信息流管理的意识；培养与人合作、自我学习的能力。

导入案例

苏宁易购的物流与信息流管理

苏宁易购总部位于南京，是苏宁电器集团股份有限公司旗下新一代 B2C 网上购物平台，于 2009 年 8 月 18 日上线试运营，2010 年 2 月 1 日正式上线，现已覆盖传统家电、3C 电器、日用百货等品类。2011 年，苏宁易购强化虚拟网络与实体店面的同步发展，不断提升网络市场份额。2015 年 8 月 17 日，苏宁易购正式入驻天猫。依托强大的物流、售后服务及信息化支持，苏宁易购继续保持快速的发展步伐，到 2020 年，苏宁易购计划实现 3000 亿元的销售规模，成为中国领先的 B2C 平台之一。目前，苏宁易购位居中国 B2C 市场份额前三强。

苏宁易购不断加强物流配送链的建设，经过多年的磨炼和积累，如今的苏宁不仅拥有优秀的物流管理队伍，而且有着超强的供应链管理水平和强大的系统支持，系统可实现自动补货。苏宁有80余个CDC、RDC以及60多个转运点、850多家门店的强大仓储能力，400多家售后网点支持全国的售后服务，丰富的零售业务配送经验和强大的配送能力，可覆盖全中国各地。为了加速产品流通，苏宁建立了自己的智能配送中心，以配送中心为核心，上与供应商相连，下与连锁超市相连，并建立起了自己的企业联盟，把它们纳入自己的供应链中加以管理，从而使产品可以实现及时生产、及时交付、及时配送、及时送到消费者手中。

苏宁在信息中心、供应链完善等方面也进行了相应投资，通过ERP系统不仅实现了企业总部、分部、配送中心以及售后服务中心等企业内部的信息共享，而且实现了信息的“B2B”，吸引了三星、索尼、海尔、海信等企业，实现了与这些企业信息系统的无缝链接。苏宁与国内外著名供应商达成协议，基于国际电子行业通用的数据交换准则RosettaNet协议，建立订单、发货、入库和销售汇总的数据处理平台。这一平台的搭建成功，使中国家电和消费电子类产品的供应链已经从上游厂商的制造环节延伸到零售渠道环节，基于共同的销售信息平台来决定采购供应和终端促销。

资料来源：

https://www.docin.com/p-463419036.html.

思考：

1. 物流的主要任务是什么？
2. 从苏宁易购的案例中探讨渠道物流与信息流管理的新趋势？

任务一　渠道中的物流管理

一、物流的定义和种类

（一）物流的定义

物流是指为了满足客户的需求，以最低的成本，通过运输、保管、配送等方式，实现原材料、半成品、产成品或相关信息由商品的产地到商品的消费地的计划、实施和管理的全过程。物流是一个控制原材料、半成品、产成品和信息的系统，它是从供应开始经过各种中间环节的转让及拥有而到达最终消费者手中的实物运动，以此实现组织的明确目标。现代物流是经济全球化的产物，也是推动经济全球化的重要服务业。世界现代物流业呈稳步增长态势，欧洲、美国、日本成为当前全球范围内的重要物流基地。

物流是营销渠道不可或缺的环节，商品通过物流环节实现在中间商之间的转移，同时可以在物流环节实现商品的包装、分割等任务，增加附加价值。随着国民经济的飞速发展，中国物流行业保持较快增长速度，物流体系不断完善，行业运行日益成熟和规范，已经成了推动渠道变革的重要力量。现今线上渠道兴盛很大程度是依赖物流的快速发展。

（二）物流的要素

物流功能由七个要素实现，包括运输、仓储、包装、搬运、流通加工、配送以及信息管理。这七个要素相辅相成，相互关联协同。

1. 运输

运输是指使用设施和工具，将物品从一个地点搬运向另一个地点的物流活动。

2. 仓储

仓储主要是指库存控制，即对库存数量和结构进行控制分类和管理的物流作业活动。

3. 包装

包装是指为在流通过程中保护产品、方便储运、促进销售，按一定技术要求而采用的容器、材料及辅助物等的总体名称。也指为了达到上述目的而在采用容器、材料和辅助物的过程中施加一定技术方法等的操作活动。

4. 搬运

搬运是指在同一场所内，对物品进行以水平移动为主的物流作业。它是为产品的货物运输和保管的需要而进行的作业。

5. 流通加工

流通加工是指物品在从生产地到使用地的过程中，根据需要施加包装、分割、计量、分拣、刷标志、拴标签、组装等简单作业的总称。

6. 配送

配送是一种末端运输，是指在商品到达收货人所在地附近后，用小型运输工具将货物送交收货人的一种活动。它与运输的区别在于运输是大批量、长距离、一对一的送达服务，配送是小批量、短距离、一对多的服务。

配送的目的是使运输过程更为完善，让商品直达需求方，使客户保持合理库存，为客户提供方便，可以降低缺货的危险，减少订发货费用。配送是一种综合性的物流活动，几乎包含所有的物流功能要素，如分拣配货、装卸搬运、包装加工、信息处理等。

7. 信息管理

信息管理是指对与物流有关的计划、预测、动态信息及有关生产、市场、成本等方面的信息进行收集和处理，使物流活动能有效、顺利进行的过程。

具体内容包括以下几个方面：用户服务、需求预测、订单处理、配送、存货控制、运输、仓库管理、工厂和仓库的布局与选址、搬运装卸、采购、包装、情报信息。

（三）物流的种类

社会经济领域中，物流活动无处不在，许多有本身特点的领域都有其特有的物流活动。虽然物流基本要素都存在且是共同的，但是由于物流对象不同，物流目的不同，物流范围、范畴不同，形成了不同类型的物流。本书对物流类型做了如表 8-1 所示的分类。

表 8-1　物流的分类

分类标准或方法	物流种类或名称
物流的主体	第一方物流、第二方物流、第三方物流、第四方物流
物流的阶段	供应物流、生产物流、销售物流、逆向物流
物流空间范围	国际物流、国内物流、区域物流、城市物流、企业物流
物流业种	水路物流、公路物流、铁路物流、航空物流、管道物流、电子物流
物流作用	运输物流、储存物流、包装物流、加工物流、分拣物流
物流趋势	冷链物流、敏捷物流、军事物流、电子商务物流、云物流
其他	宏观物流、中观物流、微观物流

二、渠道物流网络总体结构

营销渠道物流网络规划的主要任务是确定产品从工厂起点到市场需求终点的整个产品实体分销渠道的结构，包括物流设施的类型、数量与位置，设施所服务的顾客群体与产品类别，以及产品在设施之间的运输方式。图 8-1 描述了一个普通产品的流通网络。需求方可以从所在地仓库和销售点得到产品，也可以直接从产品的供应源头（工厂或总经销）购买。中转仓库可以从区域仓库或直接从供应源头获得产品。图 8-1 所示仅是一种概括性的网络结构，实际的产品实体分销网络可能较为简单，也可能更加复杂。

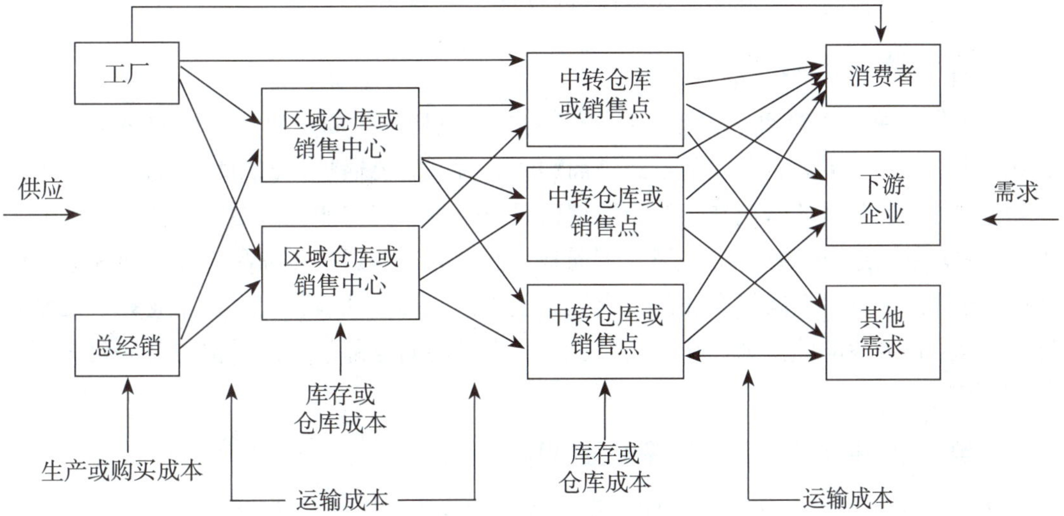

图 8-1　产品物流网络示例

在现代市场经济条件下，能够高效运作并重视满足顾客需求的专业性物流企业或运输、仓储机构等都得到了充分的发展，形成了相对完善的物流专业服务体系。这种条件使越来越多的生产和商业企业在组织商品实体转移时，不再仅依靠企业自身的力量来进行，而是趋向寻求与相关专业性公司的合作，以提高效率、节省费用。

企业产品分销中的物流活动往往由企业物流管理部门统筹组织，委托专业储运公司完成商品从企业到中间商或消费者的转移，而财务金融机构和保险公司等内外部门和机构会共同参与完成，这些部门机构一起构成了产品分销的物流系统。

（一）企业物流管理部门

作为商品分销活动主体的企业物流管理部门是物流活动的统筹组织者、实施者和监控者，是企业物流活动的中枢。物流活动的各环节能否顺利、高效、成功地实施，取决于该企业物流管理部门有效的筹划、组织和管理。因此，企业物流管理部门必须在物流活动的全过程有效发挥其职能作用。它不但要充分处理好分销计划制订、存货管理、物流系统规划建设等“内部”管理工作，而且要力求使各部门、机构高度合作配合，处理好诸如储运公司的选择、联系，发货险别的选择、投保，经销商的发货、销售等物流的具体业务，从而保证物流活动的顺利进行，以尽可能低的成本达到实体分配的目标。

（二）中间商及消费者

中间商是企业分销渠道的主要环节，其数量、位置、销售效率和分销功能都与物流活动密切相关。在许多场合，中间商本身也是重要的物流组织者和承担者。因此，企业物流管理部门必须与经销商保持良好的关系，相互协调，以保证物流的顺畅，进而完成产品从生产领域向消费领域的转移。而消费者是商品最终的使用者，是物流的终点，也是物流效果评价的最终环节，营销渠道物流效果最终由消费者评价，物流的速度、服务质量的高低会反映到最终的消费者评价结果中。

（三）储运公司

储运公司是承办商品运输和仓储业务的专业机构，主要是物流公司和快递公司。在物流活动中，大多数企业发货给经销商和顾客时，需要通过外部市场上的专业储运公司来完成。储运公司的作用在于为企业创造时空效用，其专业化的储运工作往往比企业自己组织力量储运更完善、更快捷、更周到。而由储运公司按照商品实体运动规律实行专业化管理，还有利于减轻企业的投资和管理负担。有些规模较大、物流业务量较大的企业，为了物流活动的便利，往往会设立企业自己的储运部门，以承担物流活动储运环节的职能。

（四）财务金融机构和保险公司

财务金融机构和保险公司是提供资金融通和保险服务的专业机构。每个企业在开展物流活动时，都要与财务金融机构、保险公司建立一定的联系，进行一定的业务往来。

如需要金融机构提供资金融通，以支付管理、包装、装卸运输、储存保管、保险等费用；需要各种保险服务，以避免物流过程中因潜在风险而造成的损失。因此，财务金融机构、保险公司也是物流系统的成员。企业应与这些机构建立密切的关系，以保证物流活动的顺畅进行。

【课堂互动案例 8-1】

互动内容：

渠道物流应当解决哪些关键问题？

互动要求：

1. 结合有关渠道物流体系的知识发表个人见解，也可以和你的同伴简单沟通后回答。
2. 教师对学生的回答进行点评。

三、订单处理

订单处理是企业的一个核心业务流程，营销渠道运营从获取订单开始，有了订单才有了其后的物流动作。订单处理包括订单准备、订单传递、订单登录、按订单供货、订单处理状态跟踪等活动过程。改善订单处理过程，缩短订单处理周期，提高订单满足率和供货的准确率，提供订单处理全程跟踪信息，不仅可以大大提高顾客服务水平与顾客满意度，而且能够降低库存水平。

（一）订单准备

订单准备是指顾客寻找所需产品或服务的相关信息并做出具体的订货决定。具体内容包括选择合适的厂商和品牌，了解产品的价格、功能、售后服务以及厂商的库存可供水平等信息。

减少顾客订单的准备时间，降低顾客的寻求成本，能够显著地增加企业产品的市场份额。如美国的一家医疗用品公司在 1970 年就为其主要客户（各大医院）提供了计算机终端设备及配套软件。医院利用公司提供的终端，可以方便地查看公司配送中心的库存信息，直接向配送中心下订单。这种改善顾客订货准备的战略行动使得该公司在市场占有率和利润方面远远超越其竞争对手，因为竞争对手不能与医院进行如此直接、快速、准确的信息沟通。

（二）订单传递

订单传递就是把订货信息从顾客处传递到产品的供应商处。订货信息传递方式主要包括三种：手工传输、电话 / 传真传输、网络传输（EDI/Internet）。常见的订单传递方式有以下五种。

（1）顾客 →（邮寄订单）→ 销售代表 →（手工输入）公司数据库；

（2）顾客 →（订货）推销员 →（带回）销售代表 →（手工输入）公司数据库；

（3）顾客 →（电话 / 传真订货）→ 销售代表 →（手工输入）公司数据库；

（4）顾客→（订货）推销员→（电话 / 传真）销售代表→（手工输入）公司数据库；

（5）顾客→（网上订货）→公司数据库。

其中，第一种和第二种为手工传输方式，第三种和第四种为电话 / 传真传输方式，第五种为网络传输方式。

显然，网络传输方式的速度快，运行成本低，可靠性好，准确性高，这可能意味着沟通完全可以通过计算机直接由企业对企业或顾客对企业进行，而没有人为的干预。但在现实中，实施起来却困难重重。这不仅意味着要拥有功能强大的计算机硬件与软件，还要求良好的沟通传输和信息流的标准化。

但随着技术的发展，虚拟专用网（VPN）将互联网的普及性、经济性与网络的专用性、安全性相结合，为改进渠道物流管理提供了新的可能。

（三）订单登录

订单登录是指顾客订货信息转变为企业订单的过程，包括：

（1）检查订货信息的准确性，如订单编号、数量、品种、价格等；

（2）检查库存状况，如是否有货，是否能满足顾客的订货条件等；

（3）准备延期订货或取消订单，如果不能满足顾客的订货条件，则需同顾客商议是改变订货条件、延期订货，还是取消订单；

（4）检查顾客信用等级；

（5）规范顾客订单，把顾客的订货信息按照公司所要求的格式规范化；

（6）开单、准备发货单据等。

信息技术的迅速发展大大提高了订单登录的效率。条形码扫描技术的广泛使用提高了订货信息输入的速度和准确性，并降低了处理成本。计算机数据库使库存可供水平和顾客信用的检查等活动实现了自动化处理。与传统的手工处理相比，自动化的订单登录所需的时间减少了 60% 以上。

（四）按订单供货

按订单供货包括货物的拣选、包装、运输安排、准备运单、发送或运输。这些活动可以并行处理，以缩短商品配送的时间。

该阶段是整个订单处理过程中最为复杂的部分，包括商品的配送与大量的单据处理。确定供货的优先等级对订单处理周期有重要影响。许多企业没有正式确定供货优先等级的标准，操作人员面对大量的订货处理工作，只是习惯性地以处理简单、品种单一、订货量少的订单为标准方式处理一切订单，这样往往造成对重要客户和重要订单供货的延迟。在确定供货优先等级时，以下的一些规则可供参考：按接收订单的时间先后处理；处理时间最短的先处理；批量最小的、最简单的订单先处理；按预先设定的顾客优先等级处理；按向顾客承诺的到货日期先后处理；货物总价值高的先处理。

（五）订单处理状态跟踪

为了向顾客提供更好的服务，满足顾客希望了解订单处理状态信息的要求，企业需要对订单处理进行状态追踪，并与顾客交流订单处理状态信息。

随着信息技术，特别是互联网技术的迅速发展，订单跟踪已变得越来越重要。美国的 UPS 公司能够对每天运送的 1300 万个邮包进行电子追踪。例如，一个出差在外的销售员在某地等待其公司寄来的产品样品，他只要通过 UPS 安排的 3COM 网络系统输入 UPS 运单跟踪号码，即可知道样品目前所在的位置；当需要将样品送至另一地点时，可再次通过网络指引新的投递点。

中国邮政的 EMS 特快专递服务（http://www.ems.com.cn）也建设了以国内 300 多个城市为核心的计算机跟踪查询网络，顾客可以通过网站查询、电话查询、营业窗口查询、传真查询和手机短信查询五种方式查询货物的运送状态。

（六）订单处理过程的改善

1. 改善订单处理过程的意义

改善订单处理过程的动因主要来自以下两个方面。

（1）从顾客的角度看，顾客所购买的不仅仅是产品或服务本身，更重要的是获得价值和顾客满意。而搜寻产品信息的便利性、订货提前期的稳定性与时间长短、送货的准确性、订单处理状态跟踪等因素都是顾客获得价值与顾客满意的重要保证。

（2）从企业的角度看，提高顾客服务与降低库存、减少运输费用是一个十分重要的问题。运用先进的技术手段和对业务流程的重组与改善，在提高顾客服务水平的同时降低了物流总成本，从而获得竞争对手难以模仿的竞争优势，是企业一项至关重要的经营战略。

2. 改善订单处理过程的关键因素

（1）时间因素。订单处理过程的时间耗用，在企业看来即为订单处理周期，顾客则通常将之定义为订货提前期。改善的目标是在保证时间耗用稳定性的前提下，努力减少时间耗用。减少订单处理时间也是减少整个物流过程使用时间的一个方面。

（2）供货准确性因素。这要求企业按照顾客订单的内容提供品种、数量、质量符合要求的产品并运送到正确的交货地点。当需要延期供货或分批送货时，企业应与顾客充分地协调与沟通，并获得顾客的同意。

（3）成本因素。包括库存设置的地点和数量、运输批量和运输路线的调控等。

（4）信息因素。通过完善的物流信息系统，企业向顾客以及企业内部的生产、销售、财务及仓储运输等部门提供准确、完备、快速的信息服务。

（5）安全因素。特别是贵重、易损坏的产品，企业在处理订单时要着重标注，提醒配送人员特别注意。如果有必要，企业还要委托更专业的配送公司进行配送。

【课堂互动案例 8-2】

互动内容：

订单管理的信息化已经成为一种趋势，我们可以利用哪些工具进行订单处理？

互动要求：

1. 结合有关订单处理的知识发表个人见解，也可以和你的同伴简单沟通后回答。
2. 教师对学生的回答进行点评。

四、运输管理

运输管理是商品分销中物流管理的主要内容，它关系到消费者需要的商品能否及时、安全、低成本地转移到消费者的手上。运输管理的主要职能是选择合适的运输方式和运输方案，安排和执行运输计划。

（一）运输方式及其选择

运输决策的一个重要内容是根据商品对运输时间与运输条件的具体要求，选择适当的运输方式和运输工具，使企业能用最少的时间，走最短的路线，花最少的费用，安全地把商品从产地运送到销售地。目前，常用的运输方式有铁路运输、公路运输、水路运输、管道运输、航空运输。

上述各种运输方式各有优缺点，企业在选择时，应重点考虑以下几个因素。

1. 商品性能特征

这是影响企业选择运输方式的重要因素。一般来讲，粮食、煤炭等大宗货物适宜选择水路运输；水果、蔬菜、鲜花等鲜活商品和节令性商品，电子产品、宝石等贵重商品适宜选择航空运输；石油、天然气、水煤浆等适宜选择管道运输。

2. 运输速度和路程

运输速度的快慢、运输路程的远近决定了货物运送时间的长短。而在途运输货物犹如企业的库存商品，会形成资金占用。因此，运输时间的长短对能否及时满足销售需要，能否减少资金占用有重要影响。一般来讲，批量大、价值低、运输距离短的商品适宜选择水路或铁路运输；而批量小、价值高、运输距离长的商品适宜选择航空运输；批量小、距离近的商品则适宜选择公路运输。

3. 运输能力和密度

运输能力，一般以能够应付某一时期的最大业务量为标准。运输能力的大小对企业分销的影响很大，特别是一些季节性商品，旺季时会使运输达到高峰状态，若运输能力弱，不能合理、高效率地安排运输，那么就会造成货物的积压，使商品不能及时送往销地，进而使企业错失销售良机。

运输密度，包括各种运输工具的班次，如车、船、飞机的班次，以及各班次的间隔时间。运输密度对商品能否及时运送，能否在顾客需要的时间到达顾客手中，能否争取顾客、及时满足顾客的需要和扩大销售至关重要，因此，它是影响企业运输决策的一个重要因素。企业在选择运输工具时，必须了解各种运输工具的运输密度，使企业能尽量压缩商品的待运期，抢时间，争速度，加快货物运输。

4. 运输费用

企业开展商品运输工作，必然要支出一定的财力、物力和人力。各种运输工具的运用都需要企业支出一定的费用。因此，企业在进行运输决策时，要受到经济实力以及运输费用的制约。例如，企业经济实力弱，就不可能使用运费高的运输工具，如航空运输；也不能自设一套运输机构来进行商品运输工作。

5. 市场需求的轻重缓急程度

在某些情况下，市场需求的轻重缓急程度也决定着企业应当选择何种运输工具。对市场急需的商品应选择速度快的运输工具，如航空或汽车直达运输以免贻误时机；反之，则可选择成本较低而速度较慢的运输工具。

（二）运输服务质量评价指标

企业可以从以下几个方面考察运输企业服务质量的好坏。

1. 及时率

及时率是企业选择物流公司时的一个重要指标。及时率就是当公司某地需要某种或某些货物时，物流公司能否及时地将货物送达的指标，因为如果提前送达，则占用公司的经营空间；如果推迟送达，则会造成商品短缺，从而影响公司的经济效益。

2. 准确性

准确性就是物流公司要将货物准确地送到需要的地方，即配送的货物是所需的货物而不是其他不相关的货物，并且配送的货物要送到正确的地点而不是错误的地点，以确保经营顺畅。

3. 途中残损率

残损率是衡量物流公司的重要指标之一。残损率就是在运输过程中所造成的货物破损概率指标。破损会给公司带来一定的损失，影响公司的需求。当然，百分之百的无残损率是不大现实的，因此，一般来说，公司会设定一个残损率，来确保物流公司的服务质量。

4. 单据传递准确率

物流公司在进行配送时，经常要处理各种各样的单据，因此，单据传递的准确率也是评价服务质量的一个重要指标。如果单据传递有误的话，配送的货物和时间都会出现错误，那么及时率和准确率都不能得到保证。因此，单据传递的准确率应该是百分之百，而不能有任何差错。

5. 满足特定需求能力

公司一般不大可能把所有的需求信息都在招标中说明，而且如果公司在特殊的情况下临时需要紧急货物，那么特定需求的满足能力就成为评价服务质量的一个因素。如果物流公司没有这个能力，就会给客户造成一定的损失。

6. 安全性

安全性是指商品在运输过程中不允许发生霉烂、残损、丢失、污染、渗漏、爆炸、燃烧等事故，必须保证人身、商品、设备安全。对于某些特殊物质和危险品，物流公司要严格遵守相关的运输规定。安全性一般用货物安全和人身安全两个指标来考察。

五、配送管理

（一）配送流程与管理

配送是在某小范围区域中物流全部活动的体现。一般的配送集装卸、包装、保管、运输于一体，通过这一系列活动的完成将货物送达目的地。与一般物流的主要环节是运输及保管不同，配送的主要环节是运输及分拣配货。分拣配货是配送的独特要求，也是配送中有特点的活动。配送中心是进行配送的组织机构，其作业管理主要有进货入库作业管理、在库保管作业管理、加工作业管理、理货作业管理和配货作业管理。

1. 进货入库作业管理

进货入库作业主要包括进货、验收和入库三个流程。配送中心应做好以下准备：及时掌握客户计划中或在途的进货量、可用的库房仓位、装卸人力等情况，并及时与有关部门、人员进行沟通。检验活动包括核对采购订单与供货商发货单是否相符，开包检查商品有无损坏，检查所购商品的品质与数量等。经检查准确无误后方可在厂商发货单上签字将商品入库，同时将有关入库信息转达采购部，经采购部确认后开具收货单，从而使已入库的商品及时地进入可配送状态。

2. 在库保管作业管理

商品在库保管作业的主要目的是加强商品养护，确保商品质量安全，同时要加强商品储位合理化的管理工作和储存商品的数量管理工作。商品储位可根据商品属性、周转率、理货单位等因素来使其合理化。储存商品的数量管理则需要依靠健全的商品账务制度和盘点制度。商品储位合理与否、商品数量管理精确与否将直接影响商品配送作业的效率。

3. 加工作业管理

加工作业主要是指对即将配送的产品或半成品按照销售要求进行再加工，包括：①分割加工，如对大尺寸产品按不同的用途进行切割；②分装加工，如将散装或大包装的产品按照零售要求进行重新包装；③分选加工，如对农副产品按照质量、规格进行分选包装；④促销包装，如促销赠品搭配；⑤贴标加工，如粘贴价格标签、打制条形码。

加工作业完成后，商品即进入可配送状态。

4. 理货作业管理

理货作业是配货作业中最主要的前置工作。配送中心接到配送指示后，及时组织理货作业人员，按照出货优先顺序、储位区域、配送车辆趟次、门店、先进先出等方法和原则把配货商品整理出来，经复核人员确认无误后放置到暂存区，准备装货上车。

5. 配货作业管理

配货作业是指配送企业为了顺利、有序、方便地向众多客户发送商品，对组织进来的各种货物进行整理后，依据订单要求集中不同客户的配送货物，进行搭配装载，以充分利用运能、运力的工作。

（二）降低配送成本的策略

配送管理的关键是在顾客服务水平与配送成本之间寻求平衡：在一定的配送成本下尽量提高对顾客的服务水平，或在一定的顾客服务水平下使配送成本最小。降低配送成本除了要依靠以上介绍的技术方面的改进之外，成功的配送策略也十分重要。主要的策略有以下几种。

1. 混合策略

混合策略是指配送业务一部分由企业自身完成，另一部分外包给第三方物流完成。这种策略的基本思想是，尽管采用纯策略（即配送活动或者全部由企业自身完成，或者完全外包给第三方物流完成）易形成一定的规模经济，并使管理趋于简化，但由于产品品种多变、规格不一、销量不等，采用纯策略的配送方式超出一定程度后反而不能形成规模经济。而采用混合策略，合理安排企业自身完成的配送和外包给第三方物流完成的配送，能使配送成本降至最低。例如，美国一家干货生产企业为满足遍及全美的 1000 家连锁店的配送需要，建造了 6 座仓库，并拥有自己的车队。随着经营的发展，企业决定扩大配送系统，计划在芝加哥投资 700 万美元再建一座新仓库，并配以新型的物流处理系统。当该计划提交董事会讨论时，董事会却发现这样做不仅成本较高，而且就算仓库建起来也还是满足不了需要。于是，企业把目光投向租赁公共仓库。结果发现，如果企业在附近租用公共仓库，增加一些必要的设备，再加上原有的仓储设施，企业所需的仓储空间就足够了，且总投资只需 20 万美元的设备购置费、10 万美元的外包运费，再加上租金，远未到 700 万美元。

2. 差异化策略

差异化策略的指导思想是：产品特征不同，顾客服务水平也不同。当企业拥有多种产品线时，不能对所有的产品都按同一标准的顾客服务水平来配送，而应按产品的特点、销售水平来设置不同的库存、不同的运输方式以及不同的储存地点。例如，一家生产化学品添加剂的公司，为了降低成本，按各种产品的销售量比例进行分类：A 类产品的销售量约占总销售量的 70%，B 类产品的销售量约占总营销量的 20% 左右，C 类产品的销售量约占总营销量的10%左右。对A类产品，公司在各销售网点都备有库存；对B类产品，只在地区分销中心备有库存，而在各销售网点不备有库存；对C类产品，则连地区分销中心都不设库存，仅在工厂的仓库才有存货。经过一段时间的运行，证明这种方法是成功的，企业的配送总成本下降了20%。

3. 合并策略

合并策略包含两个层次：一是配送方法上的合并；二是共同配送。

配送方法上的合并是指企业在安排车辆完成配送任务时，充分利用车辆的容积和载重量，做到满载满装。企业所生产的产品一般品种繁多，不仅包装形态、储运性能不一，在容重方面也往往相差甚远。一辆车如果只装容重大的货物，往往是达到了载重量，容积却空余很多；若只装容重小的货物，则情况刚好相反，看起来车装得满，实际上并未达到车辆载重量。这两种情况都造成了浪费。而实行合理的轻重配装、容积大小不同的货物搭配装车，既可以在载重方面达到满载，又能充分利用车辆的有效容积，取得最佳的效果，而且最好是借助电脑计算货物配车的最优解。

共同配送是一种产权层次上的共享，也称为集中协作配送。它是几个企业联合起来集小量为大量，共同利用同一配送设施的配送方式。其标准运作形式是在中心机构的统一指挥和调度下，各配送主体以经营活动或以资产为纽带联合行动，在较大的地域内协调运作，共同对某一个或某几个客户提供系列化的配送服务。这种配送有两种情况：一是中小型生产企业、零售企业之间分工合作，实现共同配送，即同一行业或同一地区的中小型生产企业、零售企业在单独进行配送时运输量少、效率低的情况下进行联合配送，不仅可减少企业的配送费用，使配送能力得到互补，而且有利于缓解城市交通拥挤状况，提高配送车辆的利用率；二是几个中小型配送中心之间联合，针对某一地区的用户，由于各配送中心所配物资数量少、车辆利用率低等，几个配送中心将用户所需的物资集中起来，共同配送。

4. 延迟策略

在传统的配送计划中，大多数的库存是根据对未来市场需求的预测量设置的，存在一定的预测风险。当预测量与实际需求量不符时，就会出现库存过多或过少的情况，从而增加配送成本。延迟策略的基本思想就是对产品的外观、形状及其生产、组装、配送尽可能推迟到接到顾客订单后再确定，而一旦接到订单就要快速反应。因此，采用延迟策略的一个基本前提是信息传递要非常快。一般来说，实施延迟策略的企业应具备以下几个基本条件：①产品特征——模块化程度高、产品价值密度大、有特定的外形、产品特征易于表述、定制后可改变产品的容积或重量；②生产技术特征——模块化产品设计、设备智能化程度高、定制工艺与基本工艺差别不大；③市场特征——产品生命周期短、销售波动性大、价格竞争激烈、市场变化大、产品的提前期短。

实施延迟策略常采用两种方式：生产延迟（或称形成延迟）和物流延迟（或称时间延迟）。而配送中往往存在加工活动，因此，实施配送延迟策略既可采用形成延迟方式，也可以采用时间延迟方式。具体操作时，常常发生在诸如贴标签（形成延迟）、包装（形成延迟）、装配（形成延迟）和发送（时间延迟）等领域。美国一家生产金枪鱼罐头的企业就通过采用延迟策略改变配送方式，降低了库存水平。以往，这家企业为提高市场占有率曾针对不同的市场设计了几种标签，产品生产出来后运往各地的分销仓库储存起来。由于顾客偏好不一，几种品牌的同一产品经常出现某种品牌因畅销而缺货，而另一些品牌却滞销压仓的情况。为解决这个问题，该企业改变以往的做法，在产品出厂时都不贴标签就运到各分销中心储存，当接到各销售网点的具体订货要求后，才按各网点指定的品牌标志贴上相应的标签，这样就有效地解决了此类矛盾，从而降低了库存。

5. 标准化策略

标准化策略就是尽量减少因品种多变而导致附加配送成本增加的问题，并尽可能多地采用标准零部件、模块化产品。如服装制造商按照统一规格生产服装，直到顾客购买时才按顾客的身材调整尺寸。采用标准化策略要求厂家从产品设计开始就要站在消费者的立场去考虑怎样节省配送成本，而不要等到产品定型生产出来后才考虑采用什么技巧来降低配送成本。

六、库存管理

（一）库存管理的含义

狭义的库存是指在仓库中处于暂时停滞状态的物资；广义的库存是指为了将来目的，暂时处于闲置状态的物资。不管是对于生产商还是销售商来说，库存都是价值链的重要环节，它在价值增值过程中承担着重要的职能。

（二）库存的分类

1. 周转性库存

周转性库存是指为补充在生产或销售过程中已消耗完或销售完的物资而设定的库存，以满足下一轮生产的物资需求，保证生产的连续进行。如每个月进一次货，每天的需求为 100，提前期为 10 天，则平均的周转性库存水平为 1000。

2. 在途库存

在途库存是指处于运输过程中的库存，即在航空、铁路、公路、水路等运输线上的物资。

3. 安全库存

安全库存是指对未来物资供应的不确定性、意外中断或延迟等起到缓冲作用而保持的库存。如对未来生产商产品供应的情况，究竟是顺利还是不顺利不能肯定，这时需保持一定数量的库存。

4. 季节性库存

季节性库存是指某些物资的供应或产品的销售情况经常受到季节性因素的影响，为了保证生产和销售的正常进行，需要一定数量的季节性库存。如冰激凌类产品的生产容易受到季节性因素的影响，这类产品就应该根据季节性因素的要求确定库存水平。

（三）库存持有成本

持有库存虽然可以通过规模经济、预防需求变动等降低成本，但在另外几个方面也引起了成本的增加。

1. 资金的内部成本

存货价值经常占企业流动资金的很大一部分，每单位资金的内部成本乘存货价值就是存货占用资金的内部成本。

2. 储藏成本

储藏成本即存储环境的控制、安全、保险、管理等方面所引起的成本。

3. 产品过期或变质

例如，食品的变质、时尚产品错过最佳销售时机，这些都会引起成本的增加。

（四）库存控制的方法

库存控制的目的，是实现对企业整体经营进行有益的监控和管理，以维持客户服务水平和库存投资的最佳平衡。因此，要想以较少的库存投资保持较高的客户服务水平，就需要采取科学的库存决策方法。这里介绍 ABC 分类法、订货点法和经济订货批量法。

1.ABC 分类法

ABC 分类法又称为重点管理法，是指在库存管理时，将商品按照使用频率或价值排序。排序在前的属于 A 类，是少数价值高的、最重要的商品，这些商品品种少，而单位价值却较大，A 类商品的品种数只占全部存货总品种数的 10% 左右，但要占到全部商品总价值的 70% 左右。属于 C 类的是为数众多的低值商品，从品种数量来看，它们占全部存货总品种数的 70% 左右，金额只占全部商品总金额的 10% 左右。B 类存货则介于这两者之间，品种数占全部商品总数的 20% 左右。

管理时，对金额高的 A 类商品，作为重点加强管理与控制；对 B 类商品按照通常的方法进行管理和控制；C 类商品品种数量繁多，但价值不大，可以采用最简便的方法加以管理和控制。

2. 订货点法

在库存管理的过程中，何时需要订货的问题比确定订多少货的问题重要得多。因为库存往往涉及巨额的库存投资，万一缺货要付出极高的代价或造成较长的补货时间。为了恰当地控制库存，使用订货点法可以高效率地找到订货时间点。

订货点法是建立在客户需求不确定从而导致预测不准但又要保证客户服务水平这一要求下的较好的确定订货时间的方法，是指现有库存量降到预定的水平即订货点就开始订货的方法。根据现有库存与订货点比较，找出那些现有库存量小于订货点的物品，选择批量和订货方式，生成订货计划。订货点法适用于具有相对连续的、稳定需求的库存，并且可以和经济订货批量法结合来计算订货批量。

在需求量和运作周期已知的情况下，基本订货量或称再订货点的计算公式为

$$R=DT \tag{8-1}$$

式中，R—— 用单位数表示的再订货点；

D—— 平均日需求量；

T—— 平均运营周期。

假定需求量为 10 个单位数 / 天，且完成周期为 20 天，则

$$R=DT=W\text{ 个单位数 / 天}\times 20\text{ 天}=200\text{ 个单位数} \tag{8-2}$$

当需求量或完成周期存在不确定因素时，企业就必须使用安全库存来补偿不确定因素。安全库存就是在采购提前期超出期望时间或需求量超过平均日需求量时用于处理需求的方法。在不确定条件下，再订货点公式变为

$$R=DT+SS \tag{8-3}$$

式中，SS—— 用单位数表示的安全库存。

订货数量是试图寻找使库存成本（库存成本和订货成本）最低的订货量。订货量越大，则库存成本越大，订货成本越小；而订货量越小，则库存成本越小，订货成本越大。

3. 经济订货批量法

经济订货批量（Economical Ordering Quantity，EOQ）是指库存总成本最低的每次订货量。

$$\text{库存总成本}=\text{采购成本}+\text{持有成本}+\text{订货成本} \tag{8-4}$$

$$\text{采购成本}=EOQ\times U \tag{8-5}$$

一般来说，平均库存等于订货批量的一半。

$$\text{持有成本}=(EOQ/2)\times U\times C_i \tag{8-6}$$

$$\text{订货成本}=(D/EOQ)\times C_O \tag{8-7}$$

式中，EOQ—— 经济订货批量；

C_O—— 每次订货发生的费用；

C_i—— 库存成本占产品价值的比率；

D—— 每年需求量，单位数；

U—— 单位产品价值。

订货量越大，平均库存就越大，每年的库存维持成本就越大；但订货量越大，每一计划期需要的订货次数就越少，订货总成本也就越低。把订货批量公式化可以确定精确的数量，使订货和维持库存的综合成本最低。如图 8-2 所示，订货成本和库存维持成本总计最低的点即最低总成本。

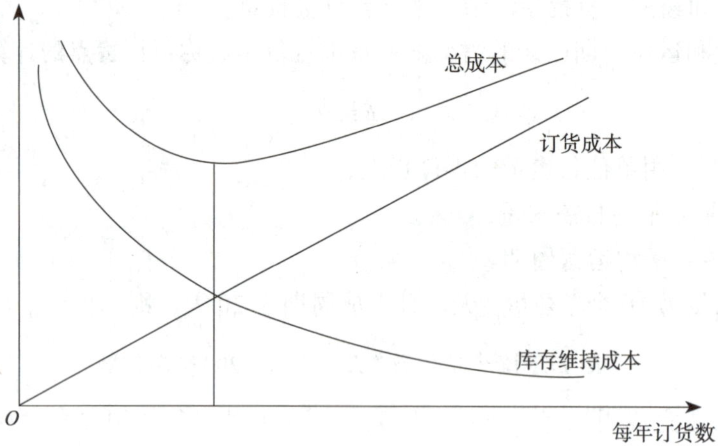

图 8-2　经济订货批量

经济订货批量的标准公式为

$$EOQ=\sqrt{\frac{2C_OD}{C_iU}} \tag{8-8}$$

式中，EOQ——经济订货批量；

C_O——每次订货发生的费用；

C_i——库存成本占产品价值的比率；

D——年需求量，单位数；

U——单位产品价值。

假设有表 8-2 中的数据。

表 8-2　假设的数据

因素	数值	因素	数值
年需求量（D）	8000 单位	库存成本占产品价值的比率（C_i）	8%
单位产品价值（U）	100 元	每次订货发生的费用（C_O）	2000 元

代入式（8-8），经济订货批量为 2000 单位，订货次数为 4 次，进而求得总订货成本为 8000（=4×2000）元，库存维持总成本为 8000（=8000 ÷（4×2）×100×8%）元。

虽然 EOQ 模型可以确定最佳的补给数量，但它需要某些相当严格的假设才能直接应用。在简单的 EOQ 模型中需要做出的主要假设有：已知全部需求量，对产品的任何需求都能满足；已知连续不变的需求速率，库存量随着时间均匀连续地下降；已知不变的订货成本和订货提前期，库存补充的过程可以在瞬间完成；产品价格保持不变；不限定计划指定范围；多种存货项目之间不存在交互作用。

在实际应用中，必须按照实际情况调整 EOQ 模型，如存在折扣、大小批量的装运费不同等。

（五）库存服务质量的评价指标

1. 账实相符率

在仓储中，账实相符率是一个重要的指标，它的准确性直接影响成本。如果账实不符，将会影响物流公司其他标准的方方面面。某些公司有可能会夸大库存空间，以谋取更大的利润，因此，账实相符率是一个很重要的评价指标。

2. 在库残存率

在库残存率是指仓库的物资所残余的量和需配送量的总和。一般情况下，不允许有残存的物资，需配送的货物必须全部运输，因此，在库残存率应该为零。

3. 出入库保证能力

出入库保证能力也是评价仓库的一个重要指标。当货物进仓库时，需要保证货物能安全稳当地入库，当货物需要运输的时候，同样需要保证能安全稳当地出库。

4. 单据传递准确率

同运输一样，物流公司经常要处理各种各样的单据，因此，单据传递的准确率也是评价库存服务质量的一个重要指标。如果单据传递有误，那么，仓储的货物和仓储时间都会出现错误，应当要仓储的却被运输出库，而需要运输的却还留在仓库中。因此，单据传递准确率应该是百分之百，而不能有任何的差错。

5. 满足特定需求能力

同运输一样，公司一般不大可能把所有的需求信息都在招标中说明出来，而且在特殊的情况下，如果临时有紧急货物需要仓储以避免损失，那么特定需求的满足能力就成为评价物流公司的一个因素。如果物流公司没有这个能力，就会造成一定的损失。

6. 安全性

同运输一样，商品在保管过程中，不允许发生霉烂、残损、丢失、污染、渗漏、爆炸、燃烧等事故，必须保证人身、商品、设备的安全。对于某些特殊物质和危险品，物流公司要严格遵守相关运输的规定，仓库防火、防盗、防虫、防锈等均要符合规定的要求。安全性一般用货物安全和人身安全两个指标来考察。

【案例 8-1】

京东眼里的新一代物流特征：短链、智慧和共生

2017 年 12 月 11 日上午，2017 全球新一代物流峰会在北京开幕。京东物流 CEO 王振辉在演讲中表示，京东物流将进一步开放赋能、体验升级，将与业界合作伙伴共同构建智慧、短链、共生的新一代物流价值体系。

1. 供应链的“权力中心”不断向消费者转移

工业革命时期，生产出来的产品不愁销售，当时的福特汽车生产出来就能卖出去，制造企业是供应链权力中心；随着产能过剩，渠道作用凸显，渠道成为新的权力中心；而随着信息时代的到来，消费者成为新的权力中心，物流逐渐围绕用户体验而设计。

在今天，通过音箱、冰箱、视频下单购物已经非常普遍，无人机送货也从实验测试发展为常态化的运营，人工智能、大数据、云计算、机器人（简称 ABCR）的突破随处可见。王振辉在“无界零售与新一代物流”的主题演讲中表示，物流行业的每次变革都是消费与产业升级和技术突破交互推动的结果。

2. “新一代物流”：呈现短链、智慧和共生的“3S”特征

王振辉表示，在这些最新趋势的推动下，未来将进入新一代物流时代。未来物流不仅要提供更高效、精准、满足个性化需求的服务，还要实现整个物流体系运作的无人化、运营的智能化和决策的智慧化。

“现在品牌商跟我们交流，最多的诉求就是改变多级渠道体系，通过物流直达消费者，了解消费者的真实需求。”王振辉说。

他表示，京东物流设计的核心就是减少商品的搬运次数，通过庞大的覆盖网络与首创的仓配一体模式等，已将商品搬运次数从 5 次降至 2 次，实现了 90% 以上的订单 24 小时内交付。

继无人仓、无人机、配送机器人等的常态化运营后，京东物流的无人轻型货车、无人配送站点也将开始运营。王振辉透露，2017 年，京东物流 SKU 数量扩大到 530 多万个，日均订单上涨 8 倍，运营 500 多个大型仓库，这样的复杂网络、庞大库存和海量订单均是依靠软件系统和数据来对采购、存货布局以及补货等做分析和决策的。

3. 构建共生的价值体系

“我们在努力构建与商家、行业和整个社会共生的价值体系。”王振辉在演讲中重申这一观点。

他表示，京东物流致力于为商家提供线上线下、全渠道、一体化的供应链服务，使用京东物流仓配一体化服务、订单渗透率超过 50% 时，商家销量增速为 97%，远远

高于 POP 平台 46% 的平均增速，配送时效普遍提升了 2 倍以上。

“我们还希望京东物流能为整个社会创造更多的价值。我们致力于将物流的运营效率提升2倍以上，推动物流降本增效、产业升级，支持扶贫、开展公益、践行绿色物流。”王振辉说，“我们的共生是与客户共生、与行业合作伙伴共生以及跟环境共生。”

资料来源：

http：//it.people.com.cn/nl/2017/1212/cl009-29701417.html.

思考：

1. 该案例对你认识渠道物流管理有何启发？
2. 假设你是京东的物流管理人员，如何利用信息化的管理工具对渠道物流进行管理？

任务二　渠道中的信息流管理

导入案例

波司登服饰信息流管理

产成品库存情况是服装行业判断经营状况的重要指标，存货高会严重侵蚀企业盈利，造成企业营收和利润严重下滑。减少库存是所有服装企业的重要经营任务。库存控制得好，资金周转快，盈利能力就非常强。波司登就曾遭遇两次“存货危机”，第一次存货危机是在 1994 年生产 23 万件羽绒服只卖出了 10 万件，销售不完又退回仓库；第二次是在 2009 年波司登陷入全品类、多品牌的战略泥潭，服装库存天数一度高达极危险的 210 天。

2020—2021 财年，波司登“成衣库存周转天数”降至 150 天。从 210 天到 150 天，是高达数亿元的库存成本减少。

为降低库存，2016 年，波司登与阿里云合作，打通了全国各地门店与线上产品的流通体系，有效地解决了传统服装企业的“结构性缺货”问题。将生产数据与波司登的库存和营销数据相连，为波司登的物流和零售建立一个可靠的数据库。

波司登完善了常熟智能物流配送中心信息建设。智能物流配送中心管理的信息内容包括供应商送仓入库上架、市场退货入库、分拣及上架，甚至能根据市场销售状况、结合不同策略实施产品存储、动态盘点等，可以不断优化补货可得率、库销比等，智能配送中心服务全国所有线下直营、经销门店及电商线上线下（O2O）业务，通过库存信息管理平台，实现了对全国直营九大仓及经销商 12 小仓的库存统一管理，根据不同地域的库存水平，系统智能化快速下单，建立物流快反机制和系统，从而建立了弹性的安全补货机制，使得终端门店的库存保持在合理的水平，提升了货品周转效率，大幅降低了存货仓储成本和安全库存量。

在门店库存方面，波司登对全国的4000多家门店数据管理平台进行提质，保证所有线上线下门店的第一手数据及时更新，并保证数据源之间的一致性。彻底把人从日常的铺货、补货、调货、退货中解放出来，由数字系统基于模型、算法精准地计算出明天会卖什么、要提供什么货品、要上新什么货品、要调退什么货品，再通过强大的物流体系把货品准时交到门店或者消费者手中，以满足消费者的需求。迄今为止，波司登绝大部分门店已采用智能补货方式。

波司登有效的信息流管理不但能帮助降低存货数量，而且能通过库存数据实时预警数量不足的SKU以指导下单；并结合销量预测与库存一体化管理，对下单量和下单优先级给出智能化建议，避免波司登管理人员由于判断失误带来的决策问题，有效避免了大规模库存不足或库存过剩两种极端，达到真正意义上的产销协同。波司登企业的信息流管理体系已经成为其角逐市场的第三大核心竞争力。

资料来源：

网络资料，编者整理。

思考：

波司登是如何对渠道信息流进行管理的？有哪些成功的经验值得借鉴？

一、渠道信息系统总体结构和功能结构

渠道信息系统是一个以人为主导，利用计算机硬件、软件、网络通信设备以及其他办公设备，进行有关产品所有权转移信息、商品实物运动信息、回收货款等信息的收集、加工、传输、储存、更新和维护，借以加强渠道管理，及时、准确、高效地满足顾客需要的人机系统，如图8-3所示。

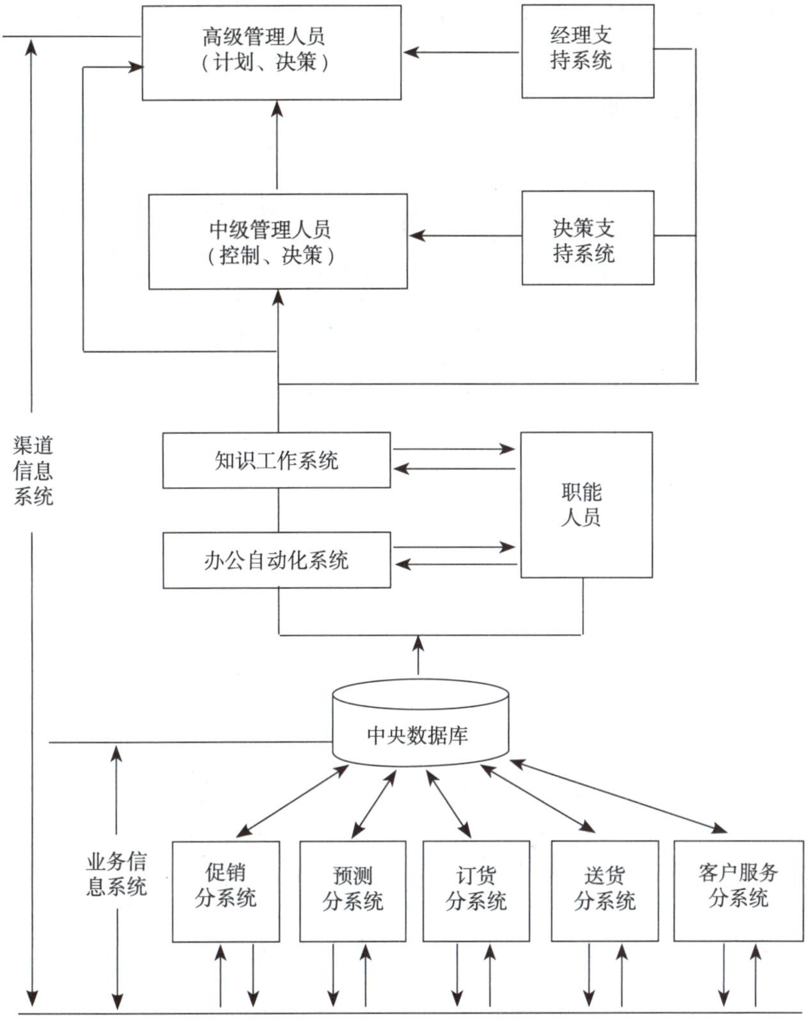

图 8-3 渠道信息系统

由图 8-3 可以看出，渠道信息系统是由许多子系统或部件构成的，各个子系统之间相互作用、相互提供信息和接收信息，并且存在功能上的相互支持和衔接关系。应当指出，渠道信息系统不仅是一个技术系统，它还是一个管理系统、一个社会系统。决定系统功能的主要因素是系统的结构，即在系统中各个子系统或部件之间的组合框架。对子系统功能的不同理解就构成了不同的系统结构，其中最重要的是总体结构、概念结构、功能结构、软件结构和硬件结构。

从使用者的角度看，一个渠道信息系统总是有一个目标，具有多种功能，各种功能之间又有各种信息联系，并由此构成了一个有机结合的整体，形成了一个功能结构。

渠道信息系统的基本功能是为企业有效地组织商品分销、实体分配以及整体市场营销活动提供现实的和历史的真实、可靠、充分的情报资料。为履行这一职能，渠道信息系统就要承担市场情报收集、行情预测、接受和管理顾客订单、编制分销计划与实体分配计划、绩效分析与评估、文件输送等职能，并且要建立能够有效执行这些职能的子系统（或称为模块或工作部门）。一般来说，在渠道信息系统中要建立市场预测、库存控制、订单处理等模块，如图 8-4 和图 8-5 所示。

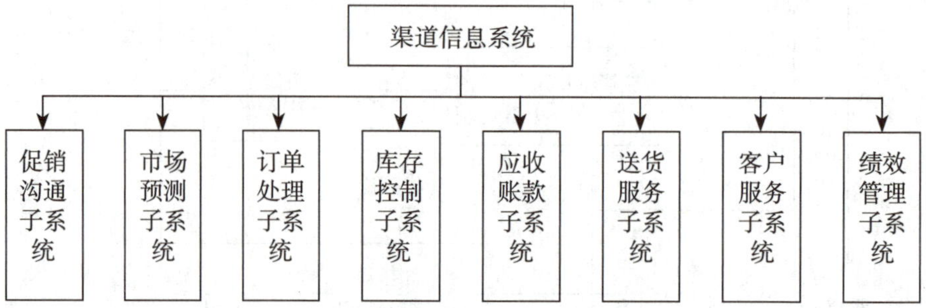

图 8-4　渠道信息系统功能结构

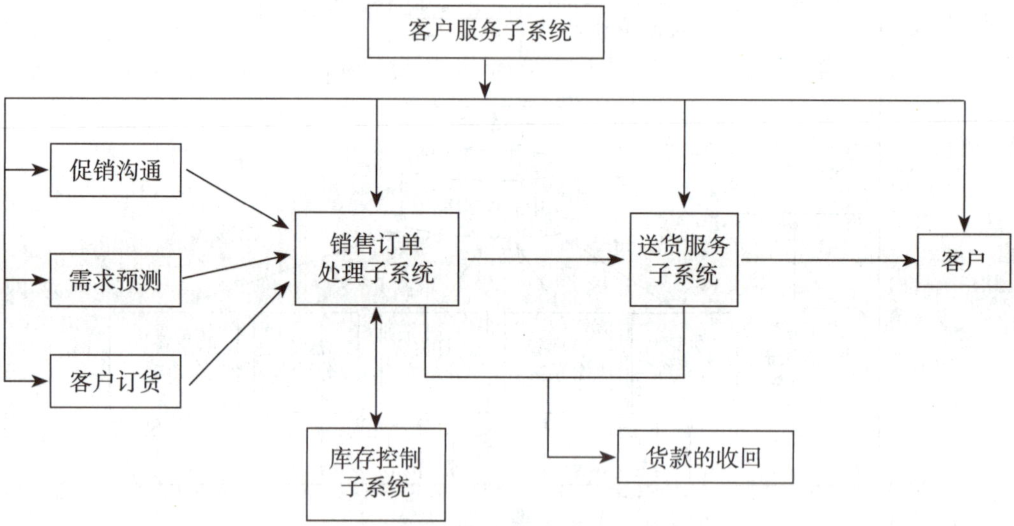

图 8-5　客户服务子系统功能结构

图 8-4、图 8-5 不仅直观地说明了渠道信息系统的构成，也说明了各功能子系统之间是怎样联系和运作的，它们好像是企业渠道管理过程的一个缩影。

整个流程自左至右展开，企业在进行促销沟通、需求预测等活动以后，客户就通过电话、信件、电子信函等方式发生订货行为，销售订单处理子系统处理客户的各种订货请求，同时启动企业的库存控制子系统，检查是否有存货满足顾客需要或者通知生产部门；然后通过送货子系统将产品送到客户手中。其中，货款的收回发生在销售订单处理子系统或送货子系统中。由于客户服务活动发生在产品的售前、售中、售后整个过程中，因此，客户服务子系统作用于整个渠道信息系统。

二、营销总部管理系统、分支机构/分销商管理系统和门店管理系统

（一）营销总部管理系统

营销总部管理系统负责处理分销运作体系跨区域的往来业务，并对各分支机构的业务运作状况进行监控和分析，从而统筹其分销体系的物流、资金流以及信息流，以达到整体管控的目的。它是连接进、销、存各系统的桥梁和纽带，负责营销总部与分支机构信息的交换处理，对从前台到后台、从总部到分支机构，从订货、补货计划制订到商品内部调拨分配，从移动端下单到商品出库、货款收回、财务记账等提供解决方案。其包括 13 个功能模块：销售管理、促销管理、库存管理、采购管理、配送管理、客户资信管理、应收处理、应付处理、售后服务、系统管理、基本资料维护、综合查询统计、决策支持。

营销总部管理系统既适合于下设多级营销机构的企业（利用分支机构、分销商等实现商品销售的渠道分销企业，如企业集团、销售公司等），也适合于百货商场、超市、连锁店、专卖店等中小型连锁配送企业。

（二）分支机构/分销商管理系统

分支机构/分销商管理系统的业务特点有：实现集团分销数据的即时传输；实现购销双方业务单据的自动转换；上报数据管理——设定需要各业务处理系统上报的数据范围与内容；下发数据管理——需要集团统一设定、修改下发给各业务处理系统的数据范围与内容，并在设定的时间内将这些数据自动下发到相应的业务处理系统内。因此，这一模块所应包括的基本功能和营销总部管理系统的功能稍有区别（一般不设采购管理），但各有侧重。

（三）门店管理系统

门店管理系统主要应用于零售柜台、连锁店、专卖店等。它为零售柜台提供方便、快捷的录单、收银以及商品盘点功能，并和整体商业后台、总账财务系统实现无缝衔接，能自动将零售单转换为后台的销售单据，参与核算和统计分析。

（1）销售管理：进行客户档案等基础数据的设置，完成销售业务，包括对销售单、要货、退货和返厂的管理，并提供销售台账查询。

（2）促销管理：实现一系列销售的市场行为，包括促销计划维护、促销费用维护、折扣管理。

（3）库存管理：完成库房日常作业并管理各分支机构/分销商的库存，包括入库、出库、盘点、调拨、库房初始化。

（4）售后服务：提供服务记录、跟踪，包括消费者投诉、客户服务维护、重点客户管理。

（5）系统管理：包括系统登录，系统用户管理，系统用户组管理，操作日志维护和查询，数据备份与恢复，界面操作权限管理，数据访问权限管理，信息 / 单据授权访问管理，数据上传、下载和同步管理等。

三、渠道成员信息管理技术

（一）电子数据交换

电子数据交换（Electronic Data Interchange，EDI）是计算机与计算机之间结构化的数据交换，是通信技术、网络技术与计算机技术的结合。它将数据和信息规范化、标准化，在拥有计算机系统的渠道成员间，直接以电子方式进行数据交换。通俗来讲，EDI 就是按一定的规则进行加密和解密，并以特殊标准和形式进行传输的一类电子邮包。

EDI 在国际范围内被广泛应用。在美国，1999 年克林顿总统已经批准全面推行 EDI 以实现贸易无纸化。在欧洲，一些大公司，包括连锁超市，已经开始对不开通 EDI 的供应商实行制裁措施（在价格、处理时间、付款方式上实行歧视政策）。在新加坡，新加坡贸易发展局宣布从 1999 年 1 月 1 日起，所有进出口贸易都必须用 EDI 方式申报。在我国香港，从 2000 年开始全面关闭进出口报关柜台，所有的进出口报关也必须通过 EDI 方式。

（二）条形码

EAN 条形码是国际上通用的商品代码，我国通用商品条形码标准也采用 EAN 条形码。EAN 条形码一般由 13 位数字码及相应的条形码符号组成，在较小的商品上也采用 8 位数字码及相应的条形码符号。

EAN 条形码的构成如下：①前缀码。它由 3 位数字组成，是国家的代码。我国为 690 ～ 692，这是国际物品编码会统一分配的。②制造厂商代码。它由 4 位数字组成，在我国由我国物品编码中心统一分配并统一注册，一厂一码。③商品代码。它由 5 位数字组成，表示每个制造厂商的商品。它由厂商确定，可标示 10 万种商品。④校验码。它由 1 位数字组成，用以校验前面各码的正误。

（三）POS 系统

POS（Point of Sales）系统最早应用于零售业，之后逐渐扩展到其他行业。利用 POS 信息的范围也从企业的内部扩展到整个供应链。现代 POS 系统已经形成了一个综合性的信息资源管理系统。POS 系统包括前台 POS 系统和后台 MIS 系统两大基础部分。

前台 POS 系统是指通过自动读取设备，在销售商品时直接读取商品销售信息，实现前台销售业务的自动化，对商品交易进行实时服务和管理，并通过通信网络和计算机系统传送到后台，然后通过后台管理信息系统（Management Information System，MIS）的计算、分析与汇总等掌握商品销售的各项信息，为企业管理者分析经营成果、制定经营方针提供依据，以提高经营效率的系统。

后台 MIS 系统负责整个商场的进、销、调、存系统的管理及财务管理、库存管理、考勤管理等。它既可以根据商品进货信息对厂商进行管理，又可以根据前台 POS 系统提供的销售数据，控制进货数量，合理周转资金；既可以分析统计各种销售报表，快速准确地计算成本与毛利，又可以对售货员、收款员的业绩进行考核，是分配工资、奖金的客观依据。因此，在现代化管理系统中，前台 POS 系统与后台 MIS 系统密切相关，二者缺一不可。

POS 系统主要依赖于计算机处理信息的体系结构。结合商业企业的特点，POS 系统的基本结构可分为单个收款机，收款机与计算机相连构成的 POS 结构，以及收款机、计算机与网络相连构成的 POS 结构。

目前大多采用第三种类型的 POS 结构，包括硬件和软件两大部分。POS 系统的硬件结构主要包括收款机、扫描器、打印机、显示器、网络、计算机与硬件平台。POS 系统的软件结构主要包括前台 POS 系统和后台 MIS 系统。

【案例 8-2】

良品铺子的全渠道信息化实践

良品铺子周年庆临近，各种诱人的促销活动令人“垂涎三尺”。小明是个吃货，是良品铺子的忠实“粉丝”，老早就关注了良品铺子的微信公众号。周四，在下班回家的地铁上，小明在京东 App 上选购了 5 款促销产品，准备过个愉快的周末。在路过一家小区门口的良品铺子门店时，小明看到良品月饼的海报，才意识到中秋节也快到了，便进门向店员了解。店员告诉他可以预订良品月饼，到时可以送货上门，也可以来门店提货。一想到要搞定未来的岳父岳母，小明便欣然预订了三盒月饼，准备到时候过来自提。小明刚准备离开，女朋友来电话了：周末有外地朋友过来玩，在网上多买点零食。小明想想刚才买的那些肯定不够，于是利用门店 Wi-Fi 又在京东 App 上购买了良品铺子旗下叮当小铺专营店的 10 款新品，准备和朋友们尝尝鲜。

小明和朋友们是如何吃到那 15 款美食的？小明下的两张订单先后通过 HDX-Shop 系统从京东平台抓取到 UPower 订单组件，通过订单异常检查后，系统进行预处理占货（此时会调用会员和促销信息），紧接着客服审核订单，小明的两张订单因为满足合单条件，会自动进入合单池，系统自动将两张订单合并成一张订单。经过物流自动审核后，仓库物流组件开始做此作业，仓库拣货人员采取边拣边分拨模式进行拣货；在复核 / 称重 / 打包环节，采取面单后置的策略，物流组件实现系统自动打印发票、快递面单和顾客清单。物流发货人员和快递承运商交接后，快递包裹就在发往顾客指定收货地址的路上了。物流组件发货后，会回传发货状态给订单组件，订单组件的订单状态变成已发货，同时订单组件会将运单号、承运商信息回传给平台。通过运单号，顾客在平台上、客服在订单组件都可以实时看到包裹的快递状态。

资料来源：

百度文库。

思考：

1. 该案例对你认识渠道信息流管理有何启发？

2. 该案例中良品铺子是如何利用渠道信息流进行渠道管理的？

项目检测

一、单项选择题

1. 下面哪种不属于按物流阶段进行的分类？（　）

A. 供应物流　　B. 生产物流　　C. 销售物流　　D. 第三方物流

2. 下列哪项不是改善订单处理过程的关键因素？（　）

A. 时间因素　　B. 成本因素　　C. 信息因素　　D. 生产因素

3. 库存持有成本不包括（　）。

A. 资金的内部成本　　B. 储藏成本

C. 中间商的成本　　D. 产品过期或变质

4. 假设某地区有 5 家制造商向 10 家零售商供货，如果制造商是通过一家批发商向零售商供货，则需要交易（　）次。

A.50　　B.15　　C.10　　D.5

5. 渠道信息系统是以（　）为主导的。

A. 人　　B. 技术　　C. 互联网　　D. 软件

6. A 类商品占所有商品品种数的（　）。

A.10%　　B. 30%　　C. 50%　　D. 70%

7. 一种商品每天销售 10 个，从下订单开始需要 10 天到货，提前期是（　）。

A.10 天　　B. 100 天　　C. 50 天　　D. 5 天

二、多项选择题

1. 订单处理包括哪些业务流程？（　）

A. 订单准备　　B. 订单传递

C. 订单登录　　D. 按订单供货

2. 下面属于运输服务质量评价指标的有（　）。

A. 及时率　　B. 准确性

C. 途中残损率　　D. 单据传递准确率

3. 库存的分类包括（　）。

A. 在途库存　　B. 安全库存

C. 周转性库存　　D. 季节性库存

4. 渠道成员信息管理技术包括（　）。

A. 电子数据交换　　B. 条形码

C. POS 系统　　D.ERP 系统

5. EAN 条形码的构成包括（　）。

A. 前缀码　　B. 制造厂商代码

C. 商品代码　　D. 校验码

三、判断题（正确的打“√”，错误的打“×”）

1. 流通包含商流、物流、资金流和信息流，其中信息流从属于物流。（　）

2. 企业物流管理由两部分组成，即企业生产物流管理和企业销售物流管理。（　）

3. 第三方物流企业想要取得成功，最重要的因素在于整合物流过程以实现其对客户的增值服务。（　）

4. 客户就是指产品的购买者。（　）

5. 运输创造货品的时间效用。（　）

四、案例分析题

经营中的尴尬局面

在一家街头的零售店里，某饮料企业的一位理货员来送货，以下是他和零售店老板之间的对话。

企业理货员:“张老板,我来给您送货。”零售店店主:“你们公司送货怎么这么慢呢?我订的货应该在昨天就送到了,可你现在才来,你看,我的客户都跑掉了！”企业理货员:“对不起，我们公司那边有点问题。”零售店店主：“怎么你们送来的货与我的订单内容不一样啊？”企业理货员：“是吗？”零售店店主：“这个产品不对，我要的是 150 毫升的饮料，你送的是 500 毫升的；这个产品也不对，我要 30 瓶，你们只拿了 20 瓶！真是乱七八糟的！像你们这样送货，客户全都得跑光了。产品不对！时间也不对！我要退货，真是受不了你们，我不会再和你们打交道了！”

资料来源：

彭杨 . 现代物流学案例与习题 [M]. 北京：中国物资出版社，2010.

思考：

1. 该饮料企业经营中存在什么问题？

2. 应该如何解决这些问题？

项目九

渠道评估与调整

学习目标

➢ **知识目标：** 了解渠道评估的原则和标准；了解渠道评估的方法；了解渠道评估的三个具体指标；掌握渠道调整的方向；了解渠道改进的策略。

➢ **能力目标：** 通过学习训练，学生能对渠道进行有效评估；能对出现的问题从渠道角度进行原因分析；能初步具备完善渠道建设的能力；能进行有效的渠道创新。

➢ **素质目标：** 培养学生正确的职业道德；加强学生在渠道管理中坚持职业操守培养；加强学生遵纪守法观念；培养学生维护企业利益，公正处理数据，为企业决策提供正确数据；诚信为本，操守为重。

任务一　渠道评估的原则和标准

导入案例

互联网金融的产品在选择渠道时，一般会选择像腾讯、今日头条、搜狗、百度、这些渠道，然后分成 Android 和 iOS 两条线。评估这些渠道质量时会从以下几个方面来考虑：渠道带来的用户规模、用户的质量，以及新用户目标转化率。本案例中没有费用指标。

表 9-1 某互联网金融产品各渠道统计

渠道	用户规模			用户质量	新用户目标转化事件	
名称	激活用户数/人	新用户人均使用次数/次	人均使用时长/分钟	次日留存/%	新用户转化人数/人	新增占比/%
腾讯—Android	299	3.41	517.27	42.91	170	56.90
腾讯—iOS	342	3.68	574.87	43.28	164	48.00
今日头条—Android	240	1.01	204.73	22.33	22	9.20
今日头条—iOS	252	2.02	374.13	32.92	91	36.00
搜狗—Android	1137	2.71	303.96	32.00	322	28.30
搜狗—iOS	1165	2.61	392.11	32.95	376	33.10
百度—Android	598	2.93	396.70	31.37	173	28.90

通过对表 9-1 中数据的分析发现，各个渠道产生的效果不一样。腾讯渠道，Android 的量和 iOS 的量相差不大，搜狗渠道带来的流量特别大，转化率也最高，但新用户留存率不高；腾讯渠道虽然带来的用户数不是最多，但它的人均使用次数和人均使用时长均较高，这说明这个渠道的用户更有可能对产品感兴趣，或者说腾讯渠道的客户与该产品的目标用户重叠；今日头条的 Android 渠道，不管是从绝对的数量还是人均使用时长上都很低，这样的数据也直接反映了用户质量，今日头条 Android 客户转化率较低。

评估一个渠道质量时候，不能单从新增的数据进行评估，而更要去看这个新增的用户到底是不是目标客户，即有没有进行转化，好比线下渠道不但要重视市场占有率，也要看市场销售额。

渠道带来的新用户并不一定是目标用户，设置目标转化只是评估渠道的一个方面，同时要对比该渠道转化成功的总人数在对应渠道的新增激活的用户里面的占比，比如腾讯的 Android 渠道，转化成功的总人数是 170 人，总共激活数是 299 人，因此，成功转化的占比是 56.9%，这就意味着这个渠道带来的新增用户里面有 56.9% 转化成功了。

根据分析发现在不同的渠道里，最后能转化成目标用户的差距非常明显，针对这样的情况需要进行渠道调整。如今日头条的 Android 渠道可能就不太能够带来我们想要的目标，客户最后的投放可以稍稍提一下，或者降低一些优先级。对于腾讯，不管是 Android 还是 iOS，都带来了大量的转化率，那么在这两个渠道上面的投放都可以继续加大。搜狗的转化率虽然比不上腾讯，但是激活用户数的整个基础量很大，因此，对这种渠道要继续维护。

资料来源：

https://blog.csdn.net/qq_33392383/article/details/108907694.

一、渠道评估的原则

（一）有效性原则

渠道评估的首要原则就是其分销的有效性。具体来讲，就是看该渠道是否能给企业或品牌带来预期的销售量，是否能够达到企业期望的市场占有率目标或者品牌影响力目标。一般来讲，企业建立营销渠道的目的是追求销售量的最大化和市场占有率的最大化，因此，能够给企业带来预期销售量和市场占有率的渠道就是好渠道，就是合格渠道。因此，我们在评估渠道成员的优劣时，其在销售量和市场占有率方面的有效性是最基本的评价指标。

（二）经济性原则

企业追求的是利润，而不仅仅追求对销售渠道的控制。经济分析可以用许多企业经常遇到的一个决策问题来说明，即企业是用自己的推销力量还是用销售代理商。假设企业希望其产品在某一地区获得大批零售商的支持，现有两种方案可供选择：一是向该地区的营业处派 10 名销售人员，除了付给他们基本工资外，还采取根据推销成绩付给佣金的鼓励措施；二是利用该地区已和零售店建立起密切联系的销售代理商，并派出 40 名推销员，推销员的报酬按佣金支付。这两种方案会导致不同的销售收入和销售成本。判别一个方案的好坏，不应该看其能否有较高的销售额和较低的成本费用，而是看其能否取得最大利润。

（三）可控性原则

使用代理商无疑会增加控制上的问题。一个不容忽视的事实是，代理商是一个独立的企业，他所关心的是自己如何取得最大利润。他可能不愿与相邻地区同一委托人的代理商合作。他可能只注重那些与其推销产品有关的顾客，而忽略对委托人很重要的顾客。代理商的推销员可能无心去了解与委托人产品相关的技术细节，也很难正确对待委托人的促销资料。

（四）适应性原则

在评估各渠道网络的方案时，还有一项需要考虑的标准，那就是生产者是否具有适应环境变化的能力，即应变能力如何。每个分销网络方案都会因某些固定期间的承诺而失去弹性。当某一制造商决定利用销售代理商推销产品时，可能要签订 5 年的合同。这段时间内，即使采用其他销售方式会更有效，制造商也不得任意取消销售代理商。因此，一个涉及长期承诺的分销网络方案，只有在经济性和控制性方面都很优越的条件下，才会予以考虑。

【课堂互动案例 9-1】

互动内容：

渠道评估的原则没有必要按照上述四点，这种说法对吗？

互动要求：

1. 结合有关渠道评估原则的知识发表个人见解，也可以和你的同伴简单沟通后回答。

2. 教师对学生的回答进行点评。

二、渠道评估的指标

进行渠道评估一般从渠道费用、渠道收益、市场占有率三个指标进行。简言之，成功的渠道应实现以最小的成本实现最大市场占有率的效果。

（一）渠道费用

对渠道经济效益进行评估时，首先要检查与销售有关的渠道成本，即渠道企业在达到销售目标时的费用支出。评估渠道的经济效益好坏，首先必须认真考察、分析在渠道中发生的各种费用。这些费用的总和称为渠道费用，一般指零售总成本与制造成本之差。渠道费用总量的大小以及各种费用之间的比例关系，直接影响有关成员单位的利润（见表 9-2）。

表 9-2　渠道费用构成

序号	名称	解释
1	直接人员费用	包括制造商的直销人员、流通企业的销售人员、促销人员、销售服务人员的工资、奖金、差旅费、培训费、交际费、通信费等
2	促销费用	包括广告媒体成本、赠奖费用、展览会费用、促销方案设计与执行管理费等
3	仓储费用	包括租金、维护费、折旧费、保险费、存货成本等
4	运输费用	包括托运费等，如果是自有运输工具，则要计算折旧费、维护费、燃料费、牌照费税、保险费、司机工资等
5	包装与品牌管理费用	包括包装费、产品说明书费、品牌制造费、品牌管理费等
6	其他营销费用	包括营销管理人员工资、办公费用等

评价渠道费用的主要原则有以下两个：一是费用多少与职能大小的比例性；二是费用增长与销售增长的同步性。合理的渠道费用构成应当与分销职能相适应。各个渠道职能的发挥要有一定的费用作保证，重要的、难度大的分销职能应当配备较多的渠道费用，以保证每一项渠道费用都用到应该用的地方。从总量上看，渠道费用与商品销售额应保持一个合理的比例关系。理想的情况是渠道费用的增长幅度低于销售额的增长幅度。

（二）渠道收益

渠道的最大功能在于实现产品的销售，所有渠道成员的销售业绩毫无疑问是最直接、最重要且应用最普遍的评估渠道成员绩效的标准。企业可以根据下列要点来评估渠道绩效。

（1）渠道成员在当前经济增长水平和竞争情况下，其销售量同历史销售量的比较，即纵向比较法。

（2）一个渠道成员的销售量同其他渠道成员销售量的比较，即横向比较法。

（3）渠道成员的销售量同预先确定的销售定额的比较，即目标任务完成法。

当与历史数据资料作比较时，渠道管理者既要注意整个产品线总的销售数据，也要关注某些单项产品的具体销售数据。这些数据按产品类别分得越细，数据资料越详尽，渠道管理者越能够发现不同类型产品销售情况的变化，这样，渠道管理者就能根据这些销售变化来调整产品线的组合和销售策略组合。

如果制造商已经为渠道成员制定了销售定额目标，就应该将渠道成员实际完成的销售业绩与定额相比来做评估，考察该渠道成员的任务完成情况。如果将这种定额转化为产品类别，那么就应该对渠道成员每一类产品的销售业绩进行考核。

此外，把渠道成员的销售业绩与定额作比较时，渠道管理者不仅要关注比例本身，而且要考虑在完成这些销售定额基础上所获得的总体绩效。如果渠道成员所达到的定额比例普遍较低，那么，很有可能就不是渠道成员经营业绩问题，而是销售定额过高或不切实际。因此，采用这种方法必须建立在制造商所定目标合理的基础上。在制定各渠道成员的销售目标时，企业应该根据不同销售成员的具体情况进行深入且全面的分析，为每个渠道成员制定科学合理的销售目标。

（三）市场占有率

企业销售额并未反映出相对于其竞争者企业的经营状况如何。企业销售额增加，可能是由于企业所处的整个经济环境的发展，也可能是因为其市场营销工作与其竞争者相比有相对改善。市场占有率正是剔除了一般的环境影响来考察企业本身的经营工作状况。如果企业的市场占有率升高，表明它较其竞争者的情况良好；如果下降，则说明相对于竞争者，其绩效较差。

衡量市场占有率的方法有以下四种。

（1）全部市场占有率。它以企业的销售额占全行业销售额的百分比来表示。使用这种测量方法必须做到两点：第一，以单位销售量或销售额来表示市场占有率；第二，正确认定行业的范围，即明确本行业所应包括的产品、市场等。

（2）可达市场占有率。它是以销售额占企业所服务市场的百分比来表示。所谓可达市场就是：

第一，企业产品最适合的市场；

第二，企业市场营销努力所及的市场；

第三，企业可能有近 100% 的可达市场占有率，却只有相对较小百分比的全部市场占有率。

（3）相对市场上最大的三个竞争者占有率。相对市场上最大的三个竞争者占有率是以企业销售额占市场上最大的三个竞争者的销售额总和的百分比来表示的。如果某企业有 40% 的市场占有率，其最大的三个竞争者的市场占有率分别为 20%、20%、10%，则该企业的相对市场上最大的三个竞争者占有率是 40÷50×100%=80%。一般情况下，这一比率高于 33%，即被认为是强势的。

（4）相对市场领导竞争者占有率。相对市场领导竞争者占有率是以企业销售额占相对市场领导竞争者销售额的百分比来表示的。相对市场领导竞争者占有率超过 100%，表明企业是市场领导者；相对市场领导竞争者占有率等于 100%，表明企业与市场领导竞争者同为市场领导者；相对市场领导竞争者占有率的增加表明企业正接近市场领导竞争者。

了解市场占有率之后，还需要正确解释市场占有率变动的原因。企业可以从产品大类、顾客类型、地区以及其他方面来考察市场占有率的变动情况。一种有效的分析方法，是从顾客渗透率、顾客忠诚度、顾客选择性以及价格选择性四个方面来分析。顾客渗透率是指从本企业购买某产品的顾客占该产品所有顾客的百分比。顾客忠诚度是指顾客从本企业所购产品占其所购同种产品总量的百分比。顾客选择性是指本企业一般顾客的购买量相对于其他企业一般顾客的购买量的百分比。价格选择性是指本企业平均价格同所有其他企业平均价格的百分比。

假设企业在一定时期内市场占有率有所下降，则可能原因如 9-3 所示。

表 9-3 市场占有率下降原因

原因	具体解释
较低的顾客渗透率	企业失去了某些顾客
较低的顾客忠诚度	现有顾客从本企业所购产品数量在其全部购买产品数量中所占比重下降
较低的顾客选择性	企业现有的顾客规模较小
较低的价格选择性	企业产品的价格相对于竞争者同种产品价格显得过于脆弱，不堪一击

【课堂互动案例 9-2】

互动内容：

市场占有率的分析方法有哪些？

互动要求：

1. 结合有关渠道评估方法的知识发表个人见解，也可以和你的同伴简单沟通后回答。

2. 教师对学生的回答进行点评。

三、渠道评估的方法

渠道评估有两种主要的思路和方法：一是纵向的历史比较评估法；二是横向的区域内比较评估法。企业在进行渠道评估时，不仅要考量各个中间商销售水平的绝对值，还要参考它们各自面临的各种不可控的环境变化因素，考虑生产者的产品大类在各个分销商产品组合中的位置（重要程度），具体问题具体分析，这样才能做到准确评估。

（一）历史比较评估法

历史比较评估法，就是将各中间商的销售绩效与上期绩效进行对比，并以整个群体的升降百分比作为评估标准。对低于该群体平均水平的中间商，必须加强评估与管理。如果对后进中间商的环境因素加以调查，发现一些可以理解的因素，如当地经济衰退、某些顾客不可避免的流失、主力推销员的流失或退休，且其中某些因素可以在下一期补救，制造商就不应因这些因素而对经销商采取任何惩罚措施。

（二）区域内比较评估法

区域内比较评估法，就是将各中间商的绩效与该地区的销售潜量分析所设立的定额相比较。在销售期过后，企业根据中间商的实际销售额与潜在销售额的比率，将各中间商按先后名次进行排列。这样，企业的调查与激励措施可以集中于那些没有达到既定比率的中间商。

【课堂互动案例 9-3】

互动内容：

渠道评估的方法分别适合什么样的企业？请你具体说明。

互动要求：

1. 结合有关渠道评估方法的知识发表个人见解，也可以和你的同伴简单沟通后回答。注意渠道成员评估方法的适用性。

2. 教师对学生的回答进行点评。

【案例 9-1】

虚假证明的严重后果

2022 年 4 月 29 日，长沙望城区金山桥街道金坪社区盘树湾一栋自建房倒塌（建筑面积约 700 平方米），事故发生后造成 23 人被困，39 人失联。据 4 月 30 日长沙市自建房倒塌事故新闻发布会消息，该自建房 2012 年建为 6 层，2018 年加建到 8 层，承租户对房屋有不同程度结构改动。房屋倒塌具体原因是这栋楼的房主吴某勇和设计施工负责人等 4 人涉嫌重大责任事故罪，湖南湘大工程检测有限公司对自建房的家庭旅馆

（4～6楼）出具虚假房屋安全鉴定报告，5人涉嫌提供虚假证明文件罪，通过多人造假让这结构不安全的房屋通过改建批准，并在完工后投入使用，造成最终53人遇难的严重事故。

资料来源：

https://xw.qq.com/cmsid/20220526A0CTIN04.

思考：

你愿意为了利益，不公正地进行渠道评估吗？不公正的评估结果会带来哪些后果？

任务二　渠道的调整与创新

导入案例

中国咖啡品牌的快速成长

近年来中国咖啡行业高速发展，预计2023年中国咖啡市场规模达到6178亿元，中国咖啡市场预计将保持27.2%的增长率，远高于全球2%的平均增速。截至2023年7月5日，瑞幸咖啡、星巴克、幸运咖、库迪咖啡、沪咖鲜果咖啡五个品牌位列门店数量的前五名，分别开有10200家、7264家、2574家、2108家、1271家门店。除星巴克之外，都是中国本土品牌。

1971年，星巴克在美国西雅图派克市场成立第一家店，开始经营咖啡豆业务。1999年，星巴克在北京开设了第一家门店，开启中国内地市场。2017年10月瑞幸咖啡开设第一家店，2017年9月幸运咖首家门店开业，2022年8月库迪咖啡首店落地福州，沪咖鲜果咖啡2023年进入市场。

虽然星巴克在咖啡行业有领跑者优势，但我国的咖啡经营者依靠创新，国产咖啡品牌在终端数量和布局城市数量及商圈占位上基本完成了对星巴克咖啡发展空间的限制。国产咖啡品牌能取得亮眼成绩离不开经营者对产品的创新，更离不开经营者对营销渠道的创新。

咖啡店品牌一般采用正规连锁的渠道模式，这个模式的优点是能保证产品品质一致性，缺点是扩张速度较慢。国产咖啡店品牌针对国外品牌的不足，大力开展营销渠道创新，走出一条弯道超车之路。

（1）线下渠道。在线下采用特许连锁经营模式快速扩张抢占市场，同时通过统一配送、统一运营来保证品质并达成规模效应。

（2）线上外卖渠道。国产咖啡店品牌主要外卖渠道是在美团、饿了么等餐饮 App 上开设店铺，并且提供多种优惠活动来吸引消费者。在线上渠道进行大力推出限时折扣和满减优惠等促销活动来吸引消费者，用户在平台上点单后会有外卖员送货上门，方便又快捷。

（3）线上自营小程序渠道。自营小程序是品牌方自主运营的，品牌掌握绝对的主导权，随时随地都可以通过小程序调整运营方式和营销手段，更容易积攒属于品牌的忠诚流量，为品牌带来收益。同时在社交媒体上通过微博、微信公众号等平台发布新品信息、用户评价以及与消费者互动。

（4）合作渠道。除了自己经营线上线下渠道之外，国产咖啡店品牌还会选择与其他企业进行合作。例如，在酒店、机场等地方设置专门的咖啡角；或者与其他食品企业合作推出联名产品。咖啡品牌可以借助其他企业已有的客户群体来扩大自己的影响力，并且减少一些经营成本。如瑞幸咖啡与茅台酒合作于 2023 年 9 月推出酱香拿铁咖啡。

咖啡店品牌营销渠道和手段的变化，反映了市场需求和消费者行为的变化，同时为咖啡商家提供了更多的商业机会和挑战。在未来，国产咖啡店品牌商家需要不断适应市场变化，不断提高产品品质和服务水平，才能在市场上获得更大成功。

资料来源：

编者整理。

思考：

1. 为什么国产咖啡店品牌要进行渠道的创新？
2. 渠道之变的实质是什么？

一、渠道调整的理由

（一）现有渠道未达到发展的要求

企业发展战略的实现必须借助分销的能力。现有营销渠道在设计上有误，中间商选择不当、管理不足，或者现有渠道在规模、水平上不能满足企业发展的要求，这些都会促使企业进行相应的渠道战略或策略调整，甚至渠道创新，以适应新形势下企业的分销要求。

（二）客观经济条件发生了变化

也许当初设计的渠道对当时而言很科学，但现在各方面的环境因素发生了某些重大变化，从而产生了调整渠道的必要性。因此，企业有必要定期、经常地对影响渠道的各种因素进行调查、分析。另外，企业若能准确地预测和把握某些影响营销渠道因素的变化，则应提前对营销渠道实施调整。

（三）企业的发展战略发生了变化

任何营销渠道的设计都是渠道战略的重要内容，而渠道战略是围绕着企业的发展战略展开的，因此，企业的发展战略如果发生了变化，自然也会要求企业调整其营销渠道方向。

二、渠道调整完善的主要方向

为了适应市场需要的变化，整个渠道系统或部分渠道必须随时在评估的基础上加以调整与完善。当然，这种调整与完善是相互的，一方面企业要尊重中间商的选择，另一方面企业可以和中间商按股份制原则结成更为紧密的关系。但一般情况下，这种调整和完善应是不断的、局部的调整。在调整过程中，要注意处理好企业内部营销人员和中间商之间的感情和利益关系，防止出现较大的负面影响，尤其是要避免负激励会将中间商推向竞争对手的情况。中间商在分销过程中不可忽视的作用，决定了企业必须充分考虑中间商的利益，这样才能使合作长久进行下去。营销渠道的落后及其变革意味着许多机会的存在，企业在调整与完善自身营销渠道的过程中，可以从以下几个方向采取措施，详见表 9-4。

表 9-4　渠道完善实施措施

项目	具体措施
关注顾客满意度	面对不满的顾客，企业应找出使顾客满意的关键驱动因素，投资于那些给顾客带来实在效益而成本较低的渠道
开发新渠道	新兴的营销渠道会带来全新的顾客期望值，并且会重新定义成本或服务标准。因此，企业应定期全面评估现有和可替换的渠道，以开发利用新渠道，服务新细分市场
填补市场空白	各个营销渠道趋向于服务各个不同的细分市场，如果公司未使用其中一种营销渠道，便可能错过整个细分市场。企业可在不伤及其主要的旧渠道的基础上引进新渠道，填补市场空白
重组渠道	成功的企业在管理内部问题之余，也积极维护整个分销系统的竞争力。由于渠道成本受规模成本影响，企业可通过鼓励分销商整合来加强其网络系统，取得成本优势

【课堂互动案例 9-4】

互动内容：

企业调整营销渠道最根本的原因是什么？

互动要求：

1. 结合有关渠道调整原因及方向的知识发表个人见解，也可以和你的同伴简单沟通后回答。

2. 教师对学生的回答进行点评。

三、渠道改进的主要策略

（一）调整渠道政策

渠道是一个动态的系统，其系统要素构成和竞争环境都在不断地发生变化，因此，渠道不是固定不变的，渠道相关政策也不能一成不变，而是需要根据实际需要不断地调整。特别是通过渠道绩效评估发现问题以后，企业更应该及时调整和纠偏，以保证渠道运作的高效和良性发展。渠道政策的调整不仅包括渠道战略方向的调整，如渠道模式创新、渠道成员增减等，还包括渠道战术方面的调整，如渠道产品组合、新产品上市节奏、价格变动、广告和促销政策、铺货和信用政策、市场推广策略、人员管理政策以及渠道激励政策等。

（二）增减渠道成员

增减某些中间商经常是渠道调整的一种做法，但裁减渠道成员，是要冒一定风险的。制造商在做出这项决策时要进行渠道调整分析，要考察增减某个中间商会给自身的销售和利润带来什么影响。调整渠道成员、改变渠道结构不仅会影响渠道的正常运作，也会对销售部门、财务部门、物流部门等产生连带影响。因此，制造商在进行渠道结构调整前要对因中间商的替换产生的各方面影响进行综合分析，同时要考虑除销售、利润、成本外，这种替换对渠道整体性功能所产生的影响，以便做出明智的选择。

（三）改进整个渠道系统

渠道系统的改进是一项复杂的系统性工程，因为它不仅涉及改进，还涉及整个营销系统的修正和创新。整体渠道调整，对企业及整个渠道运作的影响都很大，而且如果决策失误，短时间内又难以补救，损失将更大。所以，在渠道调整之前一定要做好可行性分析与渠道评价工作，认真考虑这种调整是否可行、中间商的反应如何、是否会引起某些重大冲突等问题。对新渠道的费用、收益及利润的分析也要从整个渠道系统角度统筹考虑，权衡利弊。有时，限制因素的变化只是暂时的现象，不久又会恢复原状，这时不要急于调整渠道。有时，限制因素虽已变化，但未来的情况难以预测，这时应尽量通过渠道管理消化这些变化，注意监测这些因素的进一步变化。渠道的调整主要表现为中间商的增减和渠道政策调整，而中间商的增减常常引发许多问题，因此，事先必须考虑周密，以防患于未然。

（四）增减某些市场渠道

增减某些类型的市场渠道是一种战略决策。当我们通过渠道绩效的评估发现，公司产品不适合在某类渠道销售，出现得不偿失时，就应该果断决策，放弃或排除那类市场渠道。如某公司产品线较窄，产品规格、品种不够多，在尝试连锁经营时，发现销售业绩不佳，入不敷出，这时就应该果断叫停，退出连锁经营而选择其他渠道模式。当然，偶尔会出现很多经销商不能完成销售任务的情况，这种结果往往是生产企业设定的目标与实际不符造成的，但也不排除可能是其他原因造成经销商懒惰或有意抵抗。例如竞争者给予渠道商更多利润时，渠道商就更倾向于销售竞争者的产品，对生产企业的产品关注度则会降低。生产企业有权放弃不合格的市场渠道，但必须考虑削减市场渠道带来的负效应。在充分考虑各种因素后，如果企业认为削减渠道利大于弊．就可以做出削减渠道的决策。减少渠道意味着减少渠道库存，意味着将缩减生产，因为制造费用和管理费用被分摊在较少的产品上，单位产品的生产成本将会提高。这可能使产品销量减少，部分设备闲置，引起有限资源的人为浪费，原有的一些市场机会可能转到竞争者手中，增加对手的经营实力，而这又会引发其他经销商的不安和不稳定感，不利于渠道关系的维护。

【案例 9-2】

新冠疫情下企业营销渠道的创新与变革

新冠疫情防控期间，让依赖线下客源的零售业、服务业束手无策，不得不转换思维自救求生。比如银泰百货让导购们在家开淘宝直播，生动的语言和实物展示，既使得消费者有代入感，又使得导购员显得有亲和力，让人们似乎置身其中。同时，消费者可以随时发问，主播可以实时为他们答疑解惑，与他们互动交流，这为消费者带来了有趣、有温度的消费体验。不仅“云柜姐”，甚至林清轩、七匹狼、红星美凯龙总裁也亮相直播间，进行“线上带货”。林清轩总裁孙来春一晚上的直播，有 6 万人观看，卖出了近 40 万元的山茶花油。

线上直播不仅改变了销售渠道，同时让企业全体行动。企业总裁亲临一线，不仅有助于企业管理、提振员工信心，还拉近了企业与顾客的距离，增强了顾客的信任，提高了品牌影响力，凝聚了人气。这边是零售业“云卖货”火爆，那边是服务业“云营业”热闹非凡。比如餐饮业，西贝、小龙坎、眉州东坡发起“主厨直播”，一边做饭一边与网友互动，调配适合消费者口味的饭菜。小龙坎直播 10 分钟左右，便卖出上万份自热小火锅，销量同比增长 1200%。线上直播也成为服务业连接消费者的窗口，让消费者目睹餐厅的后厨，向消费者展示细致、周密的服务过程，让其更加安心。并且，线上直播已经超越直接“带货”目的，它可以与教育、新闻、娱乐等行业场景相结合，融入我们生活的方方面面。

“全民直播”火爆的同时，直播平台赛道竞争也更加激烈。疫情防控期间，淘宝直播、京东直播、抖音、快手、虎牙、腾讯小程序等直播平台相爱相杀，热闹非凡。2020 年 3 月 21 日，淘宝启动了首届连续 7 天的直播购物节。这是专属淘宝直播的“双 11”。据淘宝公布的数据，2020 年 2 月该平台新开直播的商家数环比增长 719%，每天有约 3 万家新的直播商家入驻。

淘宝直播依托阿里系先天的电商生态——平台自身拥有大量商品和强大的内容资源，在直播带货这方面具备天然的优势，再加上完善的商业基础设施、多元的“粉丝”运营方式，成为目前发展速度最快的电商直播平台。艾媒咨询数据显示，受访者常用直播购物的直播平台排行榜前五名分别是淘宝、京东、抖音、小红书和快手，比例分别为48.18%、47.45%、32.85%、22.63%和18.98%。

随着行业的发展与技术的加持，直播不断打破既有的传播模式，不断迭代进化、破圈跨界，直播正在被赋予新的内涵、创造新的商业价值。一方面是对传统电商模式的颠覆与重塑。诸如淘宝电商平台在过去20年间并没有在消费场景上发生根本性的改变。此次在疫情的助力之下，“直播+电商”模式的兴盛，将更多行业领域企业的销售带入直播的生态之内。未来电商平台的商业模式随着消费场景的变化，其重心将发生转移，电商生态势必由此产生更多的化学反应。另一方面则是直播行业自身的进化与演变。过去以泛娱乐化，即以娱乐、游戏等直播为主的行业内容将进一步升级、扩大化，融入更多的商业活动行为。这些活动在直播间的出现，不仅重塑了直播行业的直播场景与内容，同时也将改变既有直播行业的用户群体和增长模式，对于整个直播行业生态而言，不失为一次根本性的转型升级。

思考：

1. 疫情会对企业产生什么样的影响？
2. 疫情防控期间，各企业为什么要重整零售渠道？

项目检测

一、单项选择题

1. 将各中间商的销售绩效与上期绩效进行比较，并以整个群体的升降百分比作为评估标准的方法是（　）。

A. 历史比较评估法　　B. 区域内比较评估法

C. 其他辅助评估法　　D. 库存管理评估法

2. 渠道最大的成功在于（　）。

A. 减少库存　　B. 增加经销商

C. 实现产品销售　　D. 减少中间商

3. 渠道成员在当前的经济增长水平和竞争情况下，其销量同历史销售量的对比被称为（　）。

A. 纵向比较法　　B. 横向比较法

C. 目标完成法　　D. 渠道费用分析法

4. 一个渠道成员的销售量同其他渠道成员的销售量的比较被称为（ ）。

A. 纵向比较法　　B. 横向比较法

C. 目标完成法　　D. 渠道费用分析法

二、多项选择题

1. 渠道评估的基本原则有（ ）。

A. 有效性原则　　B. 经济性原则

C. 可控性原则　　D. 适应性原则

2. 促销费用包括（ ）。

A. 广告媒体成本、展览会费用、赠奖费用

B. 工资、奖金、交际费、通信费用

C. 租金、折旧费、保险费

D. 包装费、产品说明书费、品牌制造费

3. 渠道评估的具体标准有（ ）。

A. 渠道通畅标准　　B. 渠道成员的销售业绩

C. 渠道成员的态度　　D. 渠道成员的发展前景

4. 渠道财务贡献评估主要包括（ ）。

A. 渠道费用分析　　B. 偿债能力评估

C. 财务绩效分析　　D. 效率比率分析

5. 下列哪些是渠道调整的理由？（ ）

A. 现有渠道未达到发展的要求　　B. 客观经济条件发生了变化

C. 企业的发展战略发生了变化　　D. 企业销售额下降

三、判断题（正确的打“√”，错误的打“×”）

1. 渠道系统的改进是一项简单的工程，每个企业都可以做到。（ ）

2. 区域内比较评估法就是将各中间商的绩效与该地区的销售潜量分析所设立的定额相比较。（ ）

3. 增减某些中间商是渠道调整的一种常用做法。（ ）

4. 减少渠道意味着增加库存，意味着将扩大生产。（ ）

5. 削减渠道会引起其他经销商的不安和不稳定感，不利于渠道关系的维护。（ ）

四、案例分析题

波司登的渠道创新

2023 年世界品牌实验室在北京举行第二十届世界品牌大会暨中国 500 最具价值品牌发布会，发布了 2023 年“中国 500 最具价值品牌”分析报告，波司登凭借卓越的品

牌建设成就和在各领域的创新实践，入选“中国500最具价值品牌”，2023年品牌价值评估达885.69亿元，排名跃升至第76名，品牌实力和影响力领跑纺织服装行业。2022年国内市场占有率达到12.1%。第2名鸭鸭市场占有率为5.8%，国内羽绒服品牌市场呈现一超多强。

抓住市场变化机会，充分融入新零售时代，提高线下门店的体验质量，不断推动线下门店业务转型，是波司登提高销售业绩的重要保障。在2016年，“新零售”概念第一次提出，新时代数字经济和实体经济的深度融合已成为传统零售行业转型升级的强大驱动力，传统零售消费模式的变革势在必行。2018年波司登正式确立新的发展战略即数字化发展战略并沿用至今，通过调整业务结构，整合门店资源，打通产品开发、供应链、采购与生产、消费等环节的全面数字化，加快推进线上营销、数字化研发、智能生产线等应用，由点及面向全业务全流程数字化转型延伸拓展，为适配品牌高端化战略，继续深入一线城市和新一线城市，并摒弃过往以数量为主要开店目标的方向，采取“开大店、关小店”的策略，提升店铺营运效益，从而稳固行业龙头的地位。主要着力渠道升级，线上发力新零售，线下聚焦核心城市，店效和店数提升空间广阔。

（一）店效：聚焦一线和新一线城市发展，直营店店效高，经销店店效优化空间大

过去3年，公司在推进品牌升级的过程中，渠道同时配合结构性升级，包括实施增加专卖店占比、门店升级换代、增加自营门店比例、进驻购物中心、打通门店库存共享和分店态运营等。公司在考虑地理位置（冬季平均气温）、城市经济发展水平后，近年提出聚焦一线及新一线城市（“2+13”），2+13城市在波司登销售额占比约33%，未来目标将达到60%。随着品牌势能向上、低效门店的大力关闭和渠道运营质量提升，公司品牌的单店效益显著提升，尤其是自营门店，2016—2022年，自营线下门店平均年店效从101万元提升至412万元，店效表现优秀，同时可观察到经销商门店年店效仅244万元。未来随着公司聚焦核心城市、自营门店开设，公司总店店效提升空间广阔。

（二）开店空间：中性情景下，预计波司登远期理论上有1270家开店空间，且轻薄、防晒系列将加大在南部省份的渗透力度

据官网门店披露，公司共2098家门店可以在官网查询（最新财报披露的门店为3390家）。下面我们将通过用较低开店密度的城市对标较高开店密度的城市来估算波司登品牌未来理论开店空间，考虑到官网上有较多城市披露的门店不全，我们在测算时会选取同一省份内开店密度相对靠前一些的城市来对标。城市分级和门店统计：我们首先根据行政省份和直辖市进行划分，筛除目前门店数过少的海南省（0家）、西藏自治区（1家），天津市和北京市并入河北省统计，重庆市并入四川省，上海市并入浙江省，共获得25个省份分组（假设同一省份的温度相近，单位零售额对应的羽绒服的需求相近）。据公司官网披露2098家门店位置，统计每个城市品牌现有店数、每百万人的店数、单位社零的门店数等指标。

现有门店南部经济发达省份渗透率非常低，有望通过轻薄、防晒系列等加速渗透。从“波司登全国门店分布地图”可见，波司登现有门店主要集中在华东，其次是华中和川渝地区。而华南的广东、海南、福建等省份均较小，这是由于华南地区全年平均气温较高，对专业抗寒羽绒服需求量本身较小。轻薄型羽绒服是波司登 2022 年的主推产品，适用于华南地区冬季或北方市场春季、秋季 5~15 ℃的气温，尤其是 2022 年波司登推出的新一代轻薄羽绒服拥有“五大轻暖科技 + 三大创新设计”，保证一定保暖性的同时有较高的美观度和时尚感，适用于多种场景。轻薄系列的推出一方面可以弱化北方市场品牌的季节性，另一方面可以加大品牌在广东、海南、福建等经济发达省份的渗透率，2022 年波司登轻薄系列销售占比从以往 10% 提升至 15%。另外波司登推出的防晒服饰属于户外四季化功能性产品，适用于全国各地区各个时段。目前品牌在南方市场门店渗透率极低，未来凭借品牌影响力基础和轻薄防晒系列优势，可拓展空间较大。从羽绒服行业线上价格来看，波司登在中低档及大众市场市场占有率距离鸭鸭、雪中飞等仍有 1 倍左右的空间，下一阶段的增长在继续保持平均价格提升的同时，还会推出一些中等价格商品（如轻薄类、防晒类等），同时挖掘“量”上的潜力。

（三）新零售：波司登在天猫和京东 GMV 均位列第一，抖音提升潜力较大

电商平台粉丝和会员数增长可观，市场占有率快速提升。在线上增长快于线下背景下，波司登积极发展新零售业务，在天猫、京东销售平台重点发力，同步布局抖音等社交新电商。2022 年至 2023 年上半财年，波司登天猫及京东平台新增 338 万粉丝至 2324 万粉丝，新增 83 万至 1107 万会员，抖音平台新增 45 万至 544 万粉丝，反映品牌影响力的扩大。波司登和雪中飞分平台看，（1）天猫：近 5 年波司登市场占有率均保持第一且提升，2022 年天猫平台羽绒服销售额为 187 亿元，波司登天猫市场占有率为 12%，显著高于行业第 2 名的鸭鸭，且 2018—2022 年累计提升 4 个百分点；雪中飞排名第 3，近 5 年提升显著。（2）京东：近 3 年波司登市场占有率快速提升，2022 年跃居第 1。2022 年京东平台羽绒服销售额 51 亿元，波司登市场占有率为 12.9%，位列第 1，且近 3 年市场占有率提升显著（2020 年和 2021 年分别为 0.2% 和 5.3%），雪中飞位列第 3，近 3 年小幅下滑。（3）抖音：波司登市场占有率提升潜力较大。2022 年波司登在抖音市场占有率较低（4.5%）位列第 3 名，雪中飞（3.2%）位列第 5 名，其余白牌市场占有率为 21.5%。参照京东平台成长速度，我们预计波司登在新社交电商抖音市场占有率提升潜力较大。

资料来源：

https://caifuhao.eastmoney.com/news/20230224105143651919050.

思考：

谈谈该案例带给你的一些渠道创新方面的启示。

参考文献

［1］［美］伯特·罗森布洛姆．营销渠道管理［M］.6 版．李乃和，奚俊芳，等，译．北京：机械工业出版社，2001.

［2］［美］菲利普·科特勒．营销管理［M］．梅清豪，译．上海：上海人民出版社，2003.

［3］庄贵军，周筱莲，王桂林．营销渠道管理［M］．北京：北京大学出版社，2004.

［4］郭湘如，居长志．分析渠道设计与管理［M］．北京：中国经济出版社，2008.

［5］张来顺．管理学基础［M］．长沙：湖南师范大学出版社，2011.

［6］郑锐洪．分销渠道管理［M］.3 版．大连：大连理工大学出版社，2014.

［7］李先国，杨晶，张茜，等．分销渠道管理［M］.2 版．北京：清华大学出版社，2014.

［8］张广玲，王辉．分销渠道管理［M］．武汉：华中科技大学出版社，2014.

［9］李小红．分销渠道设计与管理［M］.3 版．重庆：重庆大学出版社，2015.

［10］赵锋．分销渠道管理［M］．武汉：武汉大学出版社，2015.

［11］http://www.1000 ink. com/ 万联网．

［12］http://www.emkt.com.cn/ 中国营销传播网．

［13］http://www.ecm.com.cn/ 中国市场营销网．